2025

中国现代枸杞产业高质量发展报告

中国枸杞产业蓝皮书

BLUE BOOK OF CHINA'S GOJI INDUSTRY

中国现代枸杞产业高质量发展报告 2025

宁夏回族自治区林业和草原局
国家林业和草原局发展研究中心 编

ANNUAL REPORT ON HIGH-QUALITY DEVELOPMENT
OF CHINA'S GOJI MODERN INDUSTRY

中国农业科学技术出版社

图书在版编目（CIP）数据

中国枸杞产业蓝皮书：中国现代枸杞产业高质量发展报告.2025/宁夏回族自治区林业和草原局，国家林业和草原局发展研究中心编. -- 北京：中国农业科学技术出版社，2025.6. -- ISBN 978-7-5116-7396-1

Ⅰ.F326.12

中国国家版本馆CIP数据核字第2025PS2174号

责任编辑	张诗瑶
责任校对	马广洋
责任印制	姜义伟　王思文

出 版 者	中国农业科学技术出版社
	北京市中关村南大街12号　邮编：100081
电　　话	（010）82106625（编辑室）　（010）82106624（发行部）
	（010）82109709（读者服务部）
网　　址	https://castp.caas.cn
经 销 者	各地新华书店
印 刷 者	北京地大彩印有限公司
开　　本	185 mm×260 mm　1/16
印　　张	15
字　　数	366千字
版　　次	2025年6月第1版　2025年6月第1次印刷
定　　价	98.00元

◀━━◆ 版权所有·侵权必究 ◆━━▶

中国枸杞产业蓝皮书
——中国现代枸杞产业高质量发展报告 2025
编委会

主　任：李永春（宁夏）　　李淑新（北京）

副 主 任：（以姓氏笔画为序）

　　　　　王自新（宁夏）　　龙　军（宁夏）　　刘天波（甘肃）

　　　　　孙晨光（河北）　　林星辉（新疆）　　赵引强（宁夏）

　　　　　郝向峰（宁夏）　　娄伯君（内蒙古）　徐　忠（宁夏）

　　　　　徐宏伟（青海）　　黄　东（北京）

委　员：（以姓氏笔画为序）

　　　　　丁　雪（宁夏）　　丁文强（宁夏）　　马　兰（宁夏）

　　　　　马红梅（宁夏）　　马进花（宁夏）　　马金超（宁夏）

　　　　　马桂芬（甘肃）　　王　宁（宁夏）　　王　迪（宁夏）

　　　　　王　峰（内蒙古）　王　微（宁夏）　　王　旖（宁夏）

　　　　　王中加（宁夏）　　王丽琼（宁夏）　　王学红（宁夏）

　　　　　王洪娇（新疆）　　田学霞（宁夏）　　邢学武（宁夏）

　　　　　朱　吉（宁夏）　　朱　蓉（宁夏）　　朱金忠（宁夏）

　　　　　朱彦华（宁夏）　　乔长晟（天津）　　乔彩云（宁夏）

　　　　　刘　娟（宁夏）　　刘彩霞（宁夏）　　刘雅静（宁夏）

　　　　　江　浩（福建）　　祁　伟（宁夏）　　许芷琦（宁夏）

　　　　　阮世忠（宁夏）　　孙　敏（宁夏）　　孙治一（宁夏）

　　　　　李　园（宁夏）　　李　昱（宁夏）　　李　萍（宁夏）

李小云（宁夏）	李世岱（宁夏）	李志华（内蒙古）
李思媛（宁夏）	李秋娟（宁夏）	李素丽（宁夏）
李惠芬（内蒙古）	李嘉欣（宁夏）	杨　荣（内蒙古）
杨　柳（宁夏）	吴海霞（宁夏）	何鹏力（宁夏）
余君伟（宁夏）	汪晓虹（宁夏）	张　健（宁夏）
张　静（宁夏）	张小梅（宁夏）	张永生（宁夏）
张红岩（宁夏）	张丽萍（宁夏）	张国清（宁夏）
张学忠（宁夏）	张晓琴（宁夏）	张满闯（宁夏）
陈　林（宁夏）	陈　欣（宁夏）	陈清平（宁夏）
武冰辉（宁夏）	周玉婷（宁夏）	赵玉玲（新疆）
赵海东（青海）	郝向峰（宁夏）	郝俊虎（宁夏）
郝爱华（宁夏）	胡学玲（宁夏）	姜绍静（宁夏）
姚　源（宁夏）	贾登奇（宁夏）	徐　波（宁夏）
徐如明（宁夏）	郭澍强（宁夏）	唐建宁（宁夏）
黄玉彩（宁夏）	黄瑞德（甘肃）	脱俊卿（宁夏）
梁旭晔（宁夏）	董　婕（宁夏）	韩惠芳（宁夏）
路福平（天津）	雍跃文（宁夏）	谭　勇（宁夏）
翟　昊（宁夏）		

主　　编：王自新　　徐　忠

副 主 编：翟　昊　　祁　伟　　何鹏力　　唐建宁　　毛炎新（北京）
　　　　　胡学玲　　马红梅　　徐如明

编务秘书：尉迟安琪

前言

2024年6月，习近平总书记考察宁夏时指出，宁夏地理环境和资源禀赋独特，要走特色化、差异化的产业发展路子，构建体现宁夏优势、具有较强竞争力的现代化产业体系；宁夏的现代煤化工和新型材料产业，风电、光伏、氢能等清洁能源产业，葡萄酒、枸杞等特色产业，要精耕细作、持续发展。这为新时代中国现代枸杞产业高质量发展指明了方向，提供了根本遵循。

自2022年起，宁夏回族自治区林业和草原局联合国家林业和草原局发展研究中心，携手甘肃、青海、新疆、内蒙古、河北等枸杞主产区，连续4年匠心编纂《中国枸杞产业蓝皮书》系列，系统构建"综合奠基—科技赋能—标准引领—市场突围"四维研究体系，为全国现代枸杞产业高质量发展提供了权威智库支撑。

《中国枸杞产业蓝皮书——中国现代枸杞产业高质量发展报告2025》（以下简称"2025版《蓝皮书》"）锚定现代枸杞产业市场，立足新发展格局，以前瞻视野开启现代枸杞市场深层次变革研究。在编委会的统筹协调下，编纂团队创新编纂工作机制，突破性采用"政校研企"四方协同模式，由宁夏回族自治区林业和草原局、国家林业和草原局发展研究中心联合中共宁夏区委党校（宁夏行政学院），统筹六省（自治区）枸杞产业主管部门和省级党校智库资源，首次实现全国枸杞市场研究全要素集成。2025版《蓝皮书》以"七新突破"为内核——新形势把握更前沿、新视角切入更独特、新机遇捕捉更敏锐、新方向锚定更科学、新路径设计更系统、新模式构建更创新、新措施制定更务实，构建起市场空间、研究方法、价值创造的"三维分析框架"。在市场空间

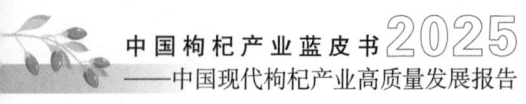

维度，横跨线上线下融合生态、国内国际双循环、主产区协同发展三大场域；在研究方法维度，创新运用产区动态报告、专题深度研究、典型案例解剖三维立体分析；在价值创造维度，聚焦消费升级趋势、新兴市场机遇、产品形态革命三大增长极。

全书以超过200个一线市场主体样本、30项专项调研数据为基础，首次发布枸杞精深加工产品跨境贸易指数、新生代消费群体行为图谱等关键研究成果。特别新增"未来产业前瞻"案例，从功能性食品开发、药用价值深挖、康养场景构建等维度，勾勒中国现代枸杞产业"第三增长曲线"。

这本沉甸甸的现代枸杞产业市场发展报告的面世，其价值不仅在于翔实的数据与深刻的分析研判，更在于其中由中国经济学者、枸杞产业专家的智慧凝结而成的方法论体系，还在于其在中国传统地方特色优势产业与现代化市场经济的碰撞中所构建的兼具理论深度与实践价值的分析框架。

值此付梓之际，谨向关心、支持、参与《中国枸杞产业蓝皮书——中国现代枸杞产业高质量发展报告2025》编纂工作的各级领导、专家教授、全国枸杞产业同仁和社会各界朋友表示最诚挚的感谢！

四载耕耘，我们见证了中国现代枸杞产业从传统农耕文明向现代产业文明的历史跨越；面向未来，我们将聚焦践行新发展理念、构建新发展格局、勇担新使命、展现新作为，以编纂《中国枸杞产业蓝皮书》系列为新起点，持续书写中国特色现代枸杞产业高质量发展智库的新篇章！

祈福天下，共享健康！

编 者

2025年4月

目　录

综述篇

003　中国现代枸杞产业高质量发展报告（2025）············王自新　唐建宁　何鹏力
　　　　　　　　　　　　　　　　　　　　　　　　　　　翟　昊　祁　伟　胡学玲　马红梅

市场篇

019　宁夏现代枸杞产业市场分析报告··················张　静　张晓琴　董　婕
　　　　　　　　　　　　　　　　　　　乔彩云　李思媛　马　兰　王　微　杨淑婷
031　甘肃现代枸杞产业市场发展报告······················马桂芬　黄瑞德
040　新疆现代枸杞产业市场发展报告······················赵玉玲　王洪娇
044　内蒙古现代枸杞产业市场发展报告··········李志华　王　峰　李惠芬　杨　荣
049　枸杞市场供给分析报告··················周玉婷　翟　昊　董　婕　许芷琦
065　枸杞市场需求分析报告··梁旭晔
075　枸杞市场竞争力分析报告································张满闯　祁　伟
082　枸杞产品线下销售渠道发展研究报告································孙治一
090　枸杞产品线上销售发展研究报告··························刘彩霞　朱　吉
097　中国枸杞产品出口贸易发展报告··················郭澍强　李　萍　孙　敏
　　　　　　　　　　　　　　　　　　　　　　　　　　　　　　　陈　林　郝俊虎
108　枸杞原浆市场高质量发展分析报告················余君伟　徐　波　武冰辉
　　　　　　　　　　　　　　　　　　　　　　　　　　　　　　　路福平　乔长晟
118　枸杞子中药饮片市场价格分析报告··········张永生　王学红　刘　娟　陈清平
123　2024年中国枸杞价格指数发布研究报告··············王自新　何鹏力　祁　伟
　　　　　　　　　　　　　　　　　　　　董　婕　乔彩云　杨　柳　李世岱　李　昱

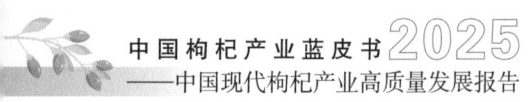

135　枸杞产业博览会影响力传播分析报告 …… 祁　伟　王自新　唐建宁　胡学玲
　　　　乔彩云　董　婕　姚　源　王丽琼　李世岱　李　昱

案例篇

151　宁夏百瑞源公司现代枸杞企业品牌培育创新实践与探索 …… 丁　雪　郝向峰
155　宁夏早康公司现代枸杞企业管理制度创新实践与探索 ……… 朱彦华　刘雅静
　　　　张学忠　田学霞
160　宁夏沃福百瑞公司三链协同拓展国际市场创新实践与探索
　　　　　　　　　　　　　　　　　　　　　　　脱俊卿　黄玉彩　张小梅
166　宁夏全通公司枸杞全产业链发展创新实践与探索 ……… 张国清　雍跃文
　　　　王中加　汪晓虹　韩惠芳　吴海霞
171　宁夏杞鑫公司枸杞现代种业体系建设的创新实践与探索
　　　　　　　　　　　　　　　　　　　　　　　朱金忠　郝爱华　邢学武
174　青海亿林枸杞公司枸杞种植生产传承创新实践与探索 ……… 李素丽　赵海东
179　宁夏厚生记枸杞功能性饮品科技创新实践与探索 … 丁文强　姜绍静　徐如明
　　　　王　迪　朱　蓉　陈　欣　阮世忠　谭　勇
183　宁夏正山堂公司枸杞红茶新品类科技创新与实践探索 ……… 江　浩　马进花
　　　　马金超　祁　伟
192　宁夏绿色世纪公司枸杞预制菜新业态创新实践与探索 ……… 王　宁　张红岩
　　　　李　园　张国清
197　宁夏东永固村三产融合促进乡村振兴创新实践与探索………李小云　徐如明
　　　　马心怡　张　健　张丽萍

记事篇

205　2024年全国枸杞产业大事记 ……………………………… 唐建宁　李嘉欣
222　国家级中宁枸杞市场简介 ………………………………………………… 贾登奇
223　国家级中宁枸杞市场2020—2024年枸杞交易统计 …… 国家级中宁枸杞市场
225　后记

综述篇

中国枸杞产业蓝皮书
——中国现代枸杞产业高质发展报告
2025

中国现代枸杞产业高质量发展报告（2025）

王自新　唐建宁　何鹏力　翟昊　祁伟　胡学玲　马红梅[*]

2024年是加快培育新质生产力，推动现代枸杞产业高质量发展的关键一年。面对经济加快转型的新形势，政府加强政策引导，企业加快科技创新，全国枸杞行业锚定目标、创新驱动、提质增效、合力攻坚，在规模种植、精深加工、科技创新、质量控制、品牌培育、融合发展等方面再创新业绩，积蓄新优势。现就2024年全国现代枸杞产业发展现状、存在问题及坚持集约化、绿色化、品牌化、智能化发展方向，精耕细作，强化产业发展基础、加快绿色转型、注重数字化赋能、完善体制机制等总结如下。

一、发展现状

（一）基地稳杞夯实产业高质量发展"基本盘"

1. 集约化种植成为枸杞产业发展的基本格局

种植基地是产业高质量发展的基础。2024年，各枸杞主产省区在政府引导和市场驱动下，优化种植结构，加强标准化生产基地特别是核心种植区的集约化建设，推动绿色生产。截至2024年底，我国枸杞主产省区种植面积达到159.27万亩（1亩≈667米^2，1公顷=15亩）（图1），鲜果产量达到130.69万吨，折合干果产量29.96万吨（图2）。宁夏中宁县作为道地宁夏枸杞的核心产区，以培育新质生产力为抓手，持续推动"龙头企业+合作社+基地+农户"发展模式，结合压砂地退出区域生态修复和产业替代，在鸣沙彭家大疙瘩、太阳梁地区新植枸杞0.9万亩，聚力推动枸杞"上山入园建基地"，走出了一条产业发展生态化、生态修复产业化、土地和水资源节约集约化利用的新路子。青海省制定《青海省枸杞产业发展促进条例》，提出建设绿色有机枸杞产品输出地，目前青海省枸杞种植面积达46万亩，成为全国最大的有机枸杞种植省，海西蒙古族藏族自治州都兰县枸杞种植面积达21.02万亩，占柴达木盆地枸杞种植面积的一半，枸杞鲜果产量达

---

[*] 王自新，宁夏回族自治区林业和草原局党组成员、副局长，二级教授；唐建宁，宁夏枸杞产业发展中心副主任，正高级林业工程师，宁夏回族自治区现代枸杞产业技术体系岗位副首席专家；何鹏力，宁夏回族自治区林业和草原局办公室主任，高级林业工程师；翟昊，宁夏枸杞产业发展中心主任，正高级林业工程师；祁伟，宁夏枸杞产业发展中心，二级教授，宁夏回族自治区现代枸杞产业技术体系岗位首席专家；胡学玲，宁夏枸杞产业发展中心副主任，高级林业工程师；马红梅，中共宁夏区委党校（宁夏行政学院）决策咨询部（研究室）主任，教授。

20.4万吨，干果产量约5.1万吨。海西蒙古族藏族自治州认证绿色有机枸杞19.05万亩，绿色有机枸杞企业54家、绿色有机枸杞产品118个，认证规模位居全国首位。甘肃省酒泉市全力打造枸杞种植绿色示范基地，酒泉市建成万亩枸杞专业乡镇11个、千亩集中连片示范基地38个、百亩连片标准化生产示范点370个，优质枸杞品种推广面积33.2万亩，先进适用栽培技术推广面积28万亩。认证国家级枸杞标准化技术生产示范园区1个，建立标准化技术示范点2个，辐射带动种植30万亩。甘肃省白银市印发《白银市枸杞产业高质量发展实施方案》，提出构建枸杞产业"四大体系"，实施"六大行动"。白银市靖远县打造2个万亩有机枸杞示范基地，4个万亩绿色示范基地，15个千亩优质无公害示范基地，靖远县枸杞种植面积达到28万亩，年产值20亿元以上。

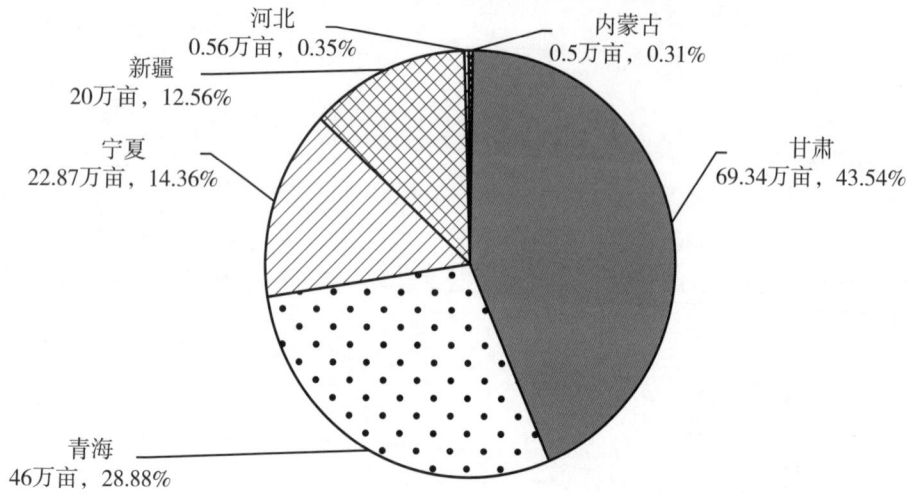

图1 2024年全国枸杞主产省区枸杞种植面积

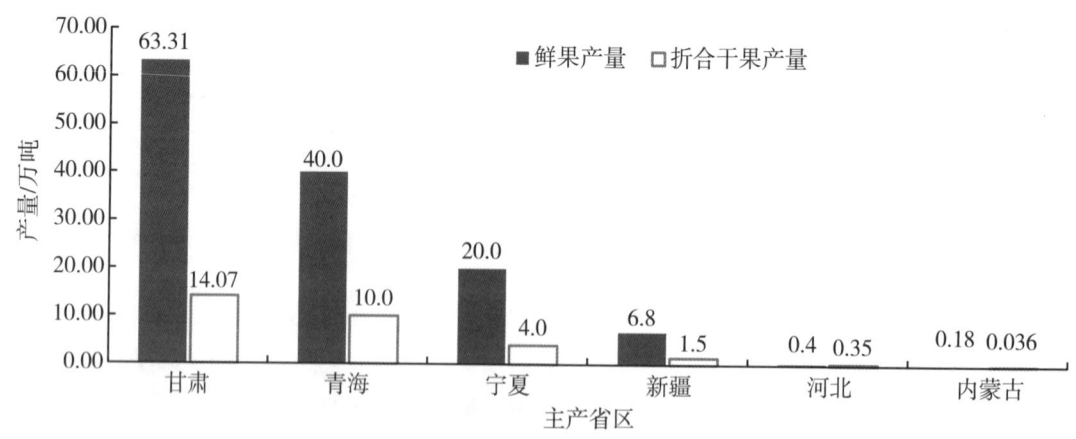

图2 2024年全国枸杞主产省区枸杞鲜果和干果产量

2. 枸杞产业在带动生态治理和农民增收方面作用明显

我国西部地区规模化种植枸杞不仅有效治理了荒漠化，改善了生态环境，同时也为当地农户提供了稳定的收入来源，促进了区域经济增长。从全国来看，宁夏中宁、甘肃靖远、甘肃酒泉、青海都兰、新疆精河等五大枸杞主要产地基地种植收益亩均在1 000元以上（表1），当地农民来自枸杞产业的收入占人均可支配收入的1/3以上，枸杞产业是名副其实的富民强县重要产业之一。宁夏中宁县成功打造17个千亩以上标准化示范园区、3个自治区级良种苗木繁育基地，续审通过中宁枸杞全国绿色食品原料生产基地10.4万亩，获得HACCP、GAP等各类认证106个，枸杞年综合产值突破125亿元，农民人均可支配收中有4 000元来自枸杞产业。青海枸杞产业年产值近30亿元，枸杞采摘年务工人数近7万人，劳务总收入达5亿元，全产业链产值超百亿。海西蒙古族藏族自治州都兰县枸杞种植面积占柴达木盆地枸杞种植面积的一半，枸杞全产业链产值超过50亿元。新疆枸杞主要集中在精河县，目前已培育枸杞种植合作社25家、枸杞加工企业15家，电商企业47家，种植面积达10万亩，年产干果1.5万吨，产值达到10亿元。

表1 中国枸杞种植生产五大主产地亩均成本收益调查

项目	产地					备注
	宁夏中宁	青海都兰	甘肃酒泉	甘肃白银	新疆精河	
鲜果产量/（千克/亩）	830	1 800	1 250	1 500	725	青海都兰和甘肃白银枸杞产量高于宁夏中宁的主要原因：一是种植密度不同，青海等地以密集种植为主，密度为270～330株/亩；二是平均气温较低，枸杞单株坐果率高；三是散户种植占比70%左右，能做到精细化管理，产量高
干果产量/（千克/亩）	190	450	250	300	125	
干果均价/（元/千克）	42	30	28	50	60	
总产值/（元/亩）	7 980	13 500	7 000	15 000	7 500	
总成本/（元/亩）	5 900	7 200	6 000	9 600	4 750	
纯收益/（元/亩）	2 080	6 300	1 000	5 400	2 750	

数据来源：枸杞五大主产地数据由当地部分企业提供。

（二）龙头强杞激活产业高质量发展"动力源"

1. 培优扶强龙头企业的力度持续加强

企业是产业高质量发展的关键。2024年，各主产省区持续加大枸杞企业的培育力度，培育和引进一批枸杞精深加工企业，不断开发新产品抢占新市场，延伸枸杞产业链和价值链，推动枸杞产业全链式发展迭代升级。宁夏持续推进"育龙计划"和"小升规行动"，培育"链主企业"，加大"个转企"工作力度。甘肃省政府加大对枸杞产业的资金投入，支持企业进行基地建设、技术研发、设备购置等，帮助企业扩大生产规模、提升产品质量，如建设枸杞烘干生产线、精深加工生产线等。扶持培育了瓜州昊泰生物科技有限公司、玉门表青惠农农业有限公司等一批规模较大、带动能力较强的枸杞生产加工龙头企业。新疆实施龙头企业带动战略，重点培育一批规模较大、带动能力较强的枸杞生产加工龙头企业，如新疆精杞神枸杞开发有限责任公司、精河县果生康生物科技有限公司等，发挥其在产业发展中的引领作用。同时，引导农民成立枸杞专业合作社，提高农民组织化程度，实现规模化种植、标准化生产，为企业提供稳定的原料供应。目前，精河县共有枸杞种植专业合作社25家，带动了周边种植户就业增收。

2. 枸杞企业集群化发展态势明显

企业集群化发展能够增强产业链供应链的水平分工和垂直整合，带动产业质效提升。近年来，我国枸杞产业在主产省区集群化发展日趋显现。宁夏中宁县现代枸杞产业已经形成加工园区化和集群化的发展态势。中宁县加快构建现代枸杞产业体系、生产体系、经营体系，建成新水农产品加工园区和枸杞加工城，积极推进枸杞产业高新技术示范园建设，枸杞加工企业发展到124家，市级以上龙头企业达34家，建成GMP生产车间10座、枸杞绿色灭菌工厂1座，全县枸杞加工转化率达37%。青海建成都兰县国家现代农业产业园、德令哈绿色生物产业园、格尔木特色生物产业园、乌兰县乡村振兴产业园等，为枸杞企业提供了良好的生产加工环境和产业集聚发展平台，降低了企业的运营成本，促进了企业之间的协同合作与资源共享。甘肃省瓜州县等地，政府也积极推动枸杞产业的集群化发展，通过扶持培育特色产业、创建绿色有机标准化生产基地、开展先进实用生产技术培训等措施，瓜州县已经形成特色化、标准化、品牌化、产业化的枸杞产业发展格局。这些地区通过建设枸杞加工城和枸杞高新技术示范园区，吸引了大量枸杞加工企业入驻，形成了较为完善的枸杞产业链。这些企业不仅涉及干果、饮品、酒类等多个枸杞产品类别，还拥有多项自主专利，推动了枸杞产品的创新和升级。从全国范围来看，枸杞企业集群化发展趋势不仅促进了枸杞产业的快速发展和升级，也为相关产业链的完善和提升提供了有力支撑。种植端大力推广新模式、新技术，提高了枸杞的产量和品质。加工端企业不断加强技术创新和产品研发，提高了枸杞产品的附加值和市场竞争力。销售端企业积极拓展销售渠道，包括传统的中药材市场、超市、药店等以及电商平台等新型销售渠道，满足了消费者多样化的需求。

截至2024年底，全国枸杞生产经营主体数量达到31 421家（表2），主要集中在我国枸杞主产区，其中宁夏最多，为12 326家，占全国39%（图3），宁夏新注册枸杞经营主体66家，占56%（图4），为全国第一。枸杞生产经营主体数量不断增加，规模以上企业的占比逐渐提高。这些生产经营主体特别是龙头企业以科技创新和市场需求为导向，不断提升自身的竞争力和生产效率，在加工工艺、质量控制和市场拓展方面发挥了重要引领作用，不仅提高了枸杞的产量和品质，也促进了枸杞产品的出口和国际市场的拓展。宁夏沃福百瑞枸杞产业股份有限公司（以下简称"沃福百瑞"）作为宁夏枸杞出口量最大的企业，在2024年前三季度的出口量实现了同比超过65%的显著增长。产品远销26个国家，凭借在国际市场上建立的完善销售和服务网络，沃福百瑞有机枸杞及深加工产品已占据宁夏枸杞总出口量的一半以上，特别是深加工产品，更是占到了宁夏出口量的90%以上，成为推动宁夏枸杞走向国际市场的关键力量。

表2 2024年我国枸杞企业基本情况

省份	企业数量/家	年度内新注册企业数量/家
合计	31 421	118
宁夏	12 326	66
甘肃	7 004	7
青海	3 301	17
河北	2 092	1
新疆	1 565	2
其他省份	5 133	25

数据来源：企查查。

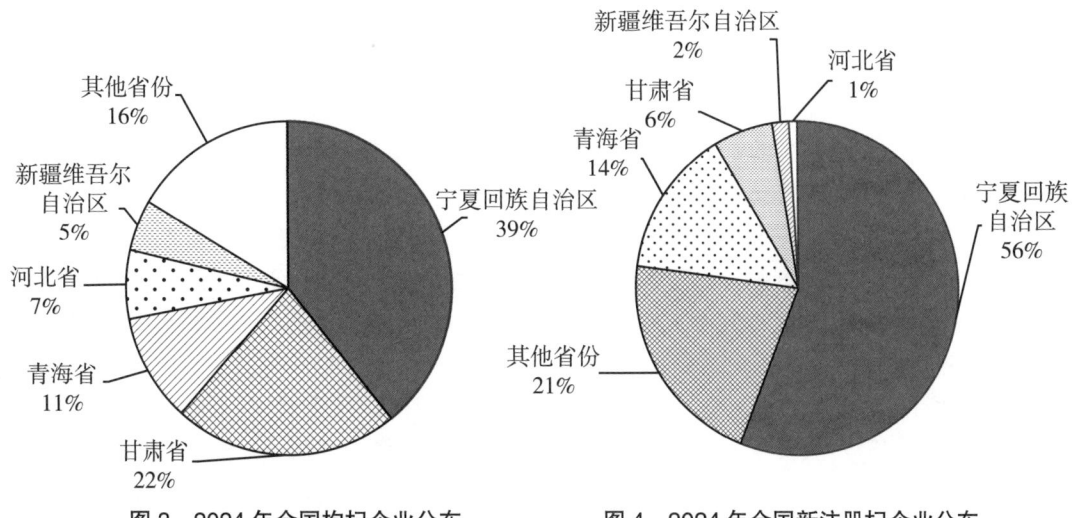

图 3 2024 年全国枸杞企业分布　　图 4 2024 年全国新注册杞企业分布

（三）科技兴杞创造产业高质量发展"增长极"

1. 枸杞产业科技创新成果丰硕

科技创新形成的新质生产力在枸杞产业的种植、加工、市场营销等多个环节都发挥了重要作用，推动现代枸杞产业的高质量发展。近年来，我国枸杞各主产省区以"枸杞全方位利用""枸杞食品功能化"为目标，深入实施创新驱动发展战略，加大对枸杞深加工关键技术攻关，转化重大科技成果，优化创新资源配置，大力实施"科技兴杞"工程，为枸杞产业增添了不少"科技因子"。2024 年，枸杞产业国内外登记注册专利 1 307 件，国内发表各类学术期刊论文 879 篇，硕博学位论文 75 篇（表 3），各类科研活动促进了科研新品和专利成果的研发与应用，推动了全产业链的发展以及科技成果的转化与应用，枸杞原浆、锁鲜枸杞、枸杞保健品、枸杞休闲食品等越来越多的枸杞精深加工产品陆续闪亮登场，不断刷新消费者对枸杞"药食同源"价值的认识。

表 3 2024 年枸杞产业知识产权统计

项目	数量
国内专利	1 290 件
境外专利	17 件
学术期刊	879 篇
硕博学位论文	75 篇
科技成果	11 项

注：科技成果 11 项为 2023 年数据。
数据来源：中国知网。

2. 科技推动枸杞全产业链高质量发展成效明显

2024 年，"科技兴杞"战略全方位渗透枸杞产业的种植、加工、质量管控、市场营销等各个环节，为枸杞产业创造了发展新优势。在枸杞种植环节，枸杞篱架栽培、智能灌溉、行间生草等栽培技术得到大面积推广，"增碳隔盐"栽培技术，使枸杞园地土壤含盐量由种植前的 9‰ 下降到 4.6‰，pH 值由 9.3 下降到 8.2，枸杞植株成活率由 40% 提高到

95%。生物防治技术在一些枸杞基地广泛推广。在枸杞加工环节，目前枸杞的干燥方式主要包括热风干燥、微波干燥、真空干燥、冷冻干燥等生产工艺，枸杞真空远红外干燥、枸杞分段式变温热风干燥、低温真空干燥技术、真空微波干燥等逐渐取代传统晾晒方式，能够最大程度地保留枸杞中的营养成分、色泽和风味，提高产品品质。超微粉碎技术将枸杞加工成超微粉，更易于人体吸收，为枸杞在保健品、药品等领域的深度应用奠定了基础。在提取工艺上，采用高效液相色谱、超临界流体萃取等现代分离技术，能够精准地提取枸杞中的多糖、类胡萝卜素、黄酮等有效成分，进而开发出枸杞多糖胶囊、枸杞黄酮口服液等一系列高附加值的深加工产品。这些深加工产品不仅满足了不同消费群体的多样化需求，还显著提升了枸杞产业的经济效益。在产品研发方面，枸杞多糖胶囊、枸杞面膜等产品，受到市场的广泛关注。同时，枸杞酱酒、半软质枸杞牦牛奶酪、枸杞柑橘黄梨复合果汁饮料、枸杞红梅杏复合果酒、枸杞奇亚籽杏仁酱、枸杞起泡酒、恰玛古枸杞复合饮料、诺丽枸杞运动饮料、山药枸杞复合饮料、山楂枸杞复合果汁、石榴葡萄枸杞复合果酒、铁皮石斛红枣枸杞复合饮料、枸杞拐枣露酒、枸杞红枣果糕、枸杞果脯、巧克力枸杞、肉苁蓉枸杞原浆、黄芪枸杞原浆、沙棘枸杞原浆等多样化的健康产品不断研发推出，为满足消费者多元化口味需求，提高枸杞附加值，推动枸杞产业延链补链强链。

（四）质量保杞构筑产业高质量发展"生命线"

1. 质量安全保障措施进一步夯实

质量安全是现代枸杞产业高质量发展的"生命线"。2024年，在枸杞产业标准体系建设上我国又迈出坚实步伐，国家标准《枸杞及其制品中枸杞多糖的测定　离子色谱法》（GB/T 44739—2024）和《食品安全地方标准　黑果枸杞》（DBS63/0002—2024）、《枸杞产业标准体系》（DB63/T 2274—2024）、《食品安全地方标准　超临界CO_2萃取杞籽油》（DBS64/412—2024）、《枸杞实蝇监测及综合防控技术规程》（DB64/T 1211—2024）、《叶用枸杞栽培技术》（DB64/T 2101—2024）、《枸杞春季花期霜冻气象指标》（DB64/T 1980—2024）等地方标准发布。同时，有30余项团体标准发布实施。这些标准的制定发布进一步充实和完善了我国现代枸杞产业标准体系，为枸杞产品标准化生产经营活动奠定了坚实基础。在质量检验检测与监督管理方面，宁夏在枸杞检测体系建设上更是取得了突破性进展，国家枸杞产品质量检验检测中心（宁夏）正式获批并投入使用，其成为唯一一家"国字号"枸杞检验检测中心，填补了国内枸杞产品国家级质量检测的空白，标志着宁夏枸杞在质量检验检测方面迈上了新台阶。"香港标准及检定中心（STC）实验室"落地宁夏，两家企业3款产品获得香港STC优质"正"印证书，为拓展宁夏枸杞产品海外市场增添了助推力。如今，越来越多品质卓越的宁夏枸杞走俏海外市场，而质量检测作为确保枸杞品质与安全的重要环节，其重要性越发凸显。中国合格评定国家认可委员会（CNAS）为宁夏百瑞源枸杞分析检测中心颁发实验室认可证书，成为国内枸杞企业唯一一家拿到CNAS实验室认证认可的企业。宁夏印发《宁夏枸杞产品质量安全追溯体系建设实施方案（试行）》，建设枸杞产品质量追溯平台，全面呵护枸杞全产业链质量安全。

2. 应对舆情化危为机

2024年9月1日，央视财经报道，青海省格尔木市以及甘肃省靖远县有部分商户使用焦亚硫酸钠对枸杞"提色增艳",甚至有些商户为了节省成本,直接选用工业硫磺,给枸杞"熏硫磺"。舆情发生后,各主产省区相关部门和企业立即启动应急预案,进行快速响应,第一时间成立工作专班,连夜对涉及的生产、加工、销售等环节进行核查,有效遏制了舆情进一步扩散。青海省格尔木市委、市政府高度重视,迅速成立工作专班,连夜对涉及的生产、加工、销售等环节进行核查,对违法责任人依法严惩。甘肃省白银市食品安全委员会2024年第二次全体(扩大)会议召开,市委副书记、市长出席会议并强调,全市上下要深刻认识本次央视曝光靖远县非法熏蒸枸杞事件的政治性、严肃性,以迅速果断的行动、有力有效的举措推动从严整改、坚决整改、彻底整改,切实保障好群众利益。宁夏在面对"枸杞""硫磺"舆情快速响应,宁夏回族自治区政府主要领导第一时间召开会议研究部署全面排查整治,政府分管领导现场督查,林业和草原局、市场监督管理厅、农业农村厅等部门联合行动,对枸杞种植、制干、加工、仓储、销售等全产业链的五个重点环节进行全覆盖排查和全链条整治,五个地级市和主产县区全面摸排风险隐患,开展联合执法,迅速采取全链条管控措施,以确保枸杞产品的质量安全。在宁夏全区范围内共排查枸杞生产经营主体5 847家、种植主体4 668家、农药经营店1 427家,宁夏全区内枸杞产品质量总体安全,外省份流入枸杞产品质量总体可控。同时,在宁夏全区开展为期一年的枸杞原浆专项整治行动,切实维护行业发展声誉和消费者合法权益。

(五)品牌立杞树立产业高质量发展"强支撑"

品牌打造是现代枸杞产业高质量发展的必由之路。2024年,"宁夏枸杞""中宁枸杞""靖远枸杞""柴达木枸杞""精河枸杞"等区域公用品牌知名度不断提高。宁夏"中宁枸杞"和新疆"精河枸杞"入选农业农村部2024年农业品牌精品培育计划。新疆"精河枸杞"成功入选国家知识产权局"一带一路"地理标志品牌推广清单,在"一带一路"知识产权合作网站上向全球推广。甘肃"靖远枸杞"入选"甘味"农产品区域公用品牌、全国名优特新农产品目录,荣获甘肃省十大名果、全国农产品博览会金奖等荣誉。宁夏在第七届枸杞产业博览会上依托新华社中国经济信息社发布了中国枸杞价格指数。在"2024《中国品牌十年路》发展报告发布会"活动上,"中宁枸杞"入围"2024我喜爱的中国品牌"。宁夏中宁县在阿联酋、巴西等国家成功注册"中宁枸杞"境外商标,产品远销欧美、东南亚等40多个国家和地区。在国内各大中城市建成中宁枸杞专卖店1 100余家,依托电商平台扩增枸杞销量,年枸杞及其制品网销额达42亿元,市场交易额50亿元以上,厚积薄发打造培育高质量发展产业品牌集群。青海省在都兰县首届柴达木枸杞采摘季暨产销对接洽谈会上,发布了"新华·柴达木枸杞价格指数"。青海省都兰县枸杞散货交易市场"柴杞大集"开市,市场是以枸杞及其产品交易、数据整合、物流配送、仓储等为核心的"区域性农产品物流集散中心",主要包含枸杞鲜果、锁鲜枸杞、枸杞冻果干、枸杞汁、枸杞酒等相关精深加工产品。新疆在广东省广州市举办第四届中国新疆特色林果产品博览会,枸杞原浆、枸杞挂面、枸杞蜂蜜、枸杞籽油等产品亮相博览会。新疆精河县组织枸杞系列产品参展2024年中国(上海)国际果蔬展览会。新疆精河县开展"精河枸杞"地理标志宣传活动,通过"看标、识标"等方式,引导群众规范使用"精河枸杞"地理标志,积极营造公平的市场环境。"精河枸杞"作为新疆唯一入选农业农村部推荐的首批35个中欧互认农产品亮相第十四届新疆农产品北京交易会。由中欧地理标志文化贸易馆、精河县枸杞产业发展中心共同主办的中欧地理标志产品文化贸易洽谈会暨精河枸杞出口仪式在北京举办。

（六）文化活杞凝聚产业高质量发展"软实力"

枸杞文化是我国的独特文化资源，为深入挖掘枸杞文化，2024年，我国各枸杞主产省区不断加强枸杞文化传承和保护，深入挖掘枸杞文化，推动枸杞文化的繁荣和中国现代枸杞产业的健康发展。青海以"红色果实绿色就业，品牌引领乡村振兴"为主题，在都兰现代农业产业园举办2024年青海省柴达木枸杞采摘劳务对接洽谈活动暨农畜文旅产品展示推介会。甘肃省以"相约黄河明珠 杞航美好未来"为主题，在白银市靖远县举办第七届甘肃靖远乡村振兴枸杞采摘活动，开展枸杞采摘活动暨经贸洽谈会。新疆在精河县举办"杞发未来"新疆精河2024年第七届枸杞产业发展系列文商旅活动，举行中国梦·劳动美·新疆好"一杞精采"精河枸杞鲜果采摘大赛，联合中欧地理标志文化贸易馆、中国商业文化研究会乡村振兴工作委员会在京举办精河枸杞文化发展交流会，宣传介绍枸杞药食同源价值。宁夏成功举办第七届枸杞产业博览会，深化"杞福天下，共享健康"枸杞养生文化理念，围绕枸杞药食同源康养价值，开展《中国名医讲枸杞》系列讲座和相关活动，并同步举办第四届枸杞文化旅游系列活动，通过这些丰富多彩的活动，持续推动枸杞消费趋势向时尚化、年轻化、国潮化方向发展，让更多人领略枸杞文化的独特魅力和健康价值。宁夏林业和草原局、西夏区政府联合宁夏枸杞协会、宁夏诗词学会、宁夏林学会在宁夏枸杞文化馆举行"诗咏宁夏枸杞"全国诗词创作大赛获奖作品展，展现当代枸杞行业的精神风貌，进一步丰富枸杞的文化内涵。银川市贺兰县的百瑞源殷红子熟枸杞庄园和中卫市中宁县的玺赞生态枸杞庄园同时启动2024枸杞采摘开园仪式，打造传播头茬枸杞的文化魅力。宁夏林业和草原局与国家林业和草原局发展研究中心携手，联合甘肃、青海、新疆、内蒙古、河北等5省（自治区）枸杞产业主管部门共同编纂出版《中国枸杞产业蓝皮书——中国现代枸杞产业高质量发展报告2024》（标准版），总结了我国枸杞产业标准体系建设方面取得的阶段性成果，分析了包括产业体系、生产体系、经营体系在内的"三大体系"建设方面标准发展态势，剖析了不同产区、不同企业实践应用枸杞标准的典型案例，为进一步加强我国现代枸杞产业标准体系建设提供前瞻性政策建议。宁夏石嘴山市惠农区在庙台乡东永固村举办"千年丝绸路 一品永固红"第五届枸杞文化旅游节，通过赶大集、看文艺演出、参加农民嗨歌会、畅游杞梦田园等活动，农旅结合、文旅互动，蹚出了一条"枸杞产业＋乡村旅游"的融合发展路径。第二届宁夏枸杞养生节在贺兰县百瑞源殷红子熟枸杞庄园举办，延续并弘扬首届养生节的优秀传统，推进"枸杞产业＋旅游"融合发展。

二、存在问题

（一）资源与环境约束越发明显

一是土地资源约束趋紧。当前，国家强调粮食安全，严格控制耕地非农化、非粮化，枸杞种植在土地获取方面面临更严格的政策限制，使得枸杞产业布局需要重新调整，如甘肃、宁夏等地枸杞种植不得不"上山入滩"向更偏远的地区转移，寻找更远、条件可能更差的土地，同时新的种植区域缺乏完善的灌溉系统、交通网络，增加了枸杞种植和运输的难度，提高了生产成本，这直接导致枸杞种植面积减少，影响了枸杞产业的规模化发展。从长期来看，产业规模的不稳定可能会影响企业和种植户对枸杞产业的信心，减少在技术研发、品牌建设等方面的投入，进而影响枸杞产业高质量发展。二是气候因素构成威胁。近年来，枸杞主产区频繁出现极端高温天气，这对枸杞的生长和发育产生了不利影响。降水的时空分布变化对枸杞种植产生了显著影响，尤其是在枸杞采果期，过多的降水或暴雨天气可能引发病虫害，威胁光合作用和果实品质。长期连续种植枸杞会导致土壤养分大量消耗，若不及时采取科学的施肥和土壤改良措施，将导致土壤肥力下降。同时，一些种植者为了追求高产量，过度使用化肥和农药，这些化学物质在土壤中残留积累，不仅影响枸杞的产量和品质，还增加了种植的风险。

（二）质量标准与监管有待加强

一是生产标准化程度低。在枸杞种植过程中，部分种植主体缺乏科学的栽培管理知识和技术，存在施肥、浇水、病虫害防治等环节不严格遵守标准、不科学规范的情况，不仅影响了枸杞的产量和品质，还增加了生产成本。例如，不合理的施肥可能导致土壤肥力下降、枸杞营养成分不均衡；不及时的病虫害防治可能导致病虫害暴发，影响枸杞的生长和产量。在枸杞的加工环节，一些小型加工厂或作坊的加工设备简陋、工艺落后，缺乏统一的加工标准和质量控制体系，导致加工出来的枸杞产品质量参差不齐，影响了整个产业的形象和市场竞争力。二是质量安全存有隐患。在一些没有建设制干设施设备的枸杞产区，存在用工业硫磺熏制枸杞的现象。部分地区存在商户为了让枸杞的品相更好，违规使用焦亚硫酸钠等添加剂进行"提色增艳"的情况。市场上存在一些假冒伪劣的枸杞产品，严重影响了消费者的利益和枸杞产业的形象。部分地区的市场监管部门对枸杞市场的监管力度不够，存在监管漏洞和盲区，一些违规违法生产加工行为得不到及时查处，扰乱了市场秩序。

（三）科技创新能力尚显不足

一是科技研发投入有限。我国在枸杞产业领域的科技投入比重相对其他产业所占比例较低，科技投入相对不足。枸杞产业国家级、省级高水平科研创新平台数量少，现有平台研发设施和实验条件也需要进一步完善。特别是枸杞产业的企业和相关科研机构在科研方面的资金投入相对较少，在设备、技术、人才等方面存在不足，技术研发能力也相对较弱，导致难以开展大规模、系统性的研发工作，制约了技术创新的速度和深度。对枸杞的基础研究和应用研究还不够深入，限制了品种改良、新产品研发等方面的突破，使产业发展的科技支撑不足。二是创新型研究成果相对较少。尽管我国枸杞产业在基础科学研究方面具有一定的积累，在科技研发方面取得了一定的成果，但是在应用创新方面，成果产出较少。枸杞行业创新体系和完整的技术创新链条尚未建立起来，企业、高校和科研机构之间尚未形成有效的合作机制，很多研究成果还停留在基础科学研究阶段，还缺乏实用性的研究成果。同时，在枸杞产业科技人才工作中，虽然我国拥有优秀的科研机构，但是所需的枸杞产业优秀科技人才相对较少，策略性高端人才缺乏，枸杞产业对于优秀人才的吸引力较低。

三、发展趋势

（一）集约化发展是路径

集约化发展将是推动枸杞产业转型升级、提高产业效益和竞争力的重要途径。在种植环节，集中土地资源，发展规模化种植，有利于统一管理和机械化作业，如在土地资源富集的青海海西、甘肃瓜州等可持续采用传统规模种植，但在宁夏、内蒙古、河北等土地资源紧缺的省区则要因地制宜集约化种植。在加工环节，集中资金建设现代化的加工厂房和引进先进的加工设备，实现规模化加工生产，可提高资源利用效率和产品质量稳定性。在枸杞主产区建立产业集群，形成种植、加工、销售、研发等环节紧密协作的产业体系，企业之间可以共享基础设施、技术信息、市场渠道等资源，相互协作，延长产业链，提高整个产业的集约化程度。

（二）绿色化发展是根本

随着消费者对食品安全和环境保护的关注度不断提高，枸杞产业的绿色化发展成为必然趋势。各产区将更加注重绿色种植技术的应用，减少化肥、农药的使用量，提高枸杞的品质和安全性。绿色认证和有机认证的枸杞产品将受到市场的青睐，企业将积极开展绿色认证和有机认证，提高产品的附加值和市场竞争力。

（三）品牌化发展是引领

品牌建设将成为枸杞企业的重要发展战略。企业的品牌意识不断增强，更加注重自主品牌文化内涵挖掘，通过讲述枸杞故事、传承枸杞养生文化等方式塑造品牌，通过提高产品质量、加强售后服务、开展品牌营销等方式，提升品牌的知名度和美誉度。枸杞区域公共品牌建设取得显著成效，其影响力将不断扩大，各产区将加强区域公用品牌的建设和管理，提高区域公用品牌的价值和竞争力。

（四）智能化发展是方向

随着科技的不断进步，智能化管理在枸杞产业中的应用将会更加广泛和深入。从种植环节的智能灌溉、智能施肥，到加工环节的智能生产、智能检测，再到销售环节的智能物流、智能营销，智能化技术将贯穿枸杞产业的全链条。大数据、云计算、人工智能等技术将为枸杞产业的发展提供有力的支持，帮助企业更好地了解市场需求、优化生产流程、提高管理效率。

四、对策与建议

（一）强化产业发展基础

一是支持新建标准化种植基地。通过统一规划种植园区，整合项目资金，对新建基地进行配套建设，加强枸杞种植区的水利基础设施建设，根据不同地区的水资源状况，合理规划和修建灌溉渠道、蓄水池、滴灌系统等水利工程，确保枸杞在生长季节能够得到充足、均衡的水分供应，提高枸杞的产量和质量。加大对产区道路的修建和维护力度，确保道路畅通，便于枸杞的采摘、运输和销售，减少损耗。实行产地建档立卡溯源保护，以确保新建基地的标准化和高质量。二是加大低质低效枸杞园改造力度。对枸杞基地现状进行全面建档立卡和现状评估，对品种退化严重产量低、土壤肥力下降酸碱度失衡、灌溉系统利用率低、病虫害监测预警防控体系不完善的低质低效枸杞园，结合绿色丰产示范点创建，采取品种更新、完善灌溉和施肥智能化管理系统、提高病虫害绿色防控覆盖率等措施进行提标改造，以提高枸杞产量和品质，增加种植端收益。三是加强良种选育与推广。加大科研投入，联合高校、科研机构与企业，开展枸杞良种选育工作。筛选出适应不同地区气候、土壤条件，且具有高产、优质、抗病虫害等优良特性的枸杞品种。建立完善的良种繁育体系，确保优质种苗的稳定供应。通过设立专门的良种繁育基地，采用规范化、标准化的繁育技术，保障种苗的纯正性和质量。积极推广优良品种，组织开展品种推广培训活动，向种植主体详细介绍新品种的优势及栽培要点，提高新品种的种植覆盖率。四是科学规范应用标准。加快枸杞标准化种植、生产加工和绿色有机认证体系建设，完善枸杞产品质量监管和追溯体系，制定健全枸杞产业链标准，提升标准化生产技术应用水平。完善枸杞种植技术标准和操作规程，涵盖从整地、施肥、灌溉、修剪到病虫害防治等各个环节，确保种植主体在生产过程中有章可循，实现标准化、规范化种植，提高种植效益。监督企业建立完善的质量管理体系，从枸杞种植源头开始，严格把控农药化肥使用、采摘标准、加工流程等环节，确保枸杞产品质量安全。五是推动科技创新。支持鼓励枸杞种植主体联合高校、科研院所、技术团队等研究机构强化种植技术创新，加快新技术引进推广，开展高效栽培技术推广，加强病虫害绿色防控技术应用推广，精准种植管理。研发适合枸杞种植的新型农机具，提高种植、采摘、修剪等环节的机械化水平，降低人力成本，提高生产效率。鼓励企业与科研机构合作深化加工技术革新，针对枸杞加工过程中的关键技术难题开展联合攻关，研发出适合枸杞产业发展的特色加工技术。加强新型保鲜材料和保鲜工艺研究，延长枸杞鲜果（枸杞原浆）的保鲜期。加强枸杞在保健品、化妆品、药品等领域的应用开发研究，鼓励企业研发具有特定功效（如增强免疫力、美容养颜等）的枸杞产品。加强质量控制与检测技术创新，研发针对枸杞中农药残留、重金属、微生物等有害物质的快速检测技术和设备，实现对枸杞产品质量的现场快速检测。

（二）注重龙头企业和品牌培育

一是加大龙头企业培育力度。加大财政扶持力度，支持龙头企业开展枸杞种植基地建设、技术研发、产品创新、品牌推广等。鼓励企业加大研发投入，建立自己的研发中心或与科研机构合作，开展枸杞种植技术、加工工艺、产品研发等方面的研究，提升企业自身实力。推动龙头企业加强产业链整合，在上游推行"订单生产"，形成企业与农户紧密的利益联结机制，在下游支持企业拓展销售渠道，积极发展电商平台、连锁经营、直营店等销售模式。鼓励金融机构开发适合枸杞龙头企业的金融产品和服务，为企业提供多元化的融资渠道。通过政府引导基金、产业投资基金等方式，吸引社会资本投资枸杞龙头企业。对有上市意愿和潜力的枸杞龙头企业，政府有关部门提供政策指导和服务，帮助企业完善治理结构，规范财务管理，提高企业的上市成功率。二是加强品牌建设。枸杞企业要树立品牌意识，通过提高产品质量、优化包装设计、加强广告宣传等方式，赋予品牌文化内涵，将枸杞的历史文化、种植传统等融入品牌故事中，打造具有知名度和美誉度的自主品牌。要积极利用社交媒体平台进行宣传，建立电商平台旗舰店，参加各类农产品展销会、养生健康展会，与线下零售商合作，铺货进入超市、药店、特产店等，从线上和线下两个渠道培育和推广品牌。政府也应支持企业开展品牌建设，推动企业注重品牌培育和推广，打造具有地域特色和市场竞争力的枸杞企业品牌。支持企业通过参加国内外各类展销会、品牌推介会等活动，提升品牌知名度和影响力。三是加强品牌保护管理。枸杞企业要及时注册品牌商标，包括文字商标、图形商标等，防止其他企业侵权。同时，企业要建立完善的质量追溯体系，使消费者可以通过产品二维码等方式查询枸杞的种植、加工、运输等环节信息。定期对市场上的产品进行质量抽检，确保品牌产品质量的稳定性，如果发现质量问题，及时采取召回等措施，维护品牌声誉。政府相关部门要健全枸杞产业知识产权保护机制，加强枸杞产业相关的专利、商标、著作权等知识产权的法律保护，加大对侵权行为的惩处力度，保护枸杞企业在专利保护期内获得独占性的市场利益。对锁鲜、膜萃取等独特的加工工艺等进行保护，维护企业的合法权益。

（三）加快产业绿色发展转型

一是推动产业发展理念转型。要积极开展绿色认证。各产区要积极推动枸杞产品的绿色认证工作，如绿色食品认证、有机产品认证等。按照国际和国内的绿色标准要求，规范枸杞产业的生产、加工和销售环节。同时，结合当地枸杞产业实际情况，制定更严格、更具针对性的地方绿色标准，引导企业和种植户向绿色生产转型。要引导绿色消费。企业通过多种渠道向消费者宣传枸杞绿色产品的优势和价值。利用社交媒体、展销会等线上线下的宣传平台向消费者普及绿色枸杞产品在健康、环保方面的知识。开展绿色枸杞产品消费主题活动，推出绿色枸杞消费指南，引导消费者优先选择绿色认证的枸杞产品，从而反向推动产业绿色转型。二是加快推进绿色种植。要推广生态种植模式。大力推广使用绿肥、农家肥、生物菌肥等有机肥料，减少枸杞种植中化肥的使用量，增加土壤有机质含量，改善土壤结构，提高土壤肥力。选择具有代表性的区域，建设枸杞绿色种植示范园区。要应用绿色防控技术。建立病虫害监测预警体系，利用智能监测设备和人工巡查相结合的方式，实时掌握病虫害的发生情况。基于监测数据，科学制定防控方案。采用生物防治手段，如释放蚜茧蜂、赤眼蜂防治枸杞蚜虫等害虫，利用捕食螨控制枸杞瘿螨。同时，使用植物源农药和微生物农药替代化学农药，减少农药残留对环境和产品质量的影响。三是加快推进绿色加工。要实施清洁生产技术。在枸杞加工企业中，引入先进的清洁生产设备和工艺。采用高效节能的烘干设备，利用太阳能、空气能等清洁能源进行烘干，减少传统能源消耗带来的环境污染。优化加工流程，实现水资源的循环利用。对清洗枸杞后的废水进行处理和净化，使其达到可再利用标准，用于厂区的绿化灌溉或其他对水质要求较低的环节，减少水资源浪费和污水排放。要选用绿色包装材料。企业要摒弃传统的不可降解包装材料，改用可降解、可回收的包装材料。使用纸质包装盒代替塑料包装盒，使用生物降解塑料包装袋包装枸杞产品。在包装设计上，要考虑材料的易拆解和可回收性，方便消费者处理。

（四）加快构建产业数字化体系

一是持续推动种植环节的数字化进程。鼓励种植业者在枸杞种植园区安装传感器，以实时监测树木生长状况、土壤湿度、养分水平、病虫害状况以及气象信息等。利用数据分析，进行精准灌溉、施肥、病虫害防治等操作，从而实现枸杞种植的智能化管理。二是强化采收环节的智能化水平。增加对枸杞智能采摘机械的研发投入，并推广其应用，以提升采摘效率和质量。同时，运用物联网技术对采摘过程实施实时监控，确保枸杞果实的新鲜度和品质。建立枸杞采收数据库，详细记录每次采收的产量、质量等关键信息，为后续的生产和销售提供有力的数据支持。三是推进加工环节的自动化与信息化整合。鼓励枸杞加工企业对生产线进行数字化升级，引进尖端自动化加工设备、自动化生产线和智能控制系统，实现加工流程的自动化和智能化，以确保加工过程的稳定性和一致性，从而提升枸杞产品的品质和生产效率。利用信息化手段，构建加工环节的信息管理系统，实现生产数据的实时采集和分析，为企业的生产管理提供决策支持，构建加工过程管理系统，确保产品质量和生产安全。四是积极促进销售环节的数字化转型。支持枸杞企业构建自主的电商平台，或利用已有的成熟电商平台开设官方旗舰店，以展示和销售多样化的枸杞产品。通过大数据分析消费者购买行为、偏好及需求，实施精准营销策略。鼓励企业打造数字化的枸杞供应链管理系统，确保供应商、生产商、经销商、物流企业等供应链各环节信息的实时共享与高效协同。

（五）持续完善产业发展体制机制

一是完善政府引导体制。建立区域协同发展体制。加强不同省区枸杞产业之间的交流与合作，实现资源共享、优势互补。建立全国枸杞产业区域合作联盟，共同开展技术研发、品牌推广、市场开拓等活动，推动我国现代枸杞产业协同发展。构建协同管理体制。政府需要优化不同部门在枸杞产业发展中的职责，建立联合工作组，共同制定产业政策、协调产业布局，避免重复建设和恶性竞争，如强化林业和草原或农业农村部门负责技术标准的制定职责，发展和改革部门负责产业规划和项目审批职责，市场监管部门负责产品质量监督职责等。完善质量监管体制。建立健全枸杞质量标准体系，严格规范枸杞的种植、加工、包装、储存、运输等环节的质量标准。加强质量检测机构建设，提高检测能力和水平，加大对枸杞产品的抽检力度，严厉打击假冒伪劣、以次充好等违法行为，保障消费者的合法权益。二是优化企业组织体制。鼓励企业集团化发展。通过政策引导和市场机制，鼓励企业通过并购、兼并、重组、合作、战略联盟等方式，壮大企业规模，促使企业形成集团化的组织体制，培育一批具有核心竞争力的龙头企业，整合产业链上下游资源，在技术创新、品牌建设、市场开拓等方面发挥示范引领作用，提高整体竞争力，带动整个枸杞产业的发展。促进中小企业专业化协作体制。推进枸杞中小企业建立与大企业配套协作的体制。政府可以通过搭建产业对接平台，让中小企业更好地融入大企业的供应链体系，提高产业的整体协同效率。三是完善创新激励机制。加强产业规划与引导。政府应制定科学、长远的枸杞产业发展规划，明确产业发展目标、布局和重点任务。根据不同地区的自然条件、市场需求等因素，合理规划枸杞种植区域，避免盲目扩张和无序竞争。例如，划定优质枸杞种植保护区，确保枸杞的品质和道地性。加大政策扶持与税收优惠。完善财政补贴、信贷支持、税收优惠等政策，鼓励企业和农户加大对枸杞产业的投入。对枸杞种植户给予种苗补贴、种植补贴，对枸杞加工企业的技术改造、设备升级给予资金支持，对研发新技术、新产品的企业给予创新活动资金支持，降低企业的生产经营成本和风险。同时，实行税收优惠政策，如对高新技术企业减免企业所得税，激励企业加大创新投入。推动科技创新机制。政府加大对枸杞产业科研的投入，支持高校、科研机构和企业开展枸杞种植技术、加工工艺、产品研发等方面的研究。建立科技成果转化平台，促进科研成果向实际生产力的转化，提高枸杞产业的科技含量和附加值。四是营造公平竞争环境。政府要加强反垄断和反不正当竞争执法，确保产业内企业在公平的市场环境中竞争。例如，互联网平台产业，要防止大型平台企业利用市场支配地位进行垄断行为，抵制"二选一"等不正当竞争行为，维护市场的公平竞争秩序，促进创新和资源的有效配置。五是规范市场准入与退出机制。合理设置产业的市场准入门槛，鼓励创新型企业进入。同时，建立规范的市场退出机制，对于那些经营不善、产能落后的企业，通过破产清算、兼并重组等方式使其退出市场，释放产业资源，优化产业结构。

（六）构建产业发展协同机制

一是推动产业链各环节的联合协作。利用行业协会的影响力，建立产业联盟等机构，以促进产业链各企业间的信息交流与合作。加强枸杞产业链从上游到下游的联合协作，打造一个种植、加工、销售、研发等环节紧密相连的产业链体系，从而提高整个产业链的效率和竞争力。二是创新经营模式。企业应积极探索多元化的经营模式，如"企业＋基地＋农户""企业＋合作社＋农户"等，探索订单生产，加强与农户的利益联结，实现企业与农户的共赢。同时，开展线上线下相结合的销售模式，拓展销售渠道，提高市场占有率。推动枸杞加工企业之间的分工协作，鼓励种植户与加工企业、销售企业建立长期稳定的合作关系，实现枸杞的优质优价销售，提高产业的整体效益。三是完善产业融合机制。促进枸杞产业与文化、旅游、数字等产业的融合发展。开发枸杞文化旅游项目，推进枸杞采摘体验、枸杞文化展览等，促进枸杞产业与旅游业的互动发展。鼓励枸杞产业与数字产业融合，通过虚拟现实（VR）、增强现实（AR）技术为枸杞产业提供全新的数字体验，拓展产业发展空间，催生新的产业形态和商业模式。

备注：在本报告撰写的过程中，宁夏枸杞产业发展中心许芷琦、董婕、乔彩云等参与了数据收集整理和图表制作工作。

市场篇

中国枸杞产业蓝皮书
——中国现代枸杞产业高质发展报告
2025

宁夏现代枸杞产业市场分析报告

张 静　张晓琴　董 婕　乔彩云　李思媛　马 兰　王 微　杨淑婷*

摘　要：枸杞市场体系建设是产业市场赓续发展的"主动脉"，是稳固提升产业竞争力、深度塑造品牌生命力的核心引擎。本文在系统梳理宁夏现代枸杞产业市场体系建设现状的基础上，通过对宁夏枸杞国内外市场供给与需求、大数据背景下消费者行为、宁夏枸杞产地市场主体培育等方面的客观分析研判，阐明了供需两端的结构动态变化和系统性偏差，剖析了产地交易市场竞争态势与竞争格局，结合产业市场及电商数据对枸杞消费偏好行为及其影响因素进行了深入挖掘，从深度完善市场准入机制、创新品牌保护思维、规范市场体系建设、重塑市场发展环境与产业生态、筑牢道地产区优势和发展根基等方面提出了相应的对策建议，旨在为进一步提升宁夏现代枸杞产业市场体系建设水平，促进现代枸杞产业高质量发展提供科学依据与实践参考。

关键词：宁夏现代枸杞；市场分析；产业竞争格局

一、宁夏现代枸杞产业市场现状分析

（一）国际市场分析

1. 供给分析

中国海关数据显示，2015—2023年，中国枸杞出口量整体呈现波动增长态势。2016—2023年中国枸杞出口量已连续8年保持在1万吨以上。2023年中国枸杞出口量增至12 835.09吨，同比增加了902.85吨，增幅约为7.57%；与2015年的出口量（9 799.41吨）相比，近8年来增加了3 035.68吨，增幅约为30.98%，年均复合增长率为3.43%。

2015年1月至今，在国家统计局与中国海关开展统计调查范围内的内地（大陆）31个省（自治区、直辖市）均涉及过枸杞出口相关业务。2023年，除"吉林"外，其余的如宁夏、广东、广西、海南、重庆、贵州等30个省域相关口岸均涉及枸杞出口相关业务。其中，宁夏、广东、广西、山东、湖北、河北、安徽等7个省域的枸杞出口量和出口金额依次列全国前7位，出口量合计为10 882.12吨、出口金额合计为7 798.89万美元。经统计，通过宁夏出口的枸杞出口量和出口金额最高，分别为3 416.22吨和2 712万美元，并

---

* 张静、王微、杨淑婷，宁夏农林科学院农业经济与信息技术研究所，助理研究员；张晓琴，宁夏农林科学院农业经济与信息技术研究所党支部书记、所长；董婕，宁夏回族自治区枸杞产业发展中心，林业工程师；乔彩云，宁夏回族自治区枸杞产业发展中心，高级林业工程师；李思媛、马兰，宁夏农林科学院农业经济与信息技术研究所，研究实习员。

在2023年中国枸杞总出口规模中所占比重分别为26.62%、29.31%，平均出口单价为7.94美元/千克，略高于全国平均出口单价。

宁夏枸杞在国际市场上供给依旧表现强劲，产品远销欧美、东南亚等40多个国家和地区。出口产品种类丰富，包括枸杞原浆、枸杞酒、枸杞芽茶、枸杞糖肽、枸杞化妆品等十大类110余种。银川海关相关数据显示，2024年1—10月，宁夏枸杞出口量达到2 998吨，货值高达1.7亿元，分别同比增长9.1%和7.3%。在全国同类商品中，宁夏枸杞的出口量和货值分别占据了29.2%和33.8%的市场份额，持续稳居全国首位。中宁县作为宁夏枸杞的核心产区，对国际市场供给做出了显著贡献。2023年，中宁县枸杞种植面积稳定在18万亩，鲜果产量11.7万吨，出口量近3 000吨，创汇2 600余万美元[*]。在国际市场拓展策略方面，宁夏回族自治区党委、政府通过积极参加国际展会、建立海外营销网络、开展国际合作等方式，不断提升宁夏枸杞在国际市场的知名度和影响力。据统计，2023年至2024年9月，宁夏枸杞出口企业数量达57家，仅中宁县在阿联酋、巴西等国家地区成功注册境外商标并拥有出口资质的企业达27家。

2. 需求分析

随着国际消费者对健康食品需求的增加，对枸杞产品的品质要求也在不断提高。纵观2024年宁夏枸杞出口国家、地区及出口品类相关数据，国际市场对宁夏枸杞的需求主要表现为品质优先、品牌安全、需求多样、品类丰富等特点。宁夏枸杞产业也通过不断创新产品种类和形式（如枸杞原浆、枸杞酒、枸杞化妆品等），加强品牌建设和推广，提升产品的国际知名度及影响力，以满足国际市场不同层次消费群体的多样化需求。以宁夏沃福百瑞枸杞产业股份有限公司（以下简称"沃福百瑞"）为例，作为宁夏枸杞出口量最大的企业，2024年前三季度有机枸杞的出口量实现了同比超过65%的显著增长。产品远销至26个国家，凭借在国际市场上建立的完善销售和服务网络，沃福百瑞有机枸杞及其深加工产品已占据宁夏枸杞总出口量的一半以上，尤其是深加工产品，更是占到了宁夏出口量的90%以上，成为推动宁夏枸杞走向国际市场的关键力量。此外，枸杞产业各大龙头企业通过文化赋能，深度挖掘枸杞的文化内涵，推动文化再生，不仅为产品赋予了灵魂、为品牌增加了溢价空间，还进一步增强了国内外消费者对宁夏枸杞品牌的认同感，提升了枸杞品牌的知名度和美誉度，在一定程度上促进了新消费发展的多元化格局，加快了枸杞产品消费的提质升级。

（二）国内市场分析

1. 供给分析

从产业种植区域分布情况来看，截至2024年底，宁夏枸杞种植面积23万亩，鲜果年产量20万吨，干果年产量4万吨，枸杞鲜果加工转化率达到36%，精深加工产品达10大类120余种，全产业链综合产值达204亿元。宁夏枸杞精深加工在全国处于研发能力最强、产能最强、品类最全、科技含量最高的优势地位，90%的枸杞精深加工新产品、新品类均由宁夏枸杞相关企业生产。锁鲜枸杞、冻干枸杞、枸杞酵素、枸杞叶菜等产品线在

---

[*] 数据来源：中宁县枸杞产业发展服务中心。

宁夏相继投产，枸杞原浆产能迅速扩大，产能达到 1.5 万吨以上。枸杞面膜、枸杞面霜、枸杞眼霜、枸杞润肤水等化妆品受到消费者青睐，枸杞粉、枸杞籽油等功能性食品，枸杞燕麦、枸杞咖啡、枸杞巧克力等休闲食品已进入市场，枸杞糖肽、枸杞护肝片进入医院营养配餐渠道，枸杞冰鲜菜、枸杞糕点、枸杞饼干、枸杞挂面、枸杞包子馅、枸杞饺子馅等 10 余种叶用枸杞产品陆续进入百姓餐桌。

2. 需求分析

宁夏枸杞因自身有道地中药材、农经产品、经济林产品等多重属性，使得其市场需求稳步增长。在国内市场方面，随着消费者对健康食品需求的不断增加以及对功能性食品消费意识的提升，枸杞及其衍生产品的消费量也在持续增长。特别是枸杞片、枸杞茶、枸杞保健品等创新产品的出现，进一步丰富了枸杞产品的种类和形态，满足了不同消费者的需求。以枸杞保健品为例，在 2024 年 FHC 第 27 届上海环球食品展上，沃福百瑞全面展示了宁夏枸杞及其深加工产品，有机枸杞果、有机枸杞原浆、枸杞籽油、枸杞原浆、枸杞果汁饮料、枸杞精油滋养面膜等，吸引了众多国内外客商及当地消费者的关注，提升了消费者对现有枸杞产品种类的认知和品牌影响力。

3. 市场价格波动分析

2024 年各类枸杞产品终端销售量和加工转化量均低于 2023 年同期水平，市场需求减少、供大于求，导致价格同比下降。据国家级中宁枸杞市场价格监测数据及部分枸杞批发经营主体反映，2024 年夏季以来，宁夏降水量较往年同期增多，降水影响了鲜果采摘进度，部分未及时采摘的枸杞出现裂果、黑果，枸杞鲜果产量和品质均有所下降，价格也随之下滑。一是 7 月以来，青海及甘肃瓜州、玉门枸杞还未大量上市，市场上主要以宁夏和甘肃靖远枸杞为主，供给有限，且枸杞经销商、加工企业等经营主体大量进货，批发市场需求相对旺盛，带动枸杞价格上涨。8 月，青海及甘肃瓜州、玉门枸杞大批量上市，市场供给增加，价格呈下降趋势。二是随着 8 月下旬与 9 月降水量的增加和连续阴雨天气影响，枸杞品质也随之下降，这也是影响 8 月以后宁夏枸杞批发价格同比下降的主要因素。三是"央视曝光黑心枸杞"舆情对枸杞价格走势影响较大。2024 年 9 月 1 日，央视财经报道了甘肃靖远、青海格尔木等地区不法商家使用硫磺熏染或焦亚硫酸钠浸泡枸杞事件后，宁夏回族自治区及时开展专项整治，对国家级中宁枸杞市场品质较差的枸杞实行了自主退市政策，导致 9 月以来枸杞交易量严重下滑。

4. 国内外政策环境分析

全球经济增速放缓，导致国际市场需求减弱。根据国际货币基金组织（IMF）2024 年的预测，全球经济增长率仅为 3.1%，创近年来新低。其中，发达经济体经济增速预计为 1.5%，新兴市场和发展中经济体 2024 年经济增速预计为 4.1%[*]。全球经济增速放缓，导致国际市场需求减弱，进而影响到我国枸杞出口贸易。同时，受国内经济下行压力及整体市场消费降级影响，消费者对价格的敏感度提升，可能会更多地选择通过线上渠道购买枸杞相关产品，线下门店销售、个体经营销售和小微经销商或将面临转型升级的阵痛。另外，由于消费者对保健食品的多元化选择及部分市场主体的不正当竞争，在一定程度上也

---

[*] 数据来源：国际货币基金组织《世界经济展望报告》。

影响了消费者选择的倾向性，抑制了枸杞产业在国内外市场的开拓。

（三）大数据背景下消费者行为分析

1. 消费习惯及偏好分析

通过抓取 2018—2024 年天猫平台中枸杞干果、枸杞原浆行业大盘成交趋势，以及天猫枸杞及其制品整体大盘成交趋势相关电商数据，综合分析得出：目前原浆及其高端制品复购率较高，用户消费群体集中于 25～40 岁女性，抖音等短视频平台消费群体集中于 50 岁以上成熟男性。相反，干果、枸杞芽茶等初级产品复购率较为低下。目前，由于各大经营主体数字化运用软件不连通，C 端市场个性过于鲜明，数据挖掘局限于地域、性别、年龄、目的等，无法深度挖掘分析用户消费行为，无法为 C 端客户进行深入画像。

根据抖音电商 2023 年综合数据，一线城市男性滋补品市场展现出可观的发展潜力。与 2021 年同期相比，各线城市消费者对滋补品的偏好程度均有显著增长。其中，二三线城市在消费占比中最为突出，偏好度也处于高位。一线城市消费者对滋补品的偏好度呈现大幅上扬趋势，新一线城市消费者则对保健品表现出更高偏好，且男性消费者在这一市场中的占比亦同步攀升，进一步印证了男性滋补市场所蕴含的发展潜能。在年龄结构方面，31～40 岁的中青年群体消费能力提升明显。该群体在家庭消费决策中往往占据主导地位，具备较强的价格承受能力，为高端滋补品市场的发展提供了有力支撑。与此同时，女性消费群体在滋补及保健品市场的活跃度依然维持在较高水平，尤其是 24～40 岁年龄段的女性，在消费占比中表现突出，孕期及产后营养补给的消费需求也开始逐渐显露，这或将是下一阶段企业在养生品类研发领域的一大重要流量及契机。

2. 消费趋势与模式

随着国民自信心的提升和居民健康意识的觉醒，中国传统养生文化正受到新一代消费者的追捧，滋补营养品市场的潜力也在不断增长。随着养生年轻化、食材草本化、保健科技化趋势的不断深入，"90 后"逐渐成为滋补营养品消费的主力军，新的产品需求也将不断涌现。为了迎合新消费者"朋克养生""懒人养生"等新兴消费需求，滋补营养品凭借对产品的极致创新，功效好、口感佳、即食化、零食化和高颜值的产品市场份额占比会逐年攀高。"开袋即食"、口感好的滋补营养品，随时养生、低成本养生、高效养生的消费模式将成为青年群体的主要消费模式*。

（四）宁夏枸杞产地市场主体分析

1. 生产加工主体分析

枸杞产业新型经营主体是实现产业兴旺的主要驱动"引擎"。据宁夏林业和草原局最新数据统计，2024 年宁夏全区枸杞产业种植生产经营主体总数为 13 897 家，其中种植类经营主体数量为 8 031 家（企业 87 家、合作社 68 家、种植大户 123 家、家庭农场 15 家、农户 7 738 个），加工类经营主体数量为 274 家，其中生产加工类经营主体主要集中在中

---

* 张文. 新媒体背景下 B 枸杞公司品牌战略研究 [D]. 银川：宁夏大学，2023.

张博新. 外部质量安全线索对消费者线上购买农产品意愿影响的研究 [D]. 成都：西南财经大学，2023.

卫市，其中银川市44家，石嘴山市11家，吴忠市61家，中卫市135家，固原市23家；流通类经营主体数量为5 592家，主要集中在中卫市，其中银川市1 220家、石嘴山市185家、吴忠市648家、中卫市3 042家、固原市497家。

2024年，宁夏新种植枸杞1万亩以上，鲜果产量达到36万吨以上，鲜果加工转化率达到36%，开发出枸杞汁、枸杞粉、枸杞胶囊等多种具有保健功能的枸杞产品，满足了消费者对健康食品的不同需求。同时，生产加工类经营主体还积极参与枸杞产业链的上下游合作，推动枸杞产业全产业链主体协同发展。持续探索出了不同模式下联农带农益农的生产加工利益联结方式，例如"龙头企业+合作社+农户""龙头企业+农户"等稳定的契约化模式普遍推广，同时生产加工类经营主体强调根据市场需求加强个性化定制，枸杞特色养生文化宣传也开始逐步契合"大健康"理念。

2. 市场流通主体分析

国家级中宁枸杞市场（原中宁国际枸杞交易中心）自2013年2月建成运营以来，年平均市场交易量12万吨，年交易额50亿元。承担了宁夏及其周边青海、甘肃、内蒙古、新疆等省（自治区）约60%枸杞干果的市场交易，已成为名副其实的全国枸杞生产加工区域中心和枸杞销售集散地。随着枸杞产业的发展和市场功能的进一步完善，预计至2025年底，市场年交易量达40万吨以上，交易额达160亿元以上，可直接或间接带动20万以上人员创业就业。国家级中宁枸杞市场数据显示，在枸杞毛货交易方面，2024年1—12月国家级中宁枸杞市场枸杞毛货交易总量4.78万吨，交易额14.69亿元（表1），毛货交易均价30.76元/千克。2024年1—12月国家级中宁枸杞市场枸杞年成品交易总量6.05万吨，交易额36.62亿元（表2），交易均价60.53元/千克。其中，2024年12月成品枸杞交易量达到全年最高，为0.71万吨，交易额4.17亿元，交易均价58.73元/千克；交易均价最高的月份出现在7月，为79.05元/千克，7月成品枸杞交易量为0.42万吨。

表1 2024年国家级中宁枸杞市场枸杞毛货交易情况

项目	1月	2月	3月	4月	5月	6月	7月	8月	9月	10月	11月	12月	总量
交易量/（万吨）	0.12	0.01	0.21	0.06	0.07	0.17	1.74	1.66	0.21	0.31	0.14	0.08	4.78
交易额/（亿元）	0.41	0.02	0.65	0.16	0.17	0.60	5.85	4.77	0.57	0.85	0.40	0.24	14.69

数据来源：国家级中宁枸杞市场。

表2 2024年国家级中宁枸杞市场枸杞成品枸杞交易情况

项目	1月	2月	3月	4月	5月	6月	7月	8月	9月	10月	11月	12月	总量
交易量/（万吨）	0.47	0.38	0.53	0.67	0.51	0.39	0.42	0.68	0.24	0.47	0.58	0.71	6.05
交易额/（亿元）	2.19	1.43	3.97	4.17	3.12	2.2	3.32	4.3	1.34	2.73	3.68	4.17	36.62
均价/（元/千克）	46.60	37.63	74.91	62.24	61.18	56.41	79.05	63.24	55.83	58.09	63.45	58.73	—

数据来源：国家级中宁枸杞市场。

（五）宁夏枸杞竞争力分析

1. 品牌竞争力分析

我国西北地区为世界上集中连片种植枸杞最大的区域，面积、产量、产值长期居全球首位，已成为具有国际影响力的枸杞产业聚集区。截至2023年底，我国枸杞主要产区为宁夏产区、甘肃产区、青海产区、新疆产区、内蒙古产区，其中宁夏产区种植面积占17.8%，各大产区均已形成了一定知名度的枸杞区域公用品牌和企业（产品）品牌（表3）。

表3 中国枸杞主产区品牌

主产区	地理标志证明商标	地理标志保护产品	企业品牌
宁夏	宁夏枸杞、中宁枸杞、惠农枸杞	宁夏枸杞、中宁枸杞	百瑞源、宁夏红、沃福百瑞、厚生记、早康、玺赞、杞滋堂、润德、中杞、菊花台等
青海	柴达木枸杞	柴达木枸杞	大漠红、三江源、亿林、康普、源鑫堂等
甘肃	靖远枸杞、瓜州枸杞、民勤枸杞、景泰枸杞、玉门枸杞	靖远枸杞、瓜州枸杞、玉门枸杞	杞盛源、杞桑黄丁等
新疆	精河枸杞	精河枸杞	精杞神、顺元堂、杞元春等
内蒙古		巴彦淖尔河套枸杞、先锋枸杞	杞鸿天下、杞汁美等

区域公用品牌作为农产品品牌的一种重要类型，不仅能够有效提升地方经济的竞争力，而且对促进产业多元化发展，提高农产品的质量和市场影响力起到了至关重要的作用。目前，全国枸杞区域公用品牌共7个，主要集中在宁夏、青海、甘肃、新疆4个省（自治区）。在中国枸杞区域公用品牌中，"中宁枸杞"地理标志证明商标最早于2001年正式注册，成为当时全国唯一的以原产地命名的地理标志证明商标，累计许可135家生产经营主体使用商标。2021年"宁夏枸杞"地理标志证明商标获批使用，宁夏重点聚焦区域公用品牌建设，同年正式公布了宁夏枸杞区域公用品牌标识、宣传语、吉祥物，通过"宁夏枸杞 贵在道地 中宁枸杞 道地珍品"口令和卡通形象"宁夏杞宝"的广泛宣传，有力提升了宁夏枸杞区域公用品牌影响力，目前"宁夏枸杞"地理标志证明商标受标企业已达29家，其中银川市9家，吴忠市3家，固原市1家，中卫市16家。《"宁夏枸杞"地理标志证明商标使用管理办法（试行）》于2022年4月正式印发，2023年10月进行了修订，进一步推进了区域公用品牌的保护和发展。

枸杞种植端（一产）方面，宁夏良种繁育在全国处于核心地位，初步建成枸杞良种育、繁、推一体化现代种业推广体系，枸杞良种（主栽品种为宁杞1号、宁杞5号、宁杞7号、宁杞10号）苗木年繁育能力突破1亿株，目前全国90%以上的枸杞种苗由宁夏生产繁育。宁夏坚持绿色管理，提升基地标准化水平，夯实产业基础，大力推广标准化、规模化种植模式，评选出百瑞源枸杞股份有限公司标准化枸杞示范基地、玺赞庄园枸杞有限公司枸杞基地、宁夏菊花台庄园枸杞种植有限公司枸杞基地等"宁夏枸杞优质基地（示范苗圃）"10家。加工端（二产）方面，宁夏精深加工在全国处于优势地位，枸杞鲜果加工转化率达到36%，枸杞原浆产能达到2万吨，精深加工产品达10大类120余种；青海已建成都兰县国家现代农业产业园、德令哈绿色生物产业园、格尔木特色生物产业园、乌兰县乡村振兴产业园、国家农业产业融合发展产业园区和有机枸杞产业国家创新联盟六个国家级平台，建成各类生产线900余条，产品品类涉及枸杞干果、酒类、功能性食品等；甘肃研发生产枸杞干（鲜）果、枸杞茶叶、枸杞咖啡、枸杞辣椒酱等产品六大类20余种，枸杞产业能力不断提升，加工能力日趋完善和成熟。销售端（三产）方面，国内首个现代枸杞交易中心于2013年在宁夏中宁县建成并正式投入运营，2020年中宁国际枸杞交易中心被农业农村部确定为国家级枸杞市场——国家级中宁枸杞市场。自运营以来，交易市场承担了宁夏及青海、甘肃、内蒙古、新疆等省（自治区）约60%枸杞干果交易销售，已成为全国枸杞集散地、定价中心和信息中心，直接间接带动约10万人就业创业。甘肃不断拓宽枸杞市场渠道，丰富营销模式，已建成枸杞交易批发市场2个，对接拓展出口业务，目前枸杞产品已销往澳大利亚、德国、法国等国家及中国台湾地区。青海近年来遵循"小枸杞、大市场"的发展理念与运行模式，进一步提升完善格尔木枸杞交易市场的功能，发挥其在青海枸杞市场开拓中的枢纽和核心地位，带动健全都兰和德令哈枸杞交易市场功能，为青海各地枸杞种植户提供交易便利。

2.创新竞争力分析

在科技创新平台方面，宁夏全区共设立了1个院士工作站（中国科学院苏国辉院士领衔的中宁枸杞院士工作站），建成了中国枸杞研究院及5个国家级研发平台（农业农村部枸杞工程技术研究中心、国家发展和改革委员会国家地方联合共建枸杞工程研究中心、国家林业和草原局枸杞工程技术研究中心、银川海关国家枸杞重点实验室、枸杞饮料加工技术国家地方联合工程实验室）。在科技攻关方面，宁夏首次解析了枸杞属植物高精度基因组，绘制出基因图谱，建成世界最大的国家枸杞种质资源库，是全球收集枸杞种质资源种类最多、活体保存数量最大的基因库和重要的战略资源储备基地，构建了现代枸杞高效分子育种平台，推动传统育种向定向高效的精准育种转变。宁夏农林科学院培育的宁农杞16号、宁农杞17号、宁农杞18号、宁农杞19号、宁农杞20号、宁杞菜2号、宁杞菜3号、宁杞菜4号，宁夏杞鑫种业有限公司培育的杞鑫5号、杞鑫6号、杞鑫7号、杞鑫8号、杞鑫9号，被国家林业和草原局授予植物新品种权，进一步丰富了我国枸杞栽培资源。近年来，借助中央和宁夏回族自治区有关科研项目，宁夏开展枸杞化学成分的构成、功效及其作用机理等研究，明确了枸杞保肝、明目、坚筋骨等作用机理，发现了枸杞抗衰老、抗肿瘤、保护神经、降血糖等功效。苏国辉院士团队的相关研究结果表明，枸杞多糖对眼睛神经可以起到重要保护作用，枸杞糖肽抑制了外侧缰核中异常激活的神经元和免疫细胞的激活，可以减少人类的抑郁和焦虑行为。《枸杞多糖治疗视网膜色素变性的实验研究》《枸杞糖肽可以减少抑郁和焦虑行为的实验研究》成果在《Nature》中医药特刊上发表。王志珍院士联合多名院士专家实施的"枸杞功效的重大基础研究及功能产品研发"项目，发现了枸杞治疗痴呆、增加骨密度、抗疲劳的活性单体和一批新的功能性成分。宁夏农林科学院曹有龙研究员团队实施的"枸杞基因组与重要农艺性状基因研究"，首次破译了枸杞基因组密码，建成枸杞基因组数据库，完成了染色体级的高质量枸杞基因组图谱，构建了系统进化树，揭示了枸杞的起源与演化路径，获得宁夏回族自治区科学技术进步奖一等奖。成果转化方面，宁夏加强枸杞企业建立共享研发机制建设，带动枸杞相关的科技研发成果丰硕。在校企合作方面，宁夏开展合作科技研发项目共计30余项，其中，百瑞源枸杞股份有限公司与南京中医药大学段金廒教授团队、宁夏枸杞创新中心及暨南大学苏国辉院士团队分别联合开展"枸杞子防治年龄相关性黄斑变性机理研究及产品创制""枸杞红素对眼保护作用机制及产品开发"等3项；宁夏沃福百瑞枸杞产业股份有限公司与福州大学、宁夏医科大学、北方民族大学合作开展"枸杞抗疲劳、提高免疫力产品开发和产业化示范"及与美国阳光生物研究所、德国夏洛蒂医科大学开展国际科技合作"枸杞多糖生物功效研究与产品开发"等3项；宁夏天仁枸杞生物科技股份有限公司与德国夏洛蒂医科大学、华中科技大学同济医学院附属同济医院、暨南大学、广州医科大学等先后开展枸杞糖肽在免疫、糖尿病、帕金森病等方面的研究及枸杞糖肽干预抑郁症的作用及机制研究等20余项；宁夏杞鑫种业有限公司、宁夏厚生记食品有限公司、早康枸杞股份有限公司等与高校、科研院所合作科技研发项目10余项。初步达成合作意向的高校及科研院所合作项目共计10余项，枸杞功能成分作用机制方面进展显著。

全国枸杞创新能力竞争格局正逐步显现。甘肃在种质资源研究及新品种选育方面加快步伐，已成功选出银杞1号、甘杞1号、甘杞2号3个枸杞新品种，填补了甘肃在枸杞品种选育领域的空白。与此同时，青海通过枸杞杂交育种、选择育种、化学育种和航天育种等多种途径，选育并审定了青杞1号、青杞2号、青黑杞2号、柴杞1号、柴杞2号和柴杞3号等新品种。此外，青海在枸杞良种繁育技术、有害生物防治技术、节水灌溉与水肥耦合技术研究等方面也取得了显著进展；加强了枸杞功能研究与精深加工产品研发，积极开展枸杞活性成分提取技术研究，为开发生产药品及保健食品提供优质原料。目前，除枸杞鲜果汁等传统饮品外，青海还陆续开发了枸杞醋饮、枸杞酒、黑果枸杞口服液等枸杞类饮品，进一步丰富了青海枸杞制品的种类。

3. 价格渠道竞争力分析

目前，宁夏枸杞的价格竞争渠道主要有传统渠道（国家级中宁枸杞市场）、药企采购、新兴渠道（电商、直播、跨境）、特通渠道（央企集采、茶饮原料定制、保健品代工）等，渠道竞争格局基本呈现"价格分层化、渠道多元化、竞争区域化"等特征。有机认证高端产品（300～600元/千克）溢价显著，但受新疆、青海产区低价冲击（低10%～15%），中低端市场同质化价格战持续；渠道端传统批发（占比45%）与电商直播（占比50%以上）并行，跨境出口（FOB价15～20美元/千克）及特通定制呈现新增态势[*]，但直播退货率高达30%暴露品控短板[**]。竞争格局中，本地CR5企业（市场占有率30%）依靠品质与供应链优势把控高端市场[***]，而甘肃、青海、新疆凭借低成本抢占中低端市场。国际品牌反向贴牌溢价宁夏本土品牌3倍[****]，如美国公司"Goji Berry"（化名）从宁夏采购有机枸杞，经美国FDA认证后，在亚马逊平台以60～80美元/千克销售，而宁夏同类有机枸杞出口FOB价仅售15～20美元/千克，溢价达3～4倍。在欧盟市场，德国品牌"Superfoods"将中国枸杞加工为"Super Goji"胶囊，终端零售价达150欧元/瓶（120粒），原料成本占比不足20%。根据美国亚马逊平台监测数据（2023年）中国宁夏有机枸

---

[*] 数据来源：海关总署《中国枸杞出口统计年鉴2022》。
[**] 数据来源：《农产品直播电商发展白皮书》（2023版）。
[***] 数据来源：《中国枸杞行业竞争格局分析》（2023）。
[****] 数据来源：美国亚马逊平台价格监测数据（2023）。

杞（500克）出口FOB价15～20美元，美国品牌零售价60～80美元；同类产品返销至中国跨境电商平台（如iHerb），售价高达800～1200元/千克，而宁夏本土品牌同类产品仅300～600元/千克。

综观我国主要药市价格，2024年，枸杞市场价格整体呈现"小幅波动、缓慢攀升"态势，总体趋势"稳中有升"，特别是在下游消费复苏的推动下，市场行情逐步回暖。以2024年我国"四大药市"280粒宁夏枸杞价格为例，其总体呈现"市场走势趋缓、市场有价势缓"趋势。安国药市2024年280粒宁夏枸杞上半年价格平稳，基本维持在48元左右，下半年开始小幅上涨，维持在60元左右。亳州药市、荷花池药市和玉林药市，价格涨幅稳定，基本保持在48～52元的价格区间内（表4、图1）。相反，350粒/50克、550粒/50克、900粒/50克等规格的产品价格呈现"价格稳中有增、走势稳而快"的特点。另外，据国家级中宁枸杞市场价格监测数据显示，2024年8月以来，交易市场宁夏枸杞的价格出现下跌趋势，主要原因是后期几茬枸杞大批量进入市场，且受宁夏7—8月阴雨气候影响，品质等级相较头两茬明显下降，价格也随之走低。

表4 我国主要药市280粒宁夏枸杞月度价格　　　　　　　　　　单位：元

药市	1月	2月	3月	4月	5月	6月	7月	8月	9月	10月	11月	12月
安国药市	48	48	48	48	48	48	48	48	58	60	60	60
亳州药市	50	50	50	50	50	50	50	50	50	50	50	50
荷花池药市	51	51	51	51	51	48	48	55	52	52	52	52
玉林药市	47	48	48	48	48	48	48	48	48	48	48	50

数据来源：中药材天地网。

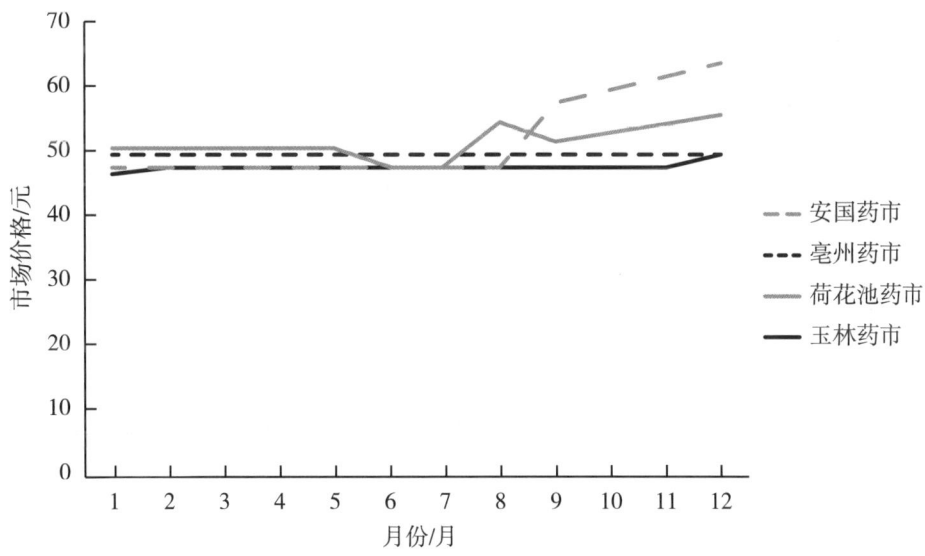

图1 我国主要药市宁280粒夏枸杞月度价格走势

数据来源：中药材天地网。

二、存在的主要问题

（一）电商平台枸杞产品质量参差不齐与低价竞销行为影响了市场生态环境

枸杞品质极易受到气候与生产加工等影响，其生产、加工和保存有着很强的环境选择性，道地性与非道地性中药材在价格上具有成倍差异，且更容易被市场及消费者认可，所以假冒宁夏枸杞或以次充好的现象在市场上屡见不鲜。从线上电商平台来看，多数平台都存在低价冲量的销售方式，这一现象严重冲击着品牌经营主体线下实体店、线上旗舰店的正常销售与经营。同时，在部分专业市场和批发零售市场中，多数商家会采购外地枸杞假冒宁夏枸杞低价销售，致使我区枸杞新型经营主体在市场开拓、价格竞争、渠道供应及客户维护等方面处于不利局面，在市场定价环节没有"发言权"。低价竞销，不仅损害宁夏枸杞区域品牌的良好形象和声誉，扰乱枸杞市场正常价格体系，更对宁夏长期苦心经营的优质品牌建设工程造成了极大伤害。另外，出于对原料规模及成本的考虑，宁夏部分枸杞制品及加工企业使用成本较低的外地枸杞作为深加工产品及干果产品的原料补充，由此引发的关于质量或信誉方面的非议也在不同程度上损害了企业品牌及宁夏区域公用品牌形象。

（二）枸杞交易市场执法监管存在短板与盲区

一是跨区域集散催生产地标识混乱。国家级中宁枸杞市场作为西北地区最大的枸杞集散枢纽（年交易量占全国60%以上），其"虹吸效应"吸引了甘肃靖远、青海柴达木、新疆精河等产区的枸杞在此集散流转。但由于缺乏产地溯源强制认证机制，部分商户将非宁夏产枸杞使用"中宁枸杞""宁夏枸杞"地理标志包装，甚至存在混合掺假现象（如将甘肃枸杞与宁夏枸杞混合售卖）。据宁夏市场监督管理厅2022年抽样调查显示，电商平台宣称"宁夏枸杞"的产品中，实际产地不符率高达38%，严重损害了"宁夏枸杞"地理标志产品的公信力。二是监管技术手段滞后于市场扩张。在检测体系方面，现行《中宁枸杞》（DB64/T 1640—2019）标准虽规定了多糖、甜菜碱等核心指标，但快速检测技术普及率不足。市场抽检依赖实验室送检，单批次检测需3~5个工作日，导致违规产品查处滞后。在监管执法中，国家级中宁枸杞市场外的流动商贩"打时间差"与"搭车销售"的交易行为在不同程度上持续存在。上述现象间接导致枸杞市场陷入"低价内卷"的艰难局面，"宁夏枸杞""中宁枸杞"等区域公用品牌的溢价力也因此未能得到有效彰显。

（三）宁夏枸杞中药材属性品牌宣传推介不足导致产业难以实现溢价突围

宁夏枸杞既是传统中药材也是功能性食材，但作为道地产区和原产地，枸杞中药材属性宣传推介的力度不够、措施不足直接导致了消费者在购买枸杞时只关注其价格和外观，而忽视了产品的功能性和道地性。宁夏枸杞作为中药材产业，在药材种植生产与食材种植生产中存在两套标准体系，分属两个产业，枸杞不同身份属性互相制约致使宁夏枸杞中药材产业难以摆脱"药材价格战"的传统困境，产业难以实现溢价突围。同时，部分消费者对宁夏枸杞的了解仅限于其基本的滋补功能，而对于其背后的道地性概念及其重要性则知之甚少，药用价值认知偏差导致消费市场占比萎缩。

三、对策建议

（一）深度完善市场准入机制，为产业稳健发展夯实基础

深度完善市场准入机制，构建动态调整与精准把控体系，全方位加强产业市场信息监测，搭建实时、多元的数据采集与分析网络，为产业稳健发展夯实基础。一要加强对产业各类生产经营主体的信息管理，打破信息孤岛，让种植生产者、经营管理者以及物流仓储、加工转化、医药超市连锁等随时掌握产业信息和市场动态。二要加强对枸杞产品市场及价格的监测与管理，建立和完善生产准入制和市场准入制管理，并对价格异常的现象或舆情等实行风险管理。三要加强对枸杞产品及其生产投入品质量安全的信息化、规范化监测，进一步完善质量标准管理体系建设，制定和完善品牌保护、知识产权保护等实施细则与行业规范。四要加强行业风险信息的监测，特别是枸杞制品质量安全风险监测和枸杞行业舆情信息安全监测，切实为宁夏现代枸杞产业高质量、可持续健康发展保驾护航。

（二）创新品牌保护思维，促进市场规范化建设

一是探索建立基地品牌化和品牌基地化机制。建立统一的宁夏现代枸杞产业追溯体系和质量认证体系。加强品牌保护与品牌赋能，提高"宁夏枸杞""中宁枸杞"种植者的价格谈判主体地位，建立集商标授权、质量检测、产品追溯于一体的质量监管体系，以及"宁夏枸杞""中宁枸杞"商标溯源监管服务体系，并结合物联网设备与区块链技术，实现"宁夏枸杞""中宁枸杞"种植、加工、销售全产业链的追根溯源，为消费者提供权威的品质与品牌保障。二是加强对消费者的宣介指导。加大对"宁夏枸杞""中宁枸杞"道地性的宣传力度，通过媒体、网络直播、社区讲座等多种形式，普及宁夏枸杞的道地产区历史传承、品质特征和辨别方法，提高消费者的认知和辨别能力。三是强化市场监管。政府应加大对市场的监管力度，严厉打击假冒伪劣产品，维护市场秩序。同时，加强线上交易监管力度，规范线上电商销售行为，建立投诉举报机制，鼓励消费者积极维权，共同打击不法商家。四是布设"宁夏枸杞""中宁枸杞"营销网络体系。加快推进"宁夏枸杞""中宁枸杞""百城千店"计划，以商场、超市、大卖场等为主销渠道，以医药零售、中药房、中医馆、特供式服务等为补充，确保消费者在家门口就能买到正宗的"宁夏枸杞""中宁枸杞"，实现线上旗舰店和线下体验店互动融合，构筑覆盖全国乃至全球的"宁夏枸杞""中宁枸杞"零售终端。

（三）重塑市场发展环境与产业生态，筑牢产品质量安全防线

以重塑市场生态为引领，深耕产品品质与质量安全领域，赋能产业实现跨越式发展。一是加强政府监管力度，严厉打击假冒侵犯知识产权保护、地理标志标识保护等行为，严厉处罚误导消费者、扰乱市场秩序的品牌侵权行为，积极构建公平公正、制度健全、自由竞争的品牌发展环境，做好品牌标准化的引导、培训及市场监管工作，不断提升"宁夏枸杞""中宁枸杞"区域公用品牌的溢价能力。二是鼓励企业积极制定自主品牌的战略发展

路径，用证明商标和地理产品保护标识及质量认证与溯源体系建设等手段，守住种、管、采、收、加、储、运、销全产业链各环节的品质和品牌边界，筑牢优质产品的安全屏障。三是巩固"道地药性"核心优势，持续拓展品牌宣介渠道。政府的宣介要巩固"宁夏枸杞""中宁枸杞"道地中药材的核心优势，引导差异化竞争。效仿云南文山三七通过"药典标准＋地理标志＋临床循证研究"三重认证体系，提升"宁夏枸杞""中宁枸杞"药用价值溢价率。宁夏枸杞药用价值高，氨基酸类、核苷类等重要功效成分含量高于其他产区，开发具有明确保健、医药功能的高附加值产品，持续挖掘"中宁枸杞"药用价值，打通"药字号"销售渠道，补齐中药材产业链，才能真正体现"宁夏枸杞""中宁枸杞"以"药性"为核心的道地优势。四是完善国家级中宁枸杞市场各项基础设施，优化布局，明确国家级中宁枸杞市场功能，建立智能化市场交易、产品速测检测、仓储物流、电商服务平台及客户服务中心等，提升国家级中宁枸杞市场服务功能和档次。探索建立"宁夏枸杞""中宁枸杞"集采集供机制，尽快完成全国农产品（枸杞）产地大市场的认定工作，将中宁"全国枸杞交易集散地"的效益发挥最大化。

参考文献：

高鸣，周子铭，2024. "千万工程"经验赋能乡村产业发展的理论逻辑、现实基础与行动路径 [J]. 南京农业大学学报（社会科学版），24（2）：1-15.

刘学文，刘力维，马梦雪，等，2024. 新质生产力向度下民族地区农业高质量发展实证研究——兼与东部沿海地区对比 [J]. 大连民族大学学报，26（6）：508-518.

邱达勇，2023. 基于多源遥感长时序的撂荒地时空监测研究 [D]. 福州：福建农林大学．

杨帆，郭涛，2024. 基于乡村振兴的农业经济高质量发展模式探索 [J]. 河北农机（3）：154-156.

张博新，2023. 外部质量安全线索对消费者线上购买农产品意愿影响的研究 [D]. 成都：西南财经大学．

张静，秦垦，2024. 数字科技促进宁夏枸杞产业高质量发展的内在机理与政策创新 [J]. 宁夏农林科技，65（2）：44-48.

张丽君，罗先菊，赵丽敏，2024. 数字经济赋能民族地区特色产业高质量发展：作用机理与实现路径 [J]. 中央民族大学学报（哲学社会科学版），51（2）：103-113.

张文，2023. 新媒体背景下 B 枸杞公司品牌战略研究 [D]. 银川：宁夏大学．

曾雪璐，2023. 基于乡村振兴的农业经济高质量发展模式探索 [J]. 棉花学报，35（2）：158.

甘肃现代枸杞产业市场发展报告

马桂芬 黄瑞德*

摘　要：通过调研甘肃现代枸杞产业规模、市场发展情况，对甘肃枸杞产业发展背景、产区分布、产业形态及国内外市场地位等现状进行深入分析可知，甘肃枸杞具有区域地理条件独特、规模化种植支撑、政府政策扶持等市场优势。但是，在发展中还存在生产加工附加值、品牌市场辨识度、产品质量监管等问题。要有针对性地从提升产品质量、鼓励技术创新、市场品牌建设、优化产业链结构、加强市场监管等方面入手，加快构建甘肃现代枸杞产业市场体系，进而推动甘肃枸杞产业高质量发展。

关键词：枸杞产业；市场发展；产业链

现代药理学研究显示，枸杞具有增强免疫、延缓衰老、调节血糖血脂和抗诱变等保健功效。此外，枸杞还兼具生态、经济和健康产业等功能，我国枸杞产区主要在宁夏、甘肃、新疆、青海等地，各地枸杞种植规模逐年扩大，与枸杞相关联的现代产业发展劲头迅猛。截至2023年底，我国枸杞种植面积为183万亩，甘肃、青海、宁夏、新疆等省（自治区）分别种植75.4万亩、47.6万亩、32.5万亩、25万亩，产区分布由宁夏独大变为"甘、青、宁、新"等省（自治区）竞相发展的格局。甘肃，作为我国枸杞的重要产区，多年来，坚持把枸杞作为十大陇药主打品种推广发展，产业效应日渐凸显，在栽植面积、干/鲜果产量品质、附加产品种类及市场竞争力等方面均取得了长足进步，产生了良好的生态效益、社会效益、经济效益。

一、甘肃枸杞产业发展概况

（一）产业背景

枸杞是我国药食同源食药材的重要品种，为甘肃传统道地药材。唐代至清代所著的《千金翼方》《本草纲目》《本草崇原》等医药学文籍均以甘枸杞为佳，其时以甘州枸杞为道地；唐代孙思邈所著的《千金翼方》中，枸杞以甘州者为真，明代李时珍所著的《本草纲目》记有（枸杞）则入药大抵以河西者为上也、以甘州者为绝品等。明清以后因区划调

---

* 马桂芬，中共甘肃省委党校（甘肃行政学院）甘肃发展研究院副院长、教授；黄瑞德，酒泉市人民政府办公室政务五科副科长。

整及宁夏种植规模增加，被推崇的枸杞主产自宁安（今宁夏中卫）一带，开始以宁夏枸杞为道地。甘肃地理区位独特，地形地貌多样，生物资源丰富，地处中药生产区划中的西北中温带、暖温带野生中药区——塔里木盆地、柴达木盆地及阿拉善高原、西鄂尔多斯高原，主要中药材种类有甘草、麻黄、枸杞子、肉苁蓉、锁阳、紫草等。甘肃中部的黄河上游沿岸及河西走廊区域分属黄河、石羊河、黑河、疏勒河等流域，水光条件适宜，气候冷凉，戈壁等碱性土地广阔，昼夜温差较大，年均降水量300mm以下，为发展枸杞产业基地奠定了良好基础。近年来，甘肃持续加强生态治理、推动特色产业发展，制定了一系列优惠扶持政策，枸杞已成为甘肃盐碱地改良开发和节水特色林果业的先锋树种，甘肃也发展为我国枸杞主要产区之一。截至2024年，甘肃枸杞栽培面积69万亩，干果产量14万吨。其中，酒泉市31.29万亩，干果产量6.75万吨；白银市30.65万亩，干果产量5.98万吨；张掖市4.07万亩、干果产量0.99万吨；武威市1.26万亩、产量0.18万吨[*]。

（二）产区分布

甘肃枸杞类野生植物资源丰富、分布广泛，主要品种有宁枸杞、黑果枸杞、甘枸杞、北方枸杞、截萼枸杞、新疆枸杞等变种，种植区域主要为河西走廊区域的酒泉、张掖、武威及甘肃中部的白银等地，特别在酒泉、白银等地已经形成了较大的种植规模。这些地区气候和土壤条件非常适合枸杞生长，成为甘肃枸杞产业的优势产区，其中又以酒泉瓜州、玉门和白银靖远等地枸杞品质上优。近年来，因甘肃枸杞品质好、产量高、价格稳定，各地种植面积增长较快，枸杞产量和品类持续提升，枸杞产业从传统种植农业转变为特色种植产业，并通过政府鼓励农户散发种植、招引企业承包种植、合作社流转种植等模式，推动枸杞产业实现快速发展，枸杞种植收益大幅提高、产销两旺。

（三）产业形态

甘肃枸杞产业已从单一种植逐步衍生为集种植、深加工、销售于一体的产业链，涵盖种植、采摘、加工、销售等多个环节。甘肃枸杞的种植端注重生态种植与品质控制，通过引进优质品种、推广绿色病害防控等技术措施，提高枸杞的产量和品质。加工环节则不断推动技术创新，开发出枸杞干果、枸杞原浆、枸杞保健品等多种产品形态满足多样化市场需求，晾晒、烘干等初级加工相对成熟，枸杞原浆、保健品等精深加工正在快速发展。销售环节则依托线上线下多渠道模式，将甘肃枸杞产品推向全国乃至全球市场。

（四）产业地位

甘肃枸杞被誉为"十大陇药"之一，其免疫调节、抗衰老、降血糖等功效在现代药理学研究中得到了验证。随着健康养生理念的普及和消费者对天然保健食品的追求增加，其市场需求进一步扩大。甘肃枸杞在国内市场地位逐步提升，与宁夏、青海等产区共同构成我国枸杞产业的主要供应地；同时，甘肃枸杞出口量也呈稳步增长趋势，远销北美、欧洲、东南亚等地，显示了较强的国际市场竞争力。

---

[*] 数据来源：《2024年甘肃省经济林统计年报》（内部年报）。

二、甘肃枸杞产业市场现状

（一）生产加工初具规模

甘肃枸杞种植以种苗移植和压条繁育为主，当年就能实现挂果产出，实际生产中于春季发芽前或秋季落叶后修剪1次枝条，具体以摘心截顶、除蔓留主、疏密去旧为原则进行修剪。枸杞加工的重点环节有采摘、晾晒、筛选分级、包装储运等，采摘时以传统人工手摘方式为主，采摘后根据即食鲜果或晾晒干果等产品要求，采取清洗、干制等方式进行初加工。目前，甘肃有瓜州县昊泰生物科技有限责任公司、甘肃金杞福源生物制品公司、景泰玉杰农贸公司等100多家枸杞生产龙头企业，枸杞分级、包装等合作社190余家，枸杞生产加工产业发展各具特色。例如，玉门市通过"一镇一品"发展思路，加快推动枸杞生产加工标准化、集约化、市场化发展。截至2023年底，玉门枸杞种植面积达到17.8万亩，年产干果4.2万吨，建成枸杞大厦、枸杞交易市场、枸杞精深加工重点项目，培育多家枸杞加工流通企业和规范化运行的枸杞合作社，从事枸杞产业人员达5 000余人，枸杞产业已成为玉门市推动乡村振兴、促进农民增收的支柱产业。

（二）产品开发推陈出新

甘肃枸杞产业持续加强技术创新和品质提升，一方面通过引进研发先进种植技术和管理模式，提高枸杞产量、品质；另一方面注重枸杞产品深加工和多元化开发，满足市场多样化需求。甘肃枸杞围绕"果、叶、茎"等进行开发利用，枸杞产品品类不断丰富，除枸杞干（鲜）果、冻干枸杞等传统产品外，枸杞原浆、枸杞粉、枸杞籽油等功能性产品，及枸杞叶茶、枸杞蜜、枸杞咖啡等食品，还有以枸杞嫩茎叶、浆汁为原材的冰鲜菜、面点糕点等叶用产品和以枸杞发酵生产的啤酒、枸杞白兰地等新品不断创新涌现。总体上看，甘肃大多数枸杞企业仍以筛选、烘干、包装枸杞干果为主，产品销售以中国大陆地区为主，部分产品以干果原料销往中国台湾地区，再销往韩国、欧洲、新加坡、日本等国家和地区。研发生产枸杞酒、枸杞茶、枸杞汁、枸杞原浆、枸杞蜂蜜、枸杞辣椒酱等加工产品的企业相对较少，对枸杞籽油、枸杞多糖、枸杞黄酮等营养物质的提取和保健药品的精深加工开发处于起步阶段。例如，靖远县通过招商引资、资金帮扶等方式，成功培育多家枸杞加工龙头企业和枸杞种植专业合作社，开发枸杞蜂蜜、枸杞果汁、枸杞茶等系列产品；瓜州县近年引进落地枸杞分级、加工、包装等项目20余家，研制开发枸杞干（鲜）果、枸杞原汁、枸杞茶、枸杞咖啡、枸杞蜜等十大类20余种系列产品，色泽鲜、果粒大、口感好、质量佳的瓜州枸杞及系列产品远销国内外，深受消费者好评；甘肃表青惠农农业有限公司专注于枸杞产品研发和生产，已建成枸杞干果加工、枸杞汁NFC原浆生产、枸杞原浆无菌化小包装、易拉罐装枸杞饮料生产、枸杞文创雪糕加工等加工生产线，年加工枸杞原浆3 000余吨、生产枸杞饮品2 800万瓶（袋），年产值超过1.8亿元。

（三）市场需求前景较好

枸杞产品的市场行情季节性较强，一般年中头茬采摘开始销售到翌年春季前为旺季，按果实的大小、色泽分等级，以籽的多少和口感评价质量，并有早期采摘的头茬果、夏果、秋果等产品分类。枸杞产品的市场价格呈波动走高趋势，生产期内总体呈现采收前期量少价格高、后期产量大价格回落，头茬果价格为最高；此外，随着枸杞资源深入开发，各地均有采收春嫩芽制售茶饮和野菜及采售鲜果等销售途径。同时，甘肃还注重枸杞品牌的打造和推广，通过举办枸杞文化节、枸杞产业博览会等活动，持续提升枸杞产品的知名度和美誉度，国内市场占有率稳中有进，部分枸杞产品打入欧盟、东南亚等国外市场。2023 年甘肃省出口枸杞 153.84 吨、出口额 100.66 万美元。例如，甘肃百杞元生物科技有限公司定期根据消费者需求进行产品优化和升级初步测算，1 千克鲜枸杞榨成原浆售价约 160 元，但 5 千克鲜果制成 1 千克干果售价仅为 60 元左右，枸杞原浆供不应求、展现出良好的市场前景，从"初级产品"到"精深产品"枸杞附加值可以翻 10 倍。除枸杞原浆外，甘肃还有苁蓉枸杞原浆、黄芪枸杞原浆、沙棘枸杞原浆等多样化的健康产品，可以满足不同消费者需求。

（四）地域品质正在出圈

甘肃枸杞质量好、品相优、耐储运的名气逐渐打响，其优良品质赢得了广大消费者的认可。在此基础上，酒泉、白银等产区为巩固拓展枸杞销售渠道，纷纷申报地理标志认证、建立枸杞商标品牌，"瓜州枸杞""靖远枸杞""景泰枸杞"先后获得国家地理保护产品称号，靖远、景泰、民勤、瓜州、金塔、玉门、永昌等县（市）枸杞产地通过了国家绿色、无公害生产基地认证。例如，甘肃省瓜州县积极推进枸杞产业"三品一标"认证，截至 2023 年，已认证企业 6 家、认证面积 4 500 亩、批准生产产品数量 1 637.4 吨，认证有机食品企业 2 家。其中，瓜州天元农业有限责任公司申请美国 USDA/NOP 有机农产品认证和欧盟有机农产品认证，认证面积 3 500 亩；瓜州昊泰生物科技有限公司申请欧盟有机农产品认证、认证面积 1 000 亩。已有认证绿色食品企业 4 家，金塔酒航杞王、玉门祁连丹青和马超龙雀、瓜州正昊泰和杞老大、靖远高原宏、景泰景沙红和黄河石林等品牌获得商标认证，相关枸杞产品畅销国内、远销东南亚及欧洲等地；其中"西游神果""戈壁宝杞"等品牌枸杞干果荣获中国义乌国际森博会金奖，"正昊泰""戈壁宝杞"等枸杞商标列入"甘味"知名农产品名录，甘肃枸杞的地域品牌正逐渐成为枸杞市场热门产品之一。

（五）物流体系日趋完善

甘肃围绕现代枸杞产业，加快建立以仓储服务、产品展示、集中营销等功能为主的枸杞商贸物流体系，重点在生产规模、加工能力、交通区位、商贸物流具备相对优势的乡镇或区域培育建设具有较强带动作用的枸杞交易集散中心、仓储展销中心等商贸基础设施。例如，酒泉市以肃州区巨龙物流港为中心，联动辐射瓜州县世纪红枸杞交易市场、玉门市小金湾黑枸杞交易市场、玉门市枸杞小镇、甘肃表青惠农农业有限责任公司等多家企业，形成服务连接更大区域的枸杞交易市场；白银市以靖远县五合枸杞小镇为中心，建设枸杞交易集散地，完善配套现代物流、寄递配送、仓储交易等基础设施，辐射白银周边乃至宁夏、青海等地市场，逐步打造立足甘肃、面向西北、辐射全国的枸杞集散地和综合性枸杞交易市场。

（六）销售渠道多元发展

甘肃枸杞通常以传统批发市场和农贸市场进行销售，这些传统渠道在枸杞销售初中期起到了重要作用，满足了不同消费者的需求。与此同时，随着电子商务的兴起，甘肃枸杞销售渠道逐渐呈现多元化发展趋势，除传统农贸市场销售外，也积极拥抱线上销售模式，加快发展电商平台、合作加盟和展会展销等新兴模式，枸杞产品通过淘宝、京东、天猫等电商平台，直接面向全国乃至全球消费者进行销售；还通过生产企业、合作社和种植大户与销售端企业建立合作加盟关系，以及积极参加各类农产品展会和推介活动展示产品等方式，进一步拓宽销售渠道、扩大市场份额、提高品牌知名度，为消费者提供了更加多元化、更加便捷化的购买选择。例如，甘肃百杞元生物科技有限公司依托传统中药材文化，助力开拓推广枸杞市场，针对甘肃省级市场初步建立起医药销售网络，兰州"甘味馆""陇萃堂"等布局医药连锁销售点超过200个，同时利用线上双管齐下、多点开花的销售策略，更广泛地触达潜在消费者、提升品牌知名度，展现了优质枸杞产品的强大市场渗透能力，并以此了解消费需求，为后续开拓销售市场奠定了良好基础。

三、甘肃枸杞产业的市场优势

（一）区域地理条件为市场发展奠定品质基础

甘肃枸杞种植区域在地理、气候、土壤、水质等方面具备显著优势，酒泉、白银、张掖等主要种植区域气候干旱、日照充足、昼夜温差大、土壤水质无污染，这些自然条件非常适宜枸杞生长，产出的枸杞质量好、品质优、卖相好、活性成分高，在市场销售中更具优势。玉门市昌马镇1 500亩枸杞被认定为优质道地药材（枸杞子）示范基地，瓜州县5.8万亩枸杞被认定为全国绿色食品原料（枸杞）标准化生产基地，靖远枸杞栽植示范区被认定为全国绿色食品原料标准化生产基地。

（二）规模化种植为市场发展提供产量支撑

随着精准扶贫、乡村振兴、特色产业发展和市场需求引导，甘肃枸杞产业发展日渐壮大。截至2024年，甘肃枸杞种植面积达到69万亩，形成了多个集中连片式规模生产区域，种植规模和产品质量趋于稳定，对于种植管理、采摘加工、市场销售等产业链发展都有良好的带动促进作用。其中，沿河西走廊枸杞栽培区，以北纬40°～41°、东经95°～100°的绿洲边缘移民区为重点区域，酒泉玉门市、瓜州县是主产区，金塔县、肃州区为副产区；玉门市分布在下西号镇、柳河镇、黄闸湾镇、六墩乡、昌马镇、花海镇、赤金镇、饮马农场等；瓜州县分布在双塔镇、布隆基镇、河东乡、腰站子乡、沙河乡、三道沟镇、广至乡、梁湖乡、瓜州镇、七墩乡和锁阳城镇；金塔县分布在西坝乡、航天镇、羊井子湾乡等；肃州区分布在下河清乡等地。沿黄灌区枸杞栽培区，以白银靖远县、景泰县为主产区，古浪县、平川区为副产区；靖远县分布在五合镇、北滩镇、东升镇、靖安乡、双龙镇、兴隆乡、永新乡、大芦乡、石门乡、高湾镇、平堡镇、北湾镇等地；景泰分布在草窝滩镇、红水镇、漫水滩乡、一条山镇、上沙沃镇、寺滩乡、喜泉镇；平川区分布在水泉镇、宝积镇、共和镇、黄桥乡，古浪县分布在大靖镇、西靖乡等；白银区强湾乡，会宁县河畔镇、郭城镇等零星种植。

（三）政府扶持为市场发展提供政策助力

甘肃高度重视枸杞产业发展，制定了一系列扶持政策和相应的促进发展措施，《"牛羊菜果薯药"六大特色产业提质增效总体方案（2024—2025年）》从省级层面为枸杞产业市场发展提供了有力支持。市县层面则根据地区产业发展布局，制定更加细致、具有特色的支持政策，如《酒泉市枸杞产业发展规划（2021—2025）》着力通过建成优质枸杞生产基地、形成四大枸杞种植区，给予枸杞种植户亩均补助，并对新种植一定规模的枸杞给予额外补助，支持建设枸杞小镇，加大优质品种、先进实用栽培技术的试验示范和推广普及，建立健全农产品市场监管体系、维护市场秩序和消费者权益等措施，促进全市枸杞产业特色化发展。《白银市枸杞产业绿色优质高效发展实施方案》从建设育苗基地和改良更新种植基地、培育枸杞产业国家级龙头企业、组建枸杞研发中心、开发药食同源功能产品、支持枸杞品牌建设等方面给予政策支持和资金奖补。瓜州县制定《枸杞产业高质量发展实施意见（2021—2025年）》，以创建全国优质枸杞标准化种植示范区为目标，全面启动特色林果产业振兴计划，重点以集群化模式发展绿色枸杞产业，持续推进国家级枸杞产业园建设，支持扶持生产企业、合作社和电商交易等新型经营主体做大做强；建成万亩枸杞专业乡（镇）和千亩以上集中连片示范基地，以及百亩集中连片标准化生产示范点；注重"瓜州枸杞"品牌的建设和推广，推荐入选"甘味"知名农产品区域公用品牌目录；积极参加展会、举办推介会，扩大"瓜州枸杞"知名度和美誉度，提高市场占有份额。景泰县也在支持枸杞产业方面采取了多项措施，涵盖产业规划、基地建设、资金扶持、技术指导、品牌建设、市场拓展等，为枸杞产业的健康发展提供了有力保障。玉门市制定了《2017—2022特色林果产业发展规划》《玉门市特色林果产业发展扶持办法》等，除产业发展措施外，还将枸杞产业发展纳入新一轮退耕还林工程给予支持。此外，甘肃枸杞产业也注重科技创新和技术引进，通过产学研合作、技术创新和科技成果转化等方式，不断提高枸杞的种植技术、加工技术和产品质量，进一步增强市场竞争力。

四、甘肃枸杞产业市场发展存在的问题

甘肃枸杞产业从产业和市场发展情况看，在自然条件、产业基础、市场建设等方面具有一定的优势，但也存在生产加工、市场品牌、质量监管等方面的问题与挑战。

一是枸杞生产加工附加值较低。尽管甘肃枸杞在国内国际享有一定的声誉，但枸杞产业多以种植和初级加工为主，生产加工层次较低，大多停留在晾晒、破碎等低端环节，缺乏高端产品线的延伸拓展，高附加值枸杞产品较少，枸杞产业链尚未形成完整的闭环，特别是下游精深加工缺乏龙头、带动性的链主企业。此外，甘肃省内枸杞生产加工企业技术水平相对落后，科研人才紧缺，科研成果转化率较低，限制了产业链的延伸和产品价值的提升，影响了枸杞产品开发和市场竞争力，一定程度上降低了甘肃枸杞产业的整体效益。例如，瓜州、玉门等地存在将枸杞鲜（干）果贩运到省外进行加工、包装和销售的现象。

因此，如何加强科技研发和技术创新，推动枸杞产业向深加工和高附加值发展，是甘肃枸杞产业未来发展的破题方向。

二是区域公用品牌市场辨识度不高。甘肃枸杞虽然种植面积全国最大，枸杞鲜（干）果产量相对较高，但是总体上甘肃枸杞产业的市场化发展意识不强，对品牌建设投入力度不够大，没有形成具有甘肃标识度的统一化市场影响力，各市、县枸杞品牌多而小、品牌效应相对较低，甚至部分枸杞企业仅代种植、代加工，没有打造自己的销售品牌；市场营销方面也存在一定短板，主要依赖实体经营渠道，甚至部分甘肃枸杞被冠以宁夏枸杞等品牌进行包装销售；另外，随着枸杞市场的不断扩大和消费者需求的多样化，国内众多企业纷纷涉足枸杞产业，市场发展形势日益激烈，这些因素导致甘肃枸杞在市场中的辨识度不高，难以形成独特的市场优势。因此，如何在激烈市场竞争中形成优势、保持优势成为甘肃枸杞产业面临的重要挑战。

三是产品质量监管体系不完善。枸杞作为药食两用的保健食药材，产品管理就是产业发展的生命线。相关法律明确规定禁止用非食品原料生产食品、在食品中添加食品添加剂以外的化学物质和其他可能危害人体健康的物质，但个别商户仍然使用工业硫磺等有害物质进行枸杞加工，长期食用可能会影响身体健康。2024年8月，央视曝光了甘肃靖远"毒枸杞"事件，暴露了枸杞生产加工领域存在的违规违法问题，个别企业使用焦亚硫酸钠等化学物质进行"提色增艳"，以及用硫磺熏制枸杞以改善品相。靖远枸杞是甘肃枸杞产业的知名区域品牌，在销售市场中具有一定的认可度，央视报道暴露了枸杞监管体系中存在漏洞，行业生产检测体系不健全等问题，不仅对甘肃枸杞产生了消费信任严重冲击，也对甘肃枸杞产业市场的健康发展造成了不良影响。另外，甘肃枸杞产业还存在种植技术不规范、加工标准不统一等问题，导致枸杞产品质量参差不齐，影响整体品牌形象和市场竞争力。因此，加强标准化建设，提升产品质量和安全水平，是甘肃枸杞市场发展亟待解决的重要问题。

五、甘肃枸杞产业市场未来发展的建议

为此，甘肃枸杞产业应从提升产品质量标准化水平、推动生产加工技术创新、着力打造市场品牌、优化完善产业链结构、加强市场监管与行业自律等方面着手，推动甘肃枸杞产业向更高水平发展。

一是提升枸杞产品质量与标准化生产水平。标准化生产加工是提升甘肃枸杞产业市场竞争力的重要措施。建议结合各地实际，通过政府引导、龙头企业带动、销售市场驱动、农民散户联动的方式，积极推动枸杞产业标准化种植、规模化发展、集约化生产、品牌化推介，促进甘肃枸杞产业高质量发展。加强枸杞生产种植加工管理，严格执行《枸杞》（GB/T 18672—2024）、《食品安全国家标准 食品中农药最大残留限量》（GB 2763—2021）、《枸杞产品标准》（T/LTXH 016—2023）等生产、加工环节的标准制度，加大标准化生产技术推广力度，建设标准化生产加工示范点，推动枸杞产量、产值显著提升。强化枸杞种植管理，优先推广种植抗病害强、优质、高产、适合市场需求的枸杞品种苗木，采取合理密植、科学修剪等标准化种植技术和管理要求进行种植，确保枸杞良种率和保存率

达到高标准。鼓励枸杞种植企业和家庭农户优化土壤管理，定期动员开展土壤改良培肥，进一步提高土壤肥力和保墒能力，为枸杞生长提供良好的土壤环境。积极推广枸杞种植病虫害绿色防控技术，建立枸杞种植病虫害监测体系，借助智能化气象监测系统开展枸杞种植病虫害监测预警，及时推广农业综合防控、生物防治、物理防治等绿色防控技术，减少化学农药的使用量，降低病虫害、农药残留对枸杞品质的危害和影响。组建专业技术专家服务团队，围绕枸杞标准化种植、新技术推广等重点内容，对县乡两级农技人员、农资经营主体及枸杞种植农户进行系统培训，切实提高甘肃枸杞种植端技术水平。结合甘肃枸杞产业市场实际，建立健全更加完善、严格的枸杞产业质量控制体系，探索制定甘肃枸杞行业标准、引入国际质量管理体系认证（如ISO9001）等标准，对枸杞种植、施肥、采摘、加工等环节进行标准化管理，进一步规范枸杞种植、加工、包装和运输，切实提升甘肃枸杞产品品质等级和质量稳定性，进一步提升枸杞种植、加工的市场效益，激发枸杞产业市场活力，助力甘肃枸杞扩大国内市场份额、开拓国际市场。

二是支持鼓励枸杞生产加工技术创新。甘肃枸杞产业需要更加注重科技创新和产业升级，鼓励枸杞生产加工企业与高等院校、研究机构深入合作，探索设立枸杞研究机构，开展枸杞产业规划、品种改良、病虫害防治、精深加工技术改进、产品开发创新、市场拓展分析等方面的研究，提高枸杞产业生产效率和产品质量、市场潜力，推动枸杞产业向多元化、高端化方向发展。积极与科研院所、食品生产企业合作，开展枸杞产品的深加工和综合利用研究，枸杞生产环节方面，重点围绕"双减"（减少农药、化肥用量）进行技术创新，加快研究推广抗病品种、生物有机肥及精准施药、病虫害绿色防控等配套集成技术，提高枸杞鲜果产量和产品品质；枸杞产品开发方面，注重发展药食同源功能产品，充分利用冻干、破壁、提纯等加工技术，推进枸杞多糖、糖肽、甜菜碱、牛磺酸等药用成分提炼技术升级，进一步丰富枸杞产品种类，推动枸杞产业链延伸和附加值提升。深入应用区块链、大数据等新技术，发挥其在农产品质量溯源和供应链管理中的独特优势，从生产、运输、加工、储藏等环节进行全过程记录，以其数据真实性、固化性、不可伪造性，实现对枸杞产品的原产地、生产过程和质量认证等信息的真实追溯，有效增加消费者对枸杞产品信任度。同时，借助大数据进行需求收集分析，帮助枸杞种植加工企业和经销商锁定枸杞消费流向区域、消费品类等信息，精准进行供应或投放，提高供应链稳定性和可靠性，拓展甘肃枸杞的市场空间。

三是加快推进枸杞市场品牌建设。品牌是消费者选择枸杞产品的重要因素，品质则是市场竞争力的核心。甘肃枸杞产业需要更加注重品牌建设和市场推广，在保证枸杞产品质量的基础上，加强政府引导、鼓励企业参与，共同打造"甘肃枸杞"这一地域统一大品牌，细分领域再结合市（县）实际，培育特色产品品牌，鼓励申报注册地理标志商标、企业自主商标及"三品一标"认证等，有力提升甘肃枸杞品牌的知名度和美誉度。甘肃枸杞需要加大市场推广力度，采取多元化营销策略，积极利用电商平台、社交媒体、直播带货等线上线下相结合的营销方式，扩大市场覆盖面，进一步提升甘肃枸杞市场覆盖率和占有率。另外，还要及时关注国内外枸杞市场的变化趋势和产品需求，灵活调整市场策略和产品结构，积极拓展国际市场，加强与国外经销商的合作交流，提升枸杞产品国际市场竞争力。

四是完善优化枸杞产业链结构。甘肃枸杞产业需要聚焦产业集聚发展，鼓励酒泉、白银等市（县）在现有枸杞产业结构的基础上，进一步优化产业布局、扩大特色优势产业规模，通过政策支持等方式，扶持种植、加工、销售等产业链重点企业、合作社、种植经销大户做大做强，鼓励龙头企业创建枸杞产业园，吸引枸杞分级、包装、深加工、物流运输等产业链上下游企业入驻，引导支持枸杞加工企业向精深加工方向发展，提升枸杞产品的加工转化能力，力争开发出更多的枸杞保健品、化妆品等高附加值产品，形成从种植、加工到销售、产品开发的完整产业链条，打造枸杞产业链上下游协作联动、优势互补、共同发展的良好局面，推动甘肃枸杞产业全链条升级和全产业增值。同时，甘肃枸杞产业要积极探索融合发展道路，利用枸杞小镇、枸杞文化节、枸杞产业博览会等平台，充分展示枸杞产业市场发展的新成果、新产品，深入开发培育枸杞产业与乡村旅游、田园采摘、生态康养等融合业态，推动甘肃枸杞产业创新发展。

五是加强枸杞市场监管与行业自律。甘肃枸杞产业需要高度重视产品消费信任建设和市场监管，加快构建完善严格的甘肃枸杞产业市场监管体系，加强生产加工和线上线下销售市场的同步监管，严格按照国家标准和行业规范生产加工枸杞产品，严厉打击假冒伪劣、以次充好、违规制售等违法行为，有力维护甘肃枸杞市场良好秩序。实行产地追溯与准入制度，设立核心产区、重点产区生产企业准入门槛和枸杞产品产地追溯机制，严格审核枸杞加工生产企业资质，全流程执行产品加工记录追溯制度，以生产加工流程追溯倒逼企业合法合规经营。加强枸杞产品质量监管，加大对枸杞产品的质量检测频次，重点检验农药残留、重金属、硫磺含量等关键指标，严厉打击违法使用工业硫磺等有害物质熏制枸杞行为；建立快速反应机制，定期抽检市场流通销售枸杞产品，对抽检发现的假冒伪劣枸杞产品及时下架、销毁，并严肃追究生产、销售伪劣枸杞产品相关责任人的法律责任；同步加强对枸杞交易市场管理，规范市场秩序，防止恶意竞争和价格欺诈等行为。强化甘肃枸杞行业自律建设，鼓励各地枸杞行业商（协）会充分发挥作用，指导制定枸杞行业自律规范，引导规范枸杞生产、加工、销售企业诚信经营，共同打造甘肃枸杞产业市场健康发展的良好环境。

参考文献：

崔治家，邵晶，马毅，等，2023.甘肃省道地药材枸杞子资源现状及产业发展对策研究[J].中国现代中药（1）：15-21.

李新荣，2022.瓜州县枸杞产业高质量发展建议[J].农业科技与信息（17）：104-107.

宁夏回族自治区林业和草原局，国家林业和草原局发展研究中心，2024.中国枸杞产业蓝皮书：中国现代枸杞产业高质量发展报告2024[M].北京：中国林业出版社.

宁夏回族自治区药品检验研究院、中国中医科学中药资源中心、中药材商品规格等级标准研究技术中心，等，2019.道地药材-第53部分：宁夏枸杞：T/CACM 1020.53—2019[S].北京：中华中医药学会.

新疆现代枸杞产业市场发展报告

赵玉玲　王洪娇[*]

新疆是中国重要的枸杞产区之一，凭借独特的气候和地理条件，新疆枸杞以其优良的品质和丰富的营养价值在国内外市场享有盛誉。近年来，随着健康食品需求的增长和农业产业结构的调整，新疆枸杞产业迅速发展，成为当地农业经济的重要组成部分。

一、新疆枸杞产业发展概况

新疆枸杞产业近年来取得了显著的发展成果，其产业规模不断扩大，品种结构日益优化，区域分布逐渐集中。截至2022年底，新疆枸杞种植面积达25.2万余亩，其中，以北疆博尔塔拉蒙古自治州（以下简称"博州"）、塔城地区和巴音郭楞蒙古自治州（以下简称"巴州"）为主要发展地区，博州地区精河县10.31万亩，塔城地区沙湾市3.3万亩，巴州地区尉犁县1.4万亩，其他地区发展面积7.8万亩，总产量达2.2万吨。

新疆枸杞主要以黑枸杞和红枸杞为主。黑枸杞因其独特的营养价值和药用功效，近年来备受市场青睐，种植面积和产量逐年增加。红枸杞则以其丰富的维生素和矿物质含量，成为传统枸杞市场的主力品种。此外，新疆还积极引进和培育新品种，已建成新疆精河枸杞种质资源汇集中心，收集和保存了枸杞8 923株，包含枸杞种类4个，品种（系）45个。其中，精河本地原有品种（系）35个，疆外引进品种（系）10个，使一些濒危、稀有枸杞资源得到有效保护；选育了黑杞1号、精杞2号、精杞4号、精杞5号、精杞7号等5个枸杞品种，年繁育苗木1 000万株以上，为枸杞产业发展奠定了基础。

二、新疆枸杞产业市场现状

（一）精深加工快速推进

实施龙头企业带动战略，培育了精杞神、天山果业2家自治区级农业产业化龙头企业，支持精深加工新产品、新工艺等科研成果在企业转化，加大枸杞系列产品研发力度，先后研发了枸杞原浆、啤酒、酵素、胶囊等保健、休闲产品40余种，创建"果生康""精

---

[*] 赵玉玲，精河县枸杞产业发展中心主任，高级工程师；王洪娇，精河县枸杞产业发展中心，工程师。

杞神"等 27 个品牌，引领枸杞保健新时尚，枸杞"健康+"产品备受各年龄段消费人群青睐，拓宽了市场销售渠道，提高了产品附加值。

（二）科技创新成果丰硕

积极与国家工程技术研究中心、中国科学院华南植物园、中国农业科学院、厦门大学等 20 余家科研院校建立紧密合作机制，建成了国家枸杞工程技术研究中心精河试验站、新疆枸杞工程技术研究中心、新疆枸杞工程研究中心、全国枸杞气象服务中心新疆分中心、新疆枸杞产业技术创新战略联盟等 7 个科技研发平台，对枸杞产业关键技术开展突破性研发，累计获得专利 105 项，制定枸杞地方标准 15 项，建立 32 项新技术标准。

（三）质量监管成效显著

采取集中连片、绿色标准化枸杞发展定位思路，对枸杞种植基地实行"六统一分"管理，利用新疆农产品质量安全追溯管理平台，建立了枸杞可追溯体系，实现其从农田种植到餐桌全过程的可追溯。2024 年精河县获批创建 10 万亩全国绿色食品原料（枸杞）标准化生产基地，严格按照《绿色食品农药使用准则》（NYT 393—2020）和《绿色食品肥料使用准则》（NYT 394—2021）的规定使用肥料、农药等农业投入品，枸杞病虫害统防统治率、绿色防控技术覆盖率达到 100%。建立了县乡、企业、基地分级负责的质量安全检验检测体系，形成枸杞产品质量安全监测网络，先后委托第三方对 3 个乡镇场 19 个村队全覆盖检测，320 个采样检测果品全部检测合格，检测抑制率（按国家标准要求，农药残留抑制率 ≤ 50% 为合格）最高为 40.70%，最低为 0.50%，平均在 17.46%。

（四）枸杞品质优势突出

新疆光照时间长、昼夜温差大、气候干燥、降水稀少，而这些气候对于枸杞的生长具有重要的促进作用，使得新疆枸杞品质上乘，具有果实鲜红、粒大圆润、皮薄肉厚、口感纯正、甘甜爽口、多糖丰富等特点，在食疗保健领域市场更具优势。经检测，精河枸杞营养丰富，蛋白质、碳水化合物、多糖、磷、锌、甜菜碱、类胡萝卜素、类黄酮、氨基酸等成分不同程度地高于其他产区的枸杞，同时具有丰富的营养价值和生理保健功能，滋补肝肾、益精明目，所含的 18 种氨基酸中有 14 种高于国内其他产区，以果实鲜红、粒大饱满、皮薄肉厚、含糖丰富、药用价值高等特点受到国内外消费者的青睐。

（五）销售渠道不断拓展

在武汉、成都、北京、上海、广州、乌鲁木齐等地招募了区域代理 166 家，在县城 32 家干果销售店设立了分售点；利用京东、天猫、抖音直播带货等电商开展线上销售；通过中欧地理标志文化贸易馆与买地标全球集采服务平台枸杞产品出口印度尼西亚等国家。多渠道、全方位、多角度加大宣传力度，宣传片《新疆精河 10 万亩"红玛瑙"枸杞迎丰收》《乡村振兴中国行》亮相 CCTV-13、CCTV-2 频道，积极组织企业"走出去"，参加了广州林果交易会、森博会等国内知名展会，并在北京召开了精河枸杞出口仪式等专场宣传推介会，加大对枸杞新成果、新产品、新工艺进行展示展销的力度。

三、产业发展优势

（一）精河枸杞的生长环境、食用保健价值独特

精河县位于"北纬44°"世界公认的黄金种植带，光热资源丰富，昼夜温差大，干旱少雨，弱碱性沙质土壤，与其他主产区相比有得天独厚的地理优势，属枸杞黄金产区。精河枸杞果实粒大饱满、肉厚甘甜、色泽纯正，口感好于其他产区，同时营养丰富，药食同源，干物质积累多。

（二）精河枸杞作为"地域符号"和"红色名片"的优势日益凸显

精河县种植枸杞有70多年历史，经过不断发展，取得一系列荣誉，成为区域特色产业。精河县先后被命名为"中国枸杞之乡""国家级出口食品农产品质量安全示范区"；精河枸杞先后获得"欧盟地理标志保护产品""全国名特优新农产品"等殊荣，被纳入自治区党政机关接待用品范围。2022年精河县采取措施恢复枸杞种植并不断强化产品研发、品牌建设、市场推广，枸杞产品销量逐年递增，具有一定的市场认可度，保住了"中国枸杞之乡"和"精河枸杞甲天下"的美誉，成为精河县的一张名片。

（三）精河枸杞产业链已初步形成

经过数十年的培育发展，精河枸杞产业从无到有、从小到大，呈现出标准化种植、专业化加工、规模化生产、产业化经营的态势。在种植端，精河县是全疆枸杞良种苗木繁育基地，自主培育了精杞4号、精杞5号等优势品种，有一批技术娴熟的种植户、合作社和农业技术人员；在产品研发端，引入中南大学、新疆大学等科研团队开展产品研发，为枸杞产业赋能；在加工端，目前已有杞明星、天山果业、精杞神等加工企业，注册"精河枸杞""果生康"等27个品牌、40多种产品。在销售端，线上线下同步推进，线上依托京东等电商平台、网红直播带货销售，线下在北上广等重点城市开设直营店、专柜等开拓市场。同时，枸杞产业带动了交通运输、餐饮服务、文化旅游等相关产业的发展，为促进富余劳动力就近就业、乡村振兴提供了支撑。

四、存在的问题

尽管发展迅速，新疆枸杞产业仍面临品牌影响力不足、市场竞争激烈等问题。

（一）加工能力不足，产品附加值低

一是枸杞加工企业少。目前精河县具备一定规模枸杞精深加工能力的企业仅有3家（天山果业、精杞神、杞明星），枸杞鲜果精深加工量为1~2万吨/年，实际加工量仅达到设计加工能力的30%，产品规模受限。二是新产品开发能力不足。现有的枸杞加工企业缺乏技术人员和研发团队，大多处于枸杞原浆、饮料、果酒加工等常规产品阶段，中低端产品居多，美容化妆品、医疗保健品、枸杞文旅等高端产品等开发极少。

（二）品牌建设滞后，市场竞争力不足

一是品牌创建滞后。目前精河县注册有"精河枸杞""果生康""精杞神"等 27 个品牌，精河枸杞区域公共品牌正在创建中，还没有全国知名品牌，"中国枸杞之乡"的品牌效应不够突出，市场认知度不高。二是市场占有率较低。虽然精河枸杞中的多糖、总糖、氨基酸等微量元素含量高，但精河枸杞在全国销售市场占有率很小，精河枸杞产品多作为原料以干果简包装的形式销售；精河枸杞在全国的地位和知名度较低，竞争力也相对较弱。

（三）监管力度不足，品牌保护力度不够

"精河枸杞"是地理标志产品、中欧互认产品、地方特色产品，"精河枸杞"证明商标保护管理工作虽已开展，但各管理部门没有形成执法合力，外围市场清理整顿难度较大，以次充优现象频发，冒充"精河枸杞"贴牌销售现象时常发生，出口的枸杞产品在国际贸易中屡屡遭遇"绿色壁垒"的限制，口岸退货现象时有发生，严重损害了"精河枸杞"品牌形象。

五、对策建议

通过近几年的不懈努力，新疆枸杞产业发展成果实属不易。虽然面临风险挑战，但仍要坚定信心、系统谋划、持续用力、久久为功。

（一）加大科研投入力度

鼓励企业联合科研院所和高等院校，创建科技创新平台和新型研发机构，支持企业组建创新联合体，重点围绕优质丰产栽培、预防裂果、有效成分提取、功能食品饮品、医药保健品等关键环节组织实施技术引进及成果转化项目，加强以枸杞为原材料的"药"字号、"健"字号以及"枸杞+"等功能性药食同源新产品的研发，为产业提档升级创造新的突破口和增长点。

（二）加大市场开拓力度

抓好市场开拓，引进或以柔性合作方式，聘请专业销售团队，重点针对一线城市，常态化开展销售工作；通过政策补贴，支持企业在一线城市开设专卖店、实体店、前置仓，建立稳定的线下销售阵地；在一线城市巡回开展"枸杞产品宣传周"、枸杞文化节等促销活动，提高知名度、影响力；创新"互联网+"电商营销模式，充分利用网络直播、电商平台，扩展线上销售渠道。充分利用与欧盟互认地理标志产品的优势，依托面向阿拉山口、霍尔果斯两个国家级口岸，将产品品牌效应扩大至共建"一带一路"国家和地区。

（三）加大品牌保护力度

积极开展"精河枸杞"区域公用品牌策划，加强"精河枸杞"国家地理标志产品保护、"精河枸杞"地理标志证明商标的使用、监督和管理。发挥行业协会作用，推行标准化生产规程，提升枸杞品质，鼓励指导企业打造有辨识度的自主品牌，培育拥有自主知识产权和核心竞争力的产品品牌。

内蒙古现代枸杞产业市场发展报告

李志华　王峰　李惠芬　杨荣[*]

摘　要： 内蒙古自治区作为枸杞主要产区之一，枸杞种植历史悠久、野生资源丰富，历经了从传统粗放种植向规模化发展的转型。近年来，内蒙古枸杞种植面积呈现衰减态势，市场份额被不断挤压，正经历从扩张到收缩的转型，处于发展的波动期、转折期、关键期。通过分析内蒙古枸杞种植与生产现状、产品结构与消费市场等市场现状得出，内蒙古枸杞发展具备差异化优势。进一步推动内蒙古现代枸杞产业发展应继续强化产学研合作，注重企业科技创新，积极培育龙头企业，强化品牌联动。

关键词： 现代枸杞产业；产业转型；技术创新

一、产业背景与发展历程

（一）内蒙古枸杞的种植历史

内蒙古现代枸杞产业的转型经历了从传统粗放种植向规模化升级的过程。内蒙古枸杞种植以巴彦淖尔市为主核心区，在20世纪60年代中期就引进枸杞种植技术并在河套灌区逐步推广，结合当地独特的碱性土壤、黄河灌溉条件及昼夜温差大的气候优势，积极推广高抗性品种，形成了乌拉特前旗先锋镇、杭锦后旗沙海镇和五原县隆昌镇三大种植基地，种植面积曾达到15万亩，产量曾占全国枸杞总产量的50%，每年绿色有机枸杞出口量占全国枸杞外贸出口总量的30%。例如，乌拉特前旗先锋镇打造千亩枸杞全产业链园区，通过"企业+合作社+农户"模式发展订单农业，带动了7 000余户种植户形成万亩专业镇，亩均产量提升30%以上，鲜果年产量超500万千克。2004年，杭锦后旗沙海镇被国家林业部命名为"枸杞之乡"；2012年，乌拉特前旗先锋镇被国家林业局命名为"中国枸杞之乡"；2016年，乌拉特前旗先锋镇的枸杞通过国家地理标志认证。

（二）内蒙古野生枸杞资源

内蒙古野生枸杞资源丰富，阿拉善盟枸杞主要以天然野生黑果枸杞为主，集中分布在额济纳旗黑河沿岸两侧，在拐子湖和古日乃湖周边也有零星分布，覆盖面积约60万亩，平均树龄20年，树龄最长的已有百年，是野生枸杞居群和种子资源库，为内蒙古枸杞遗

---

[*] 李志华，内蒙古自治区林业和草原局改革发展和科技产业处，林业工程师；王峰，巴彦淖尔市林业和草原局改革发展和产业科科长，林业高级工程师；李惠芬，阿拉善盟生态产业发展规划中心，中级经济师；杨荣，内蒙古自治区林业科学研究院，副研究员。

传、新品种研究提供了丰富的种质资源。2017年，由内蒙古自治区林业科学研究院组建内蒙古自治区黑果枸杞工程（技术）中心。该中心以我国特色枸杞品种"黑果枸杞"为主要应用开发对象，以黑果枸杞产业科技创新为切入点，研发具有明显特色优势的黑果枸杞技术创新平台和共享研究平台。中心依托内蒙古自治区沙地（沙漠）生态系统与生态工程重点实验室、沙地生物资源保护与培育国家林业和草原局重点实验室共同建设分子实验室1处，种质资源收集保存圃1处，授权林杞1号、林杞5号、荣杞1号3个黑果枸杞品种，发布《黑果枸杞育苗技术规程》（DB15/T 1289—2017）、《黑果枸杞栽培技术规程》（DB15/T 2435—2021）地方标准，积极推进内蒙古黑果枸杞可持续发展。

二、市场现状分析

（一）种植与生产现状

内蒙古枸杞经历了从扩张到收缩的转型，2006年枸杞产量占全国总产量的13%，位列全国第三大产区，但到2024年种植面积减少至5000余亩、鲜果产量不足2000吨，相比宁夏枸杞种植规模23万亩、鲜果产量20万吨，全产业链产值突破200亿元有着差距显著，目前内蒙古枸杞产量仅占全国总产量的1%。源于多重因素：一是传统产区因树龄老化、病虫害加剧导致单产下降；二是市场行情波动下，加之严格执行耕地非农化、非粮化等政策，部分农户拔除低效枸杞林改种其他作物；三是宁夏、青海等主产区通过规模化种植和技术升级形成竞争优势，挤压内蒙古市场份额。但是，内蒙古通过"天赋河套"地理标志认证与绿色有机转型，在品质提升与品牌溢价方面取得了新突破，先锋镇等核心区鲜果年产量仍稳定在500万千克以上，亩均收益可达6000元，成为当地乡村振兴的重要支柱。

巴彦淖尔市主要有枸杞加工经营主体2家，分别是位于乌拉特前旗的内蒙古天衡制药有限公司和杭锦后旗的绿川沙海红枸杞农民专业合作社，年加工枸杞47.5吨，年产值1950万元。蒙医典籍《四部医典》记载枸杞可祛心热、治妇科病，清代《无误蒙药鉴》进一步明确其散瘀清热的功效。内蒙古枸杞富含枸杞多糖、甜菜碱、氨基酸，兼具抗氧化、调节免疫等药理作用。内蒙古天衡制药有限公司掌握了"仿野生"中蒙药材种植技术和"仿古法"炮制工艺，"玉衡"品牌被评为内蒙古"仿野生"中蒙药行业标志性品牌，年加工枸杞35吨，主要产品有玉衡零化枸杞、零化冻干枸杞、枸杞子等食品类、药品类产品，通过线下医院、连锁药店以及线上"仿野生"中药商城进行销售，枸杞系列产品销售额达到1850万元。杭锦后旗绿川沙海红枸杞农民专业合作社在2009年被评为"国家农民合作社示范社"，2020年获得"绿色认证"，年产枸杞干果10吨，精深加工枸杞果糕2.5吨，年产值100多万元。

（二）产品结构与消费市场

内蒙古枸杞核心品类仍以干果为主，近年来通过技术升级已形成干粉、原浆等高附加值产品线，并延伸至药品类产品，覆盖健康食品与保健品市场。内蒙古枸杞凭借河套灌区独特的富硒土壤和仿野生种植技术，形成了"生态有机"差异化标签，产品硒含量显著，在健康消费升级趋势下占据一定的市场份额。随着"天赋河套"区域品牌建设，通过枸杞深加工产业链延伸与市场精准对接，有望在药用、食品、美妆等多元领域实现突破。

三、市场发展困境

内蒙古枸杞市场体系建设处于与其他区域枸杞竞争的明显劣势地位，面临区域品牌整合不足、市场认知度弱、产业链附加值偏低的发展困境。

（一）竞争格局处于弱势

枸杞生产为劳动密集型产业，栽植、抚育、采摘主要依靠人工作业，机械化耕作水平低，枸杞属于灌木茄科作物，边开花边结果，不能集中成熟，采摘是成本投入最高的环节，费时费工，效率低。巴彦淖尔市采摘枸杞的人工成本是宁夏、甘肃的2倍，成品成本价高于宁夏、甘肃2.5～3.5元/千克，枸杞收购价格下降，效益空间被进一步压缩，多地杞农更换其他树种或者种植其他作物，导致枸杞种植面积减少，部分企业逐步退出该行业；同时种植栽培水肥一体化、机械化程度不高，种植品种以"宁枸"为主，优良品种"蒙杞""科杞"得不到有效推广。

（二）产业链附加值低

宁夏围绕果、茎、叶、根探索精深加工差异化发展路径，研发枸杞保健品、干果、原浆、饮料、化妆品、叶菜等一系列高附加值产品多达120余种。新疆精河县则布局鲜果分拣、原浆生产线及锁鲜技术。内蒙古仍以干果初加工为主，产品结构单一，精深加工率不足，多糖提取等关键技术尚未突破，存在精深加工率较低，导致产品溢价受限；新技术、新工艺应用少，同质化竞争严重。销售形式单一，大部分枸杞以初级加工产品形式被宁夏为主的客商收购，以宁夏枸杞品牌销往各地，市场经营风险大，抵御风险能力弱，产品初级处理、收购、加工、销售等环节衔接不紧密。

（三）市场品牌辨识度模糊

内蒙古枸杞区域品牌整合不足、市场认知度弱，宁夏成功注册"宁夏枸杞"地理标志商标，形成"区域公用品牌+企业子品牌"的双驱动模式，内蒙古虽然依托"天赋河套"公用品牌持续推动"先锋枸杞"等企业品牌走出去，但缺乏统一的区域品牌认证体系，市场辨识度较低，消费者对"河套枸杞""先锋枸杞"的产地关联性认知较弱。

四、发展优势与机遇

（一）地理特征与区域优势

内蒙古枸杞的品质优势与其独特的自然禀赋密切相关。得益于河套平原的碱性灌淤土和洪积土壤，先锋镇等地土壤腐殖质含量高且富含矿物质，加之温带大陆性气候带来的年均3 202小时日照与3 100℃·天有效积温，昼夜温差显著促进枸杞糖分、淀粉及硒元素的积累，形成"皮薄肉厚、硒含量突出"的特色，总糖、多糖含量高，硒元素更丰富，兼具抗氧化与免疫调节功能。

（二）政策与生态协同机遇

内蒙古依托"三北"工程专项资金及地方财政配套，积极推动枸杞规模化种植基地与节水设施建设。"三北"工程攻坚战，内蒙古积极探索"治沙＋光伏""生态旅游"等融合模式发展，积极选择枸杞等生态经济兼优树种，推广沙化土地种植枸杞，实现"固沙－增收"双赢，构建生态修复与产业振兴协同发展新模式。

（三）年轻群体需求出圈

枸杞健康消费升级正以抗衰老、美容养颜等核心功效撬动年轻群体需求，推动产业向功能化、时尚化转型。功效驱动层面，枸杞多糖、类胡萝卜素及甜菜碱等活性成分被证实可清除自由基、增强皮肤屏障功能、延缓细胞氧化损伤，逐渐成为"朋克养生"的热门选择。枸杞原浆、锁鲜枸杞及枸杞奶茶等即食化产品崛起，满足了"熬夜党"对便捷养生的需求，数据显示，25～35岁人群已成为枸杞制品消费主力，其购买动机涵盖抗初老、改善亚健康及社交场景养生。

五、推动内蒙古现代枸杞产业市场发展的建议对策

（一）加大政策扶持力度，激发杞农积极性

内蒙古自治区政府高度重视推动枸杞产业发展，因地制宜科学规划合理布局，准确把握各项方针、政策及发展规划，注重将乡村振兴、惠农政策、产业发展资金与枸杞产业发展相结合，以市场经济规律指导原则，整合各方资金、技术、人才、企业等资源。地方政府和相关部门积极为枸杞企业筛选适合其发展的项目，帮助杞农协调农业银行、农村信用社等金融部门，加大支农贷款倾斜力度，保障枸杞产业发展资金需求，通过出台相关优惠政策，推动枸杞产业化发展，实现绿富同兴。

（二）扩大基地发展规模，增强绿色发展后劲

基地建设是枸杞产业持续发展的基础保障。以建设绿色枸杞高效标准化生产为基础，重点发展宁杞7号、蒙杞1号、蒙杞2号等品种，注重应用科学的栽培措施，采取合理的田间管理技术，实行绿色防控技术措施，重点把握枸杞萌芽、开花、坐果、采收等生产关键期，引导杞农按照绿色标准化要求进行生产，减少病虫害发生，提高产量。在优势产品集群的区域扩大重点村和重点户的经营规模与水平，走"企业加基地、基地连农户"的产业发展模式。

（三）加大龙头企业培育，增强辐射带动示范

龙头企业是推动枸杞产业高质量发展的"引擎"，以天衡制药为依托，紧抓大健康产业，挖掘枸杞潜在医药养生内涵，发展枸杞药食同源、道地中蒙药材等产品，从食品、保

健、医药及康养方面加大新产品研发和成果转化力度，研发功能性饮品、特膳产品、养生保健产品，引导企业延伸产业链条、积极研发高端产品。同时，营造良好的招商环境，重点引进一批中药材、养生保健品、功能性食品等加工企业，促进枸杞产业向价值链高端延伸，为乡村振兴和地区经济发展提供保障。

（四）注重企业科技创新，促进产品转型升级

鼓励和引导企业与科研院校合作，鼓励科研人员积极参与枸杞新产品的创新与研发，推动建立本地科研机构，提高枸杞产业基础研究水平，加快推进枸杞产、学、研全方面发展。纵向拉长产业链条，按照安全、优质、环保、高效的要求，切实引进枸杞产品精深加工技术，特别是高附加值产品的技术开发与应用创新，不断提高枸杞产品附加值。严格控制农药等有害物的使用，大力发展绿色产品、有机产品，持续推进低碳环保型生产。加强具有地域特征的枸杞新产品研发、新技术推广应用，加大农机装备投入，着力推动枸杞产业农机农艺融合、水肥一体化进程等。

（五）强化品牌联动，增强市场认知度

强化"天赋河套"与企业子品牌协同联动，突出"河套产区"地理标志宣传，以"高硒低糖"等差异化定位突围，加速从干果初加工向大健康产业链转型。完善质量追溯机制，将黄河灌区有机基地的生物防虫、自然晾晒等特色工艺纳入追溯节点，通过数字技术实现数据透明化，并依托电商、国际认证突破高端市场，不断提升消费者信任度，缩小品牌价值差距。

（六）促进多方联动，助推产业融合发展

为助力内蒙古枸杞产业高质量发展，积极推进枸杞产业与文旅产业、饮食产业融合发展，通过打造田园综合体，建设枸杞特色小镇，开展枸杞采摘体验、枸杞红摄影等展览活动，多渠道、多方式推进枸杞产业融合发展。构建多元化枸杞网商与农户对接模式，建立良好的枸杞营销渠道和营销网络，带动传统枸杞产业、企业与电子商务深度融合，促进枸杞产业转型升级。

枸杞市场供给分析报告

周玉婷 翟昊 董婕 许芷琦*

摘　要： 从枸杞市场供给的角度阐述了枸杞的区域分布、产量变化、生产经营主体构成情况，分析影响枸杞市场供给的自然、种植、加工、市场和政策等因素，比较不同生产主体近年来的收益、成本和净利润，进而对枸杞市场供给情况进行总结和展望。研究认为：第一，近年我国枸杞市场供给呈现"先升后降"的变化特点；第二，自然因素极大地影响枸杞供给区域分布变化；第三，各枸杞主产区加工转化能力差异较大；第四，政策支持是稳定枸杞市场预期的重要保障。

关键词： 市场供给；生产经营主体；影响因素

中国枸杞产业历经多年发展，已形成以西北地区为核心、多省份联动的供给格局。本报告重点对枸杞市场供给进行分析。

一、中国枸杞市场供给概况

区域分布、干果产量和生产经营主体构成，是分析枸杞市场供给变化情况的重要指标。

（一）枸杞种植区域变化情况

截至2024年底，全国枸杞种植面积为159.27万亩，宁夏、青海、甘肃、新疆四大主产区贡献全国95%以上产量。从主产省区来看，甘肃枸杞种植面积为69.34万亩，占43.5%；青海枸杞种植面积为46万亩，占28.9%；宁夏枸杞种植面积为22.87万亩，占14.4%；新疆枸杞种植面积为20万亩，占12.6%；内蒙古枸杞种植面积为0.5万亩，占0.3%；河北枸杞种植面积为0.56万亩，占0.4%（图1和表1）。

---

* 周玉婷，中共宁夏区委党校（行政学院）公共管理教研部副主任、副教授；翟昊，宁夏枸杞产业发展中心主任，正高级林业工程师；董婕，宁夏枸杞产业发展中心，林业工程师；许芷琦，宁夏枸杞产业发展中心宣传科科员。

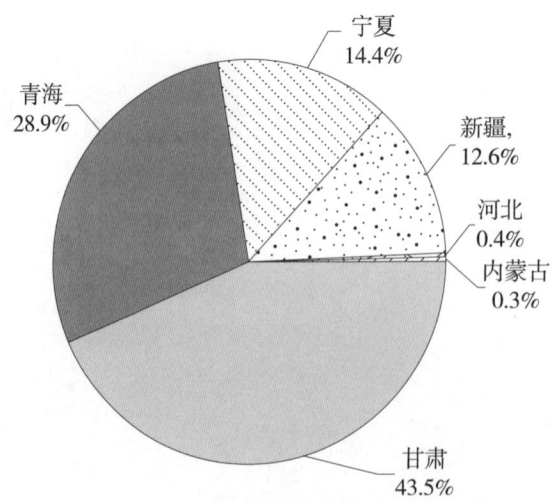

图 1 2024 年主产省区枸杞种植面积占比

数据来源：部分来源于产业主管部门提供，部分为相关报道数据。

表 1 2023 年和 2024 年各省份枸杞种植面积及其占比

省份	2023年		2024年	
	种植面积/万亩	占全国种植面积比	种植面积/万亩	占全国种植面积比
甘肃	75.4	41.2%	69.34	43.5%
青海	47.6	26.0%	46	28.9%
宁夏	32.5	17.8%	22.87	14.4%
新疆	25.0	13.7%	20	12.6%
内蒙古	1.2	0.7%	0.5	0.3%
河北	0.8	0.4%	0.56	0.4%
其他省份	0.5	0.3%	—	—
合计	183	100%	159.27	100%

数据来源：2023年数据来自《中国枸杞产业蓝皮书——中国现代枸杞产业高质量发展报告2024》；2024年数据由各省份产业主管部门提供。

1. 由"宁夏为主"转变为西北"大种植区"

从近年来各省份枸杞种植面积变化特点来看，枸杞已成为西北省区重要经济作物之一，枸杞产区逐渐由"宁夏为主"转变为西北"大种植区"。2005年之前，我国枸杞种植主要集中在以中宁县为中心的宁夏地区。随着枸杞种苗改良促使枸杞栽培品种地域适应性不断提升，栽培技术持续改进，枸杞种植范围呈现逐渐扩大趋势，种植区域从传统的宁夏中宁产区，逐渐扩展为"甘肃、青海、宁夏、新疆"的大枸杞种植区。2020年，甘肃省和青海省超过宁夏回族自治区成为枸杞种植面积最多的两个省份。到2024年，各省份种植面积为"甘肃＞青海＞宁夏＞新疆"。甘肃省和青海省两省枸杞种植面积超过全国的2/3（表2）。

表 2　2014—2024 年枸杞种植面积比较　　　　　　　　　　单位：万亩

省份	2014年枸杞种植面积	2024年枸杞种植面积
甘肃	35	69.34
青海	33.9	46
宁夏	85	22.87
新疆	32	20
内蒙古	20	0.5
河北	8	0.56
其他省份	6	—
合计	219.9	159.27

数据来源：2014年数据根据各省份统计数据整理；2024年数据由各省份产业主管部门提供。

2. 枸杞种植面积呈现"先升后降"趋势

2005 年，全国枸杞种植面积不足 90 万亩，其中宁夏枸杞种植面积 44.5 万亩，占全国 50%。随着市场需求变化，在地方政府产业政策扶持带动下，各省份枸杞种植规模扩大迅速。由于枸杞市场供给快速上涨和价格下跌，各地区逐渐收缩枸杞种植规模。尤其是内蒙古自治区在市场价格剧烈波动、成熟枸杞采摘"用工荒"、枸杞老株淘汰等因素影响下，枸杞种植面积从 2014 年的 20 万亩下降到 2024 年的 0.5 万亩（表 2）。

产业种植端受市场影响显著，在市场供需关系作用下，枸杞种植面积呈现"先升后降"特点。分析宁夏回族自治区和青海省近 20 年来种植面积数据变化情况，宁夏枸杞种植面积"先升后降"特点尤为明显，青海枸杞种植面积则表现出"先稳步上升、后趋于稳定"的特点（图 2）。

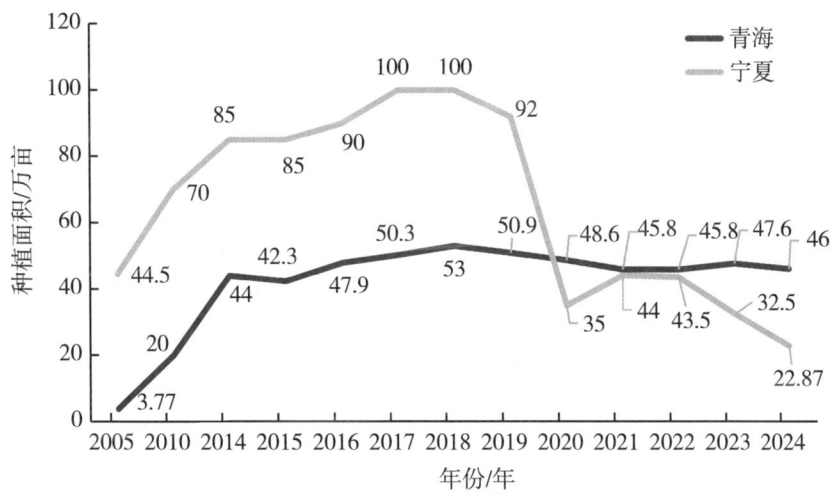

图 2　2005—2024 年青海和宁夏枸杞种植面积

数据来源：《青海省统计年鉴》（2012—2024年）；《中国枸杞产业蓝皮书——中国现代枸杞产业高质量发展报告》（2022—2024年）；《宁夏回族自治区统计年鉴》；宁夏政府工作报告及政府公开报道。

3. 主产地区呈现连片化、集中化特点

2024 年，宁夏回族自治区枸杞种植面积为 22.87 万亩，其中，中卫市中宁县枸杞种植面积9.92万亩，占宁夏产区枸杞种植面积的43.38%。甘肃省白银市靖远县枸杞种植面积28.12万亩，占甘肃省枸杞种植面积40.55%。青海省海西蒙古族藏族自治州都兰县枸杞种植面积21.06万亩，占青海省枸杞种植面积45.78%。新疆维吾尔自治区精河县枸杞种植面积10.31万亩，占新疆枸杞种植面积的51.55%。以上四个主产县区枸杞种植面积达到69.41万亩，占全国枸杞种植面积的43.58%。主产省区枸杞主产地区种植规模呈现连片化、集中化特点。各主产地区产量与占比见表3。

表3　2024年枸杞主产地区产量及占比

主产地区	枸杞种植面积/万亩	占本省区种植面积比例	占全国种植面积比例
甘肃靖远	28.12	40.55%	17.66%
青海都兰	21.06	45.78%	13.22%
宁夏中宁	9.92	43.38%	6.23%
新疆精河	10.31	51.55%	6.47%
合计	69.41	—	43.58%

数据来源：根据政府公开数据整理。靖远县人民政府网站《靖远县农业农村局对县十八届人大三次会议第27号建议的答复》（2024年7月29日）；青海省人民政府网站《20万亩枸杞托起都兰富民产业链》（2024年8月14日）；中宁县数据由产业主管部门提供；精河县人民政府《央媒看精河，枸杞飘香出天山》（2024年4月16日）。

（二）枸杞干果产量变化情况

2011—2024年，全国枸杞折合干果总产量由19.05万吨增长至29.96万吨，产量增长1.57倍，年均复合增长率为3.54%（图3和表4）。

1. 枸杞干果产量呈现"先升后降"特点

全国枸杞干果产量呈现"先升后降"特点，近几年总产量明显下降。2020年枸杞产量达到近年来产量最高值44.12万吨，之后随着市场价格波动，枸杞种植面积减少、产量下降。2011—2017年，随着种植面积增加枸杞产量增长2.2倍，年均复合增长率达到14%；2017—2020年，全国枸杞产量在40万吨上下波动；2020—2024年，枸杞产量持续下降，下降幅度达到32%，年均下降9.22%。

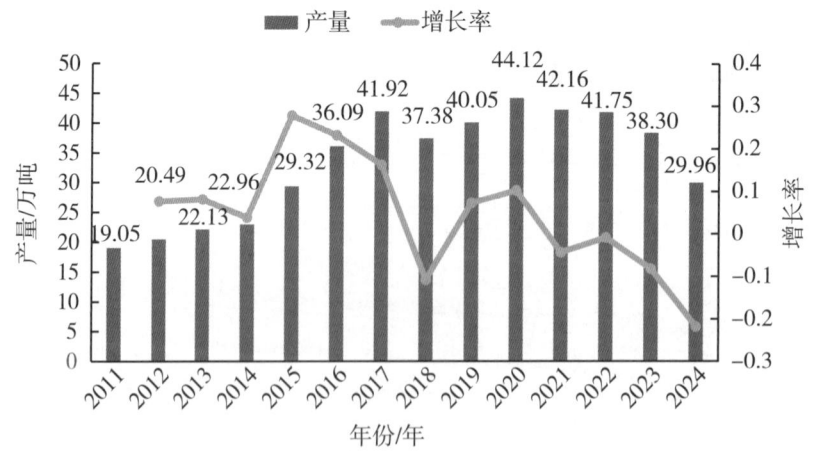

图3　2011—2024年全国枸杞产量及增长率

数据来源：华经产业研究院（www.huaon.com）。

表4　2011—2024年全国枸杞产量及增长率

年份	全国枸杞产量/万吨	增长率
2011年	19.05	—
2012年	20.49	7.6%
2013年	22.13	8.0%
2014年	22.96	3.8%
2015年	29.32	27.7%
2016年	36.09	23.1%
2017年	41.92	16.2%
2018年	37.38	-10.8%
2019年	40.05	7.1%
2020年	44.12	10.2%
2021年	42.16	-4.4%
2022年	41.75	-1.0%
2023年	38.30	-8.3%
2024年	29.96	-21.8%

数据来源：华经产业研究院（www.huaon.com）。

2. 枸杞干果供给由"宁夏为主"转变为竞争发展

华经产业研究院数据显示，2007年宁夏枸杞产量占全国枸杞产量占比为84.97%，2012年下降为52.70%，2024年下降为14.4%。目前宁夏枸杞产量居全国第3位。全国枸杞干果供给由"宁夏为主"转变为竞争发展新格局。

2024年全国枸杞总供给为29.96万吨，其中甘肃枸杞产量为14.07万吨，占比47.0%；青海枸杞产量为10.0万吨，占比33.4%；宁夏枸杞产量为4.0万吨，占比13.4%；新疆枸杞产量为1.5万吨，占比5.0%。2023—2024年，主产省区枸杞产量为"甘肃＞青海＞宁夏＞新疆"，甘肃、青海枸杞产量占比明显上升，宁夏枸杞产量占比明显下降（表5）。到2024年，甘肃、青海、宁夏、新疆四省区枸杞产量占全国98.7%。

表5　2023—2024年主要省区枸杞产量

省份	2023年		2024年	
	产量/万吨	产量占比	产量/万吨	产量占比
甘肃	9.8	40.8%	14.07	47.0%
青海	6.2	25.8%	10.0	33.4%
宁夏	6.0	25.0%	4.0	13.4%
新疆	1.6	6.7%	1.5	5.0%
其他	0.4	1.7%	0.39	1.3%
合计	24.0	100%	29.96	100%

数据来源：2023年数据来源为《中国枸杞产业蓝皮书——中国现代枸杞产业高质量发展报告2024》；2024年数据由各省份产业主管部门提供。

3. 枸杞单产能力影响枸杞供给格局

各省份枸杞单产能力差别极大，亩产差异使枸杞主要种植区域逐渐向青海、甘肃两省集中。甘肃、青海平均单产高于全国平均单产（188千克/亩），分别为203千克/亩、

217千克/亩，高出全国平均单产水平8%、15%；宁夏平均单产为175千克/亩，低于全国平均单产水平7%；新疆平均单产为75千克/亩，远低于全国平均单产水平（见表6）。甘肃、青海两省的枸杞亩产优势吸引了枸杞生产主体、种苗、技术、人才等向两地集聚，近10年来两省产业规模不断扩大。虽然近两年甘肃、青海两省枸杞种植面积略有下降，但集约和规模效应保障了枸杞产业持续发展。

表6 2024年各省份枸杞平均单产

省份	枸杞产量/万吨	种植面积/万亩	平均单产/（千克/亩）
甘肃	14.07	69.34	203
青海	10.0	46	217
宁夏	4.0	22.87	175
新疆	1.5	20	75
其他	0.39	1.06	368
合计	29.96	159.27	188

数据来源：枸杞产量和种植面积数据由各省份产业主管部门提供；平均亩产计算的是单位面积产量，用于省份间横向比较，不代表具体产地亩产。

（三）枸杞生产经营主体构成与分布

枸杞市场上参与者众多，这些不同的主体在市场供给中发挥着各自的作用，从事枸杞生产经营的主体包括加工企业、贸易企业、合作社、家庭农场、种植户等，在市场供给中占有重要地位。从地区分布来看，宁夏、甘肃、青海、河北、新疆、内蒙古六省区（以下简称"六省区"）枸杞各类企业数量总和占全国的76.6%（图4）。截至2024年12月，全国从事枸杞生产经营的企业达到38 840家，其中宁夏回族自治区14 243家，占36.7%；甘肃省7 225家，占18.6%；青海省3 542家，占9.1%；河北省2 131家，占5.5%；新疆维吾尔自治区1 817家，占4.7%；内蒙古自治区791家，占2.0%。

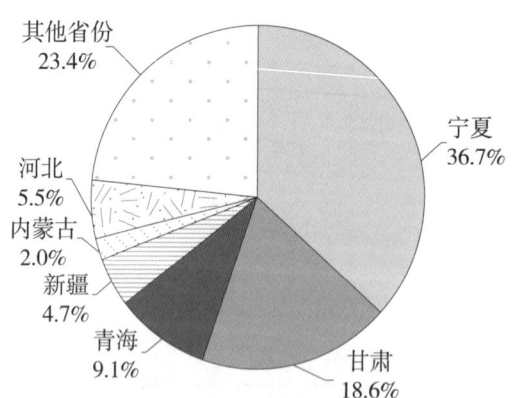

图4 2024年全国从事枸杞生产经营企业数量分布

数据来源：企查查（www.qcc.com）。

从枸杞生产经营主体类型来看，六省区各类枸杞生产经营主体分布不均匀（表7）。宁夏枸杞加工企业数量、贸易企业数量占比最高，分别达到42.6%、56.3%，说明宁夏枸杞产业链延伸更为充分,枸杞加工贸易市场发育更加成熟,是全国枸杞市场主体供给的最主要贡献者,处于市场领军地位。甘肃省枸杞种植面积大、辐射的种植户多,合作社数量、家庭农场数量占比相对较高,分别达到40.2%、30.0%,但加工企业、贸易企业数量占比低,分别为16.4%、6.7%。

表7 2024年全国枸杞生产经营各类主体数量分布

生产经营主体	项目	宁夏	甘肃	青海	新疆	内蒙古	河北	其他	合计
企业总数	数量/家	14 243	7 225	3 542	1 817	791	2 131	9 091	38 840
	占比	36.7%	18.6%	9.1%	4.7%	2.0%	5.5%	23.4%	100.0%
加工企业	数量/家	4 888	1 885	1 082	823	240	674	1 889	11 481
	占比	42.6%	16.4%	9.4%	7.2%	2.1%	5.9%	16.4%	100.0%
贸易企业	数量/家	1 670	198	369	60	57	81	594	2 968
	占比	56.3%	6.7%	12.4%	2.0%	1.9%	2.7%	7.6%	100.0%
合作社	数量/家	2 066	3 153	1 049	649	195	136	533	7 842
	占比	26.3%	40.2%	13.4%	8.3%	2.5%	1.7%	18.0%	100.0%
家庭农场	数量/家	299	273	134	17	10	70	108	911
	占比	32.8%	30.0%	14.7%	1.9%	1.1%	7.7%	11.9%	100.0%

数据来源:企查查(www.qcc.com)。

1. 枸杞加工企业分布情况

从枸杞加工企业分布来看,截至2024年12月,全国从事枸杞加工的企业11 481家(图5)。其中,宁夏4 888家,占42.6%,处于绝对优势地位;甘肃1 885家,占16.4%;青海1 082家,占9.4%;新疆823家,占7.2%;河北674家,占5.9%;内蒙古240家,占2.1%;六省区加工企业数量总和占全国的83.6%。

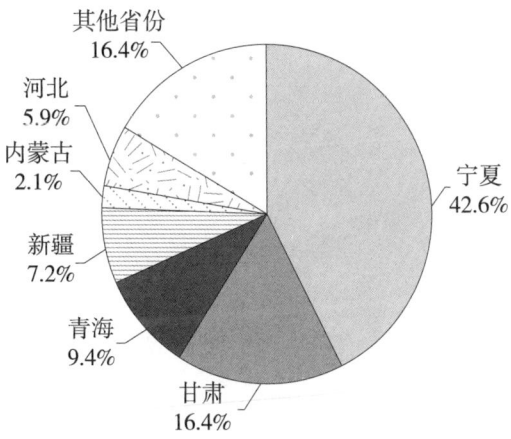

图5 2024年全国枸杞加工企业数量分布

数据来源:企查查(www.qcc.com)。

2. 枸杞贸易流通企业分布情况

从枸杞贸易企业分布来看,截至2024年12月,全国从事枸杞贸易的企业2 968家

（图6）。其中，宁夏1 670家，占56.3%，全国乃至全球一半的贸易流通企业在宁夏，处于绝对优势地位；青海369家，占12.4%；甘肃198家，占6.7%；河北81家，占2.7%；新疆60家，占2.0%；内蒙古57家，占1.9%；六省区枸杞贸易企业数量总和占全国的82.0%。

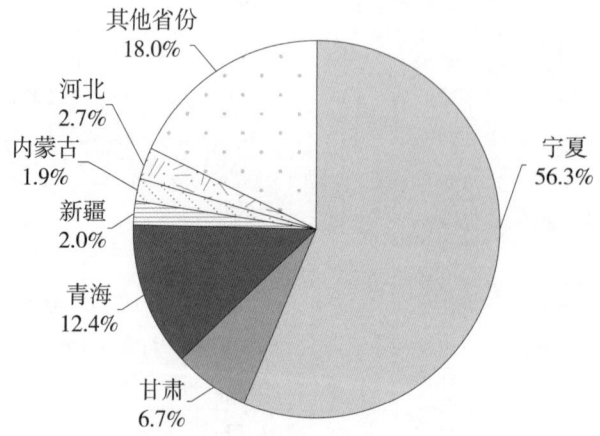

图6　2024年全国枸杞贸易企业数量分布

数据来源：企查查（www.qcc.com）。

3. 从事枸杞生产经营的合作社分布情况

从合作社地区分布来看，截至2024年12月，全国有从事枸杞生产经营的合作社7 842家（图7）。其中，甘肃3 153家，占40.2%；宁夏2 066家，占26.3%；青海1 049家，占13.4%；新疆649家，占8.3%；内蒙古195家，占2.5%；河北136家，占1.7%。六省区合作社数量总和占全国的92.4%。

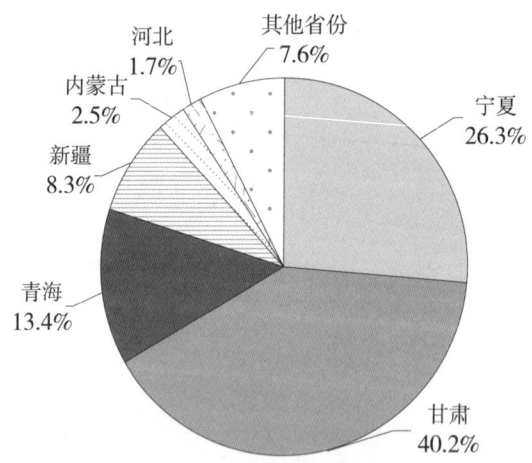

图7　2024年全国从事枸杞生产经营的合作社数量分布

数据来源：企查查（www.qcc.com）。

4. 从事枸杞生产经营的家庭农场分布情况

从家庭农场地区分布来看，截至2024年12月，全国从事枸杞生产经营的家庭农场

911家（图8）。其中，宁夏299家，占32.8%；甘肃273家，占30.0%；青海134家，占14.7%；河北70家，占7.7%；新疆17家，占1.9%；内蒙古10家，占1.1%；六省区家庭农场数量总和占全国的88.2%。

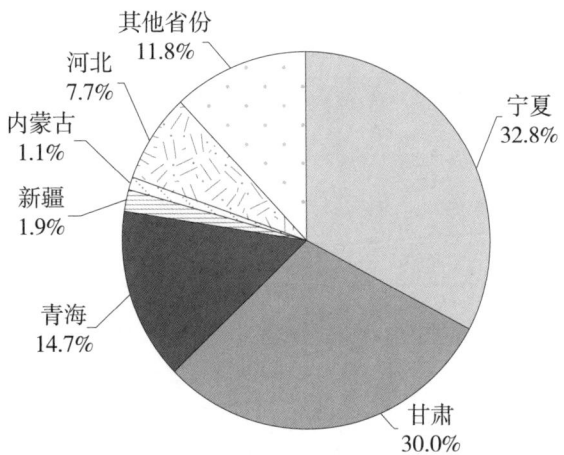

图8　2024年全国从事枸杞生产经营的家庭农场数量分布

数据来源：企查查（www.qcc.com）。

近年来，专业大户、家庭农场、农民合作社、龙头企业等经营主体快速发展，在现代枸杞产业高质量发展中发挥了行业引领的重要作用。各主产省区整合各类资源对枸杞企业进行系统性、阶梯性技改优化，集中力量培育了一批具有设计研发、核心制造能力的枸杞产业骨干企业，加快培育了一批"专精特新"中小企业，逐步形成了与枸杞品牌和产品配套的市场供给主体力量。例如，宁夏有龙头企业11家，规上企业30家，宁夏早康枸杞股份有限公司在北京证券交易所顺利挂牌"新三板"，成为主营枸杞系列产品的"小巨人"企业。甘肃省白银市靖远县培育了恒泰泽、金田野等40多家龙头企业和农民专业合作社，打造了"高原红""陇原红"等30多个品牌。青海省大力推广绿色生产方式，引导企业和农户定位富硒、有机发展，建成"柴达木枸杞"种植示范基地。新疆精河县研发出8大类26个产品，培育了枸杞精深加工企业13家，枸杞产业产值占农业总产值35%以上，占农民可支配收入的21%。

二、枸杞市场供给影响因素

枸杞市场供给不仅受到自然因素、种植因素、加工因素的影响，也受到市场价格、供需关系等市场因素的影响，还受到政策因素的影响。

（一）自然因素

枸杞主要种植省区种植面积与枸杞产量差异首先源于自然因素的差异，主要是枸杞的生长环境的差异。宁夏、甘肃、青海、新疆四省区主产地鲜果、干果单位产量差异巨大（表8），宁夏中宁县和新疆精河县鲜果单产分别为830千克/亩、725千克/亩，甘肃靖远县和青海都兰县单产分别为1 500千克/亩、1 800千克/亩,鲜果单产最高的青海都兰县是单产最低的新疆精河县单产的2.5倍;干果单产最高的青海都兰县是单产最低的新疆精河县单产的3.6倍。在同样的市场价格下,青海、甘肃的亩均收益远高于宁夏、新疆。

表8 2024年枸杞主产地区亩均产量及规模

主产区	鲜果单产/(千克/亩)	干果单产/(千克/亩)	种植面积/万亩
宁夏中宁县	830	190	9.92
甘肃靖远县	1 500	300	28.12
青海都兰县	1 800	450	21.06
新疆精河县	725	125	10.31

数据来源:主产地产量数据来源于专家咨询,主要由当地部分企业提供。

不同主产区存在较大单位产量差异的自然因素,包括海拔、年均降水量、平均年日照时数、昼夜温差、土壤条件等(表9)。青海和甘肃海拔更高、降水量更高、昼夜温差更大,气候相对冷凉,枸杞在生长过程中能够积累更多的糖分,枸杞含糖量更高并容易结块、不易保存。

表9 宁夏、甘肃、青海、新疆枸杞种植气候条件比较

项目	宁夏	甘肃	青海	新疆
主要种植区域	黄河上游宁夏平原	河西走廊地区	青藏高原柴达木盆地	天山北部准噶尔盆地
海拔	1 000~1 200米	1 100~1 500米	2 000~3 000米	500~2 000米
年均降水量	289毫米	398.5毫米	370.5毫米	152.2毫米
近30年平均年日照时数	2 800小时	2 500小时	2 600小时	2 600~3 400小时
昼夜温差	10~15℃	10~20℃	15~20℃	15~30℃
土壤条件	灌淤土为主,透气性好,保水保肥能力强,富含矿物质和微量元素	灌淤土或灰钙土为主,肥力适中,透气性好,富含矿物质和微量元素	盐碱地为主,含有丰富的矿物质,如钾、钠、镁等	黄壤或草地土壤为主,通气性好,兼容养分能力强
枸杞果实大小	果实大小均匀 直径5~7毫米	直径6~8毫米	果实相对较大 直径6~8毫米	直径3~10毫米
枸杞含糖量特点	糖分相对较低 不易结块 易保存	糖分含量高 容易结块 不易保存	糖分含量高 容易结块 不易保存	糖分含量较高 容易结块 不易保存

资料来源:根据公开资料整理。

(二)种植因素

种植因素是影响供给的重要因素。当农户种植枸杞的市场信心提振、种植积极性高时,农户对枸杞种植增加投入品(如施肥)强度、田间管理投入程度更高、管理精细度更高,亩均产量能够达到更高水平。例如,由于2023年枸杞价格表现良好,2024年农户种植枸杞积极性明显升高,亩均鲜果产量增长了45.2%,亩均干果产量增长了43.2%。在宁

夏中宁县入户调研时发现，枸杞种植户认为鲜果产量与田间管理投入程度、管理精细度高度相关，如果田间管理做得好，鲜果产量可以达到 1 500 千克/亩，干果亩产可以达到 300 千克/亩。

（三）加工因素

加工转化能力对枸杞市场供给发挥重要的"稳定器"作用。近年来，枸杞的加工转化率逐年提高。2024 年，全国枸杞鲜果产量 130.69 万吨，干果产量 29.96 万吨，目前，全国枸杞加工转化率为 20%。通过现代化的加工技术，枸杞可以加工成药品、保健品、功能性食品等多种形式，满足不同消费者的需求。枸杞精深加工为枸杞初级产品销售提供更多机会，对于平衡长期和短期枸杞供求关系、稳定枸杞价格发挥了重要作用，尤其是就地加工技术能够降低运输成本，有利于稳定枸杞种植的积极性。从枸杞加工企业分布来看，截至 2024 年 12 月，全国从事枸杞加工的 11 481 家企业中，宁夏有 4 888 家，占 42.6%，宁夏枸杞鲜果加工转化率 35%，全产业链产值达到 204 亿元。

（四）市场因素

市场供求关系是影响枸杞产品供给的最主要因素，具体包括生产成本、市场价格、市场需求等。

近年来，由于生产成本不断抬升，宁夏部分杞农走出宁夏，到生产成本相对较低的甘肃、青海从事枸杞种植。

市场供需关系变化使得枸杞市场价格上下波动，从而影响产业种植端的生产规模，枸杞供给量呈现"先升后降"特点。2017 年之前枸杞供给量快速增长（图 3），这是由枸杞市场"供不应求"决定的，枸杞价格处于相对高位，枸杞种植规模不断扩大；2020 年之后，随着枸杞市场供需关系的转变，枸杞需求增量有限，枸杞价格走低，枸杞生产规模和枸杞供给量逐渐收缩。

消费观念、消费群体、产品需求、品牌需求的变化，要求枸杞产业发展多元产品供给、拓宽销售渠道，枸杞干果这一产品功能已不能满足市场需求的变化。一是消费观念从"散装低价"向"品质优先"升级，消费者越来越关注枸杞的种植方式（如有机认证、无硫熏蒸）和原产地（如宁夏核心产区），愿意为高品质支付溢价，同时对农药残留、加工工艺等安全性问题更为敏感。二是枸杞消费群体从"中老年专属"向"年轻化群体"转移，过去"保温杯里泡枸杞"常与中老年人养生用品的刻板印象绑定，如今年轻群体成为消费主力，枸杞作为"超级食物"被纳入日常饮食并在社交媒体上流行，如枸杞拿铁、枸杞酸奶、零食化枸杞干等。三是消费的多元化催生了多元化的产品需求，枸杞功效从"药用"向"日常食补"拓展，从"明目补肾"向抗氧化、增强免疫力等综合健康价值拓展，便捷化、即食化、功能化的枸杞产品需求旺盛，如枸杞原浆、冻干枸杞、枸杞粉、枸杞酵素、枸杞蛋白棒等。四是枸杞品牌需求从"卖产品"向"卖生活方式"转变，从"传统渠道"向"全渠道＋内容营销"转变。品牌策略向线上线下融合延伸，品牌故事与国潮、健康生活方式相联结，品牌营销通过"内容种草""养生食谱""枸杞搭配攻略"强化与用户的互动。

三、枸杞生产成本收益分析

近5年来，宁夏、甘肃、青海、新疆、内蒙古、河北等省区枸杞种植规模发生较大变化，枸杞种植产区已经从"宁夏为主"转变为西北"大种植区"。从2019年到2024年，全国枸杞种植面积减少了59%，由388.5万亩缩减到159.27万亩；尤其是宁夏枸杞种植面积缩减了75%，由92万亩缩减到22.87万亩（表2）。枸杞种植面积与产量剧烈波动的重要原因在于市场供求关系的变化和枸杞成本的不断抬升导致枸杞收益空间收紧。

（一）枸杞生产成本分析

根据对宁夏枸杞种植主体生产成本情况的调查，2021—2024年每亩枸杞生产成本呈现总体上升趋势（表10）。2021—2023年枸杞亩均成本攀升较快，增长了34%。2024年枸杞生产成本略有上升，与2021—2023年3年平均成本相比增加了1.7%。

从投入品费用来看，2021—2023年每亩枸杞投入品费用增长了33%，2024年较前三年平均上涨了3.8%。2021—2023年投入品费用持续增长趋势明显，两年间企业投入品费用增长了18.7%，合作社投入品费用增长了16.6%，农户投入品费用增长了77.4%，农户投入品费用上涨最为剧烈。农户在面对化肥、农药价格上涨时缺乏对冲手段，分散经营导致农户采购农资时议价能力弱，易受经销商加价影响且难以规避中间商差价，农户更需要政府政策扶持以稳定成本。企业可以通过集约化采购压低成本，通过测土配方施肥、精准灌溉、生物防治等技术减少投入品用量，通过期货、提前囤货等方式平抑价格波动，投入品费用上涨幅度相对较小。

从人工费用来看，2024年，每亩枸杞人工费用较2021—2023年3年平均成本上涨了0.4%，其中，企业人工费用下降了20.8%，合作社人工费用增长了15.8%，农户人工费用下降了5.1%。同时，人工费用占枸杞生产成本的比例超过60%，是枸杞生产成本中最主要的支出项目。2021年、2022年、2023年、2024年人工费用占比分别为61.8%、62.6%、62.0%、61.3%。人工费用中，最主要的支出是人工采摘支出，2024年价格已达到4元/千克。

表10 2021—2024年枸杞生产成本分析

项目	主体	2021年	2022年	2023年	2024年	2024年较2021—2023年3年平均的增长率
投入品费用/（元/亩）	企业	2 160	1 938	2 564	1 951	-12.1%
	合作社	1 570	1 664	1 830	2 285	35.4%
	农户	1 278	1 516	2 267	1 200	-28.9%
	平均	1 669	1 706	2 220	1 935	3.8%
人工费用/（元/亩）	企业	2 768	2 897	3 732	2 481	-20.8%
	合作社	3 146	3 082	3 542	3 771	15.8%
	农户	2 184	2 573	3 602	2 645	-5.1%
	平均	2 699	2 851	3 626	3 070	0.4%
总成本/（元/亩）	企业	4 929	4 834	6 296	4 397	-17.9%
	合作社	4 715	4 745	5 372	6 056	22.5%
	农户	3 462	4 089	5 869	3 845	-14.0%
	平均	4 369	4 556	5 846	5 005	1.7%

数据来源：2021—2023年数据为《中国枸杞产业蓝皮书——中国现代枸杞产业高质量发展报告2024》对宁夏32家枸杞种植主体2021—2023年生产情况调查数据。2024年数据为对宁夏37家枸杞种植主体生产情况进行调查的数据。

（二）枸杞生产收益分析

根据《中国枸杞产业蓝皮书——中国现代枸杞产业高质量发展报告2024》对宁夏32家（包括11家企业、11家合作社、10家农户）枸杞种植主体生产收益情况的调查数据，以及2024年对宁夏37家（企业14家、合作社13家、农户10家）枸杞种植主体生产情况进行调查的数据，与2021—2023年3年平均产量相比，2024年宁夏每亩枸杞鲜果产量下降了8.2%，每亩枸杞干果产量下降了3.8%，干果均价上涨了4%，每亩产值下降了0.4%，每亩净产值下降了2%（表11）。

农户出现增产不增收情况，亩均产量增加但亩均产值下降。2021—2024年，农户（散户）亩均鲜果产量、干果产量均大幅增长，亩均鲜果产量增长45.2%，亩均干果产量增长43.2%，但农户售出价格下跌33.3%，导致农户亩均产值下降3.2%、净产值下降5.7%。2023年枸杞价格表现良好，2024年农户种植枸杞的市场信心提振、种植积极性高，对枸杞种植的田间管理投入程度更高，亩均产量上涨较快。然而，2024年枸杞市场收购价格下跌明显，农户亩产产值比2021—2023年平均下降了3.2%，比2023年下降了23.4%。枸杞干果收购链条长，在"农户→本地小贩→批发商→加工企业→分销商→零售商"的链条中，单个农户产量规模小并缺乏议价权，中间商利用信息差压低收购价，导致农户枸杞干果售出价格明显低于其他市场主体。这种农业产业链中生产端（农户）与市场端（企业）的价值分配不均，需要通过组织化、技术升级或政策干预手段予以解决。

从枸杞干果均价来看，2021—2022年枸杞干果价格处于低位，尤其是2022年枸杞干果价格下跌到33～41元/千克；2021—2022年农户和合作社的枸杞收购价格明显低于企业售出价格，差价在2～8元/千克。2023年，枸杞干果价格有所回升，但农户、合作社收购价与企业售出价格的差距进一步拉大，差价达到12～13元/千克。2024年，农户收购价（售出价）与企业、合作社价格差距进一步拉大，达到27～32元/千克。

从枸杞亩均产值来看，农户亩均产值与合作社、企业亩均产值差距逐渐拉大，农户亩均产值较明显低于合作社、企业亩均产值。2021年农户与企业亩均产值差为1 564元/亩；2022年农户与企业亩均产值差为1 727元/亩；2023年农户与企业亩均产值差为1 268元/亩；2024年农户与合作社亩均产值差拉大到2 945元/亩。由此可见，迫切需要思考和回答如何在枸杞产业高质量发展中进一步保障农民利益、促进农户增收的现实问题。

表11 2021—2024年枸杞生产收益分析

项目	主体	2021年	2022年	2023年	2024年	2024年较2021—2023年3年平均的增长率
鲜果产量/（千克/亩）	企业	644	774	857	458	−39.6%
	合作社	803	767	923	683	−17.8%
	农户	486	645	902	984	45.2%
	平均	644	729	894	692	−8.4%
干果产量/（千克/亩）	企业	137	164	184	98	−39.4%
	合作社	157	155	181	151	−8.1%
	农户	106	152	205	221	43.2%
	平均	133	157	190	154	−3.8%

续表

项目	主体	2021年	2022年	2023年	2024年	2024年较2021—2023年3年平均的增长率
干果均价/（元/千克）	企业	44	41	54	53	14.4%
	合作社	38	37	41	58	50.0%
	农户	42	33	42	26	-33.3%
	平均	41	37	46	43	4.0%
产值/（元/亩）	企业	6 040	6 729	9 852	5 199	-31.1%
	合作社	5 992	5 688	7 501	8 770	37.2%
	农户	4 476	5 002	8 584	5 825	-3.2%
	平均	5 503	5 806	8 646	6 625	-0.4%
净产值/（元/亩）	企业	3 880	4 791	7 288	3 074	-42.2%
	合作社	4 423	4 025	5 671	6 549	39.2%
	农户	3 198	3 487	6 317	4 085	-5.7%
	平均	3 833	4 101	6 425	4 689	-2.0%

数据来源：2021—2023年数据为《中国枸杞产业蓝皮书——中国现代枸杞产业高质量发展报告2024》对宁夏32家枸杞种植主体2021—2023年生产情况调查数据。2024年数据为对宁夏37家枸杞种植主体生产情况进行调查的数据。

（三）枸杞种植净利润分析

根据对宁夏枸杞种植主体生产收益和生产成本情况的调查，与2021—2023年3年平均产量相比，2024年宁夏枸杞种植亩均净利润从1 728元下降到1 620元，减少了6.3%（表12），其中，企业亩均净利润减少了63.3%，合作社亩均净利润增长了87.2%，农户亩均净利润增长了28.0%。2024年企业、合作社、农户3类市场主体枸杞种植亩均净利润仅为803元、2 714元、1 981元；2022年农户种植枸杞亩均净利润仅913元，合作社亩均净利润仅943元。

表12　2021—2024年枸杞生产净利润分析

项目	主体	2021年	2022年	2023年	2024年	2024年较2021—2023 3年平均的增长率
净利润/（元/亩）	企业	1 112	1 895	3 555	803	-63.3%
	合作社	1 277	943	2 129	2 714	87.2%
	农户	1 014	913	2 715	1 981	28.0%
	平均	1 134	1 250	2 800	1 620	-6.3%

数据来源：2021—2023年数据为《中国枸杞产业蓝皮书——中国现代枸杞产业高质量发展报告2024》对宁夏32家枸杞种植主体2021—2023年生产情况调查数据；2024年数据为宁夏37家枸杞种植主体生产情况进行调查的数据。

需要特别注意的是，枸杞作为经济作物，对农户来说其劳动回报率、投资回报率并不高，已经严重影响农户种植枸杞的积极性。

一方面，种植枸杞劳动回报率不高。以上投入品费用和人工费用中，农民本身的劳动投入成本和土地成本并未算入生产成本。劳动投入成本包括翻晒园地、整形修剪（剪枝）、施肥、除草、灌溉排水等大量田间管理劳作，枸杞田间管理周期也远超一般作物，达到8~9个月。其劳动强度、劳动时长远超粮食作物和一般经济作物。

另一方面，种植枸杞投资回报率不高。枸杞种植越来越有投入大、利润薄的特点。2024年枸杞种植亩均成本投入5 005元，亩均净利润1 620元，投资回报率仅为32.4%；2023年枸杞种植亩均成本投入5 846元，亩均净利润2 800元，投资回报率为47.9%；2021年、2022年种植枸杞回报率仅为26.0%和27.4%。同时，由于流转地租金和自营地折租也并未计算在成本投入中，枸杞实际成本投入更高。土地流转费用通常在500～800元/亩，虽然一些农户自有承包地并未直接支付土地流转费用，但以机会成本的形式使得农户损失了作为土地流出方获得土地流转收入的机会。

种植枸杞的回报率明显低于其他露地经济作物。以2023年数据为准进行比较，枸杞回报率47.9%低于露地蔬菜平均回报率50.3%。同时，枸杞亩均成本投入高于除番茄外的各类露地蔬菜，包括黄瓜、茄子、辣椒、圆白菜、大白菜、马铃薯；更高于长绒棉、晾晒烟等经济作物；远高于稻谷、小麦、玉米、大豆、花生等粮食作物。

枸杞种植过低的回报率将不利于枸杞产业的进一步发展。根据国家发展和改革委员会价格司、国家发展和改革委员会价格成本和认证中心2024年7月发布的《农产品成本收益资料汇编（2024年）》，2023年全国各主要农产品亩均净利润中（表13），粮食作物成本投入约1 000元/亩，亩均净利润约100元/亩；经济作物如长绒棉、晾晒烟，亩均成本投入为2 592元、3 997元，亩均净利润约为720元、1 192元，回报率为27.8%、29.8%；露地蔬菜如番茄、黄瓜、茄子、辣椒、圆白菜、大白菜、马铃薯，亩均成本投入分别为6 446元、5 491元、4 923元、2 901元、3 256元、2 877元、2 374元，亩均净利润分别为4 325元、3 202元、2 894元、1 473元、139元、1 228元、1 567元，回报率分别为67.1%、58.3%、58.8%、50.8%、4.3%、42.7%、66.0%。与种植露地蔬菜相比较，枸杞亩均成本投入不低，但利润和回报率均大幅度低于番茄、黄瓜、茄子、辣椒、马铃薯。

表13　2023年全国主要种植业产品亩均净利润与回报率

产品	净利润/（元/亩）	成本投入/（元/亩）	回报率
三种粮食平均	75	1 285	5.8%
稻谷	58	1 358	4.3%
小麦	13	1 185	1.1%
玉米	154	1 312	11.7%
大豆	-182	944	-19.3%
花生	426	1 592	26.8%
长绒棉	720	2 592	27.8%
晾晒烟	1 192	3 997	29.8%
露地蔬菜平均	2 745	5 457	50.3%
露地番茄	4 325	6 446	67.1%
露地黄瓜	3 202	5 491	58.3%
露地茄子	2 894	4 923	58.8%
露地菜椒	1 473	2 901	50.8%
露地圆白菜	139	3 256	4.3%
露地大白菜	1 228	2 877	42.7%
露地马铃薯	1 567	2 374	66.0%

数据来源：国家发展和改革委员会价格司、国家发展和改革委员会价格成本和认证中心《农产品成本收益资料汇编（2024年）》（2024年7月）。

四、结论及展望

枸杞市场供给受多重因素影响，以上分析了宁夏回族自治区、青海省、甘肃省、新疆维吾尔自治区四大主产区枸杞种植、加工、销售等市场供给要素和特征，形成以下结论并就培育健康全国枸杞市场提出建议和展望。

一是受市场价格、供需关系等市场因素的影响，近 20 年来我国枸杞市场供给在种植面积和产量上均呈现"先升后降"的变化特点，尤其是 2019—2024 年 5 年来枸杞种植面积下降了 59%、枸杞产量下降了 25%，其重要原因在于市场供求关系的变化和枸杞成本趋高而经济效益收窄。枸杞作为经济作物，对农户来说其劳动回报率、投资回报率处于相对较低水平，将严重影响农户种植枸杞的积极性。从长远来看，优化枸杞市场供给，必须进一步提高枸杞加工转化率和相关产品附加值，努力提升各类枸杞生产主体尤其是种植农户的净利润水平和回报率水平，持续降低种植成本，提振各类枸杞生产主体市场信心，保障杞农增产增收。

二是自然因素对枸杞供给区域分布变化的影响极大。主产省区枸杞单产能力差别大，甘肃、青海平均亩产较大幅度高于全国平均亩产（分别高 8%、15%），宁夏、新疆则低于全国平均亩产，这种亩产差异使得枸杞主要种植区域逐渐向青海、甘肃两省集中。甘肃、青海种植面积和产量均超过宁夏，且两省枸杞种植面积达到全国的 72%，产量达到全国的 80%。从长远来看，枸杞主要产区将进一步转变为以西北"大种植区"为核心、多省区良性竞争的联动发展新格局，且进一步呈现县域连片化、集中化特点。甘肃、青海在单产优势的作用下将进一步扩大枸杞供给总量及占比。宁夏中宁、甘肃靖远、青海都兰、新疆精河等核心产区种植面积和产量将总体保持"稳中有升"的趋势。

三是加工转化能力对枸杞市场供给发挥重要的"稳定器"作用。主产省区各类枸杞生产经营主体分布不均匀，宁夏枸杞加工企业数量、贸易企业数量占比最高，分别达到 42.6%、56.3%，高于甘肃、青海、新疆三省区总和。从长远来看，作为全国枸杞道地产区的宁夏，枸杞规模优势将受到挑战，但产品深加工和贸易地位更加凸显。虽然宁夏枸杞种植面积和产量占全国比例下降到 14.4% 和 13.4%，但由于加工企业、贸易企业发育相对成熟，宁夏枸杞产业链延伸更为充分，枸杞加工贸易能力更强，宁夏将继续保有枸杞加工附加值的优势地位和全国引领地位。

四是国家和地方政府多层面的政策支持是稳定枸杞市场预期的重要保障。主产省区枸杞种植规模的迅速扩大与地方政府产业扶持政策密切相关。从长远来看，政策支持需要进一步涵盖种植、加工、销售及出口等多个环节，打造枸杞产业全产业链；需要进一步为枸杞产业发展提供良好市场环境；进一步培育市场主体，提高枸杞加工附加值，持续打造枸杞知名品牌，提升枸杞贸易水平；加强科技创新，发展新质生产力，推动枸杞全产业链升级，为现代枸杞产业高质量发展赋能蓄力。

枸杞市场需求分析报告

梁旭晖[*]

摘　要：作为一种药食同源产品，枸杞因其较高的药用价值和保健功能受到了越来越多消费者的喜爱。研究数据表明，消费者购买的枸杞主要来自宁夏、青海和甘肃。本部分主要从四个方面深入分析枸杞的市场需求：一是详细阐述诸如宏观经济、政策法规、社会文化、技术进步等影响枸杞市场需求的因素；二是从产品多样性、品质与安全、品牌需求、价格敏感度分析枸杞产品的需求特征；三是系统探讨枸杞需求的价格弹性、收入弹性和交叉弹性；四是对未来枸杞需求进行分析。

关键词：枸杞市场；需求分析；消费行为

一、需求影响因素

（一）宏观经济因素

在经济增长的情况下，消费者的收入水平会逐渐提高，此时人们会更加注重健康和养生，因此对具有保健功能的枸杞产品需求会增加。而在经济衰退的情况下，消费者的收入水平出现下降，此时人们对具有保健功能的枸杞产品需求则会下降。例如，随着居民可支配收入的提高，消费者有更多的预算用于购买高品质枸杞，无论是作为日常零食还是滋补养生的食材，枸杞消费量都将出现上升；而随着居民可支配收入的下降，消费者会将更多的钱用于基本生活的开支，枸杞的消费量将出现下降。经济繁荣时期，消费者的消费信心增强，更愿意尝试和购买各类高端枸杞制品，如枸杞保健品、枸杞原浆等，这进一步拓展了枸杞产业的市场需求空间。相反，在经济萧条时期，消费者的消费信心会减弱，此时他们会减少购买各类高端枸杞制品，如枸杞保健品、枸杞深加工产品等，这会压缩枸杞产业的市场需求空间。

【实例】2000—2007年全球经济繁荣时期，中国国内经济也处于快速发展阶段，居民收入水平显著提高，消费能力增强，对健康养生产品的需求不断攀升。枸杞作为传统的药食同源滋补品，其市场需求在这一时期持续增长。而2008年国际金融危机爆发后，经济形势急转直下，市场需求普遍受到冲击，枸杞及其制品的销量出现下滑。

此外，枸杞属于小众生活必需品，通货膨胀也会对其产生较小的影响。当出现通货膨

---

[*] 梁旭晖，中共宁夏区委党校（宁夏行政学院），副教授。

胀时，可能会导致生产枸杞的原材料、劳动力等成本上升，成本的上升将推动短期内枸杞产品价格的上涨。

【案例分析】某一大型连锁超市高端枸杞礼盒装月销售额可达5万元，但在通货膨胀发生后，其月销售额降至2万元；而普通散装枸杞原本月销售额为3万元，通货膨胀期间因部分消费者转向购买，销售额提升至4万元。这表明，通货膨胀使得枸杞需求在不同产品类型间发生了结构转移，高价礼品类需求减少，实惠自用类需求有所增加。

（二）政策法规因素

1. 食品安全法规

严格的食品安全法规要求枸杞生产企业在种植、加工、包装、储存等环节严格遵守相关标准，确保枸杞产品的质量和安全。消费者在购买枸杞时，更倾向于选择符合食品安全法规、有质量认证的产品。相反，如果市场上存在大量不符合标准的枸杞产品，会引发消费者对产品质量的担忧，从而不利于需求增长。

【案例分析】2024年，央视财经曝光了甘肃省靖远县部分商户为提升枸杞外观和保质期，使用不符合食品安全标准的工业硫磺进行熏制，这严重违反了《中华人民共和国食品安全法》，导致枸杞的市场需求受到冲击，尤其是来自靖远县的枸杞产品销量大幅下滑，不少消费者转而选择其他产地或品牌的枸杞。

2. 环保政策

尽管环保政策对枸杞产业的影响较小，但仍不容忽视。环保政策要求枸杞生产企业在生产过程中减少污染排放，加强环境保护。这在一定程度上会促使企业增加环保投入，改进生产工艺，采用更加环保的种植和加工方式。短期来看，这会增加企业的支出和成本，但从长远看，绿色化低碳化生产更有利于提高枸杞产业的可持续发展能力，优质的产品质量更容易获得消费者的认可，从而促进需求。

（三）社会文化因素

1. 健康养生观念的普及

枸杞作为一种传统的中药材和营养丰富的食品，具有养肝明目、滋补肝肾等多种功效，深受广大消费者青睐。随着健康养生知识的广泛传播，越来越多的消费者认识到枸杞的保健价值，将其纳入日常饮食或养生食谱中，这使得枸杞的市场需求持续增长。例如，在一些自媒体、健康养生类节目和社交媒体的宣传下，枸杞的养生功效被更多人知晓，熬粥加枸杞、煲汤加枸杞等食用方式受到消费者的喜爱，这也推动了枸杞在家庭消费中的需求增长。

【案例分析】一位拥有500万粉丝的健康科普博主，发布了一系列关于枸杞养生的视频，这些视频累计播放量达3 000万次，点赞量超200万次，引发大量网友关注和讨论。视频发布后的1个月内，某电商平台数据显示，枸杞产品的搜索量同比增长280%，销量增长230%。

值得注意的是，宁夏作为我国枸杞的主产区，具有深厚的文化底蕴和消费传统，人们日常生活中对枸杞的消费量较大，不仅将其作为食品，还用于馈赠全国各地的亲友等。在我国其他地区，消费者对枸杞的认知和消费习惯可能有所不同。例如，南方地区消费者可能更注重枸杞的煲汤功效，而北方地区消费者可能更倾向将枸杞作为零食直接食用。

【案例分析】每到春节、中秋节等传统节日，走亲访友、赠送礼品是习俗。枸杞因具有较高营养价值且适合各年龄段人群，常被选作礼品。某地大型连锁超市在春节期间，枸杞礼盒销售额从2015年的50万元增长到2023年的120万元。许多消费者表示，购买枸杞礼盒既体面又实用，符合传统礼品文化中对健康和心意的表达。

2. 社会人口结构变化

一方面，随着人口老龄化的不断加剧，老年人群体对健康养生产品的需求极为迫切，枸杞作为一种具有保健功能的食品，符合老年人的养生需求。老年人群体的增加将为枸杞产业带来新的市场机遇，他们对枸杞的购买量可能会持续上升，尤其是在保健品市场方面。相关数据显示，我国老年人口数量逐年增加，在一些老年保健品市场中，枸杞相关产品的销售额增长率高于其他年龄段产品。

另一方面，随着年轻消费群体的崛起，注重健康、时尚和个性化也成为他们消费习惯的标签，这部分消费者对枸杞产品的需求呈现多样化的特点。除传统的食用方式外，年轻消费者更愿意尝试新颖的枸杞产品，如枸杞酸奶、枸杞面膜、枸杞原浆等。

【案例分析】北京某老字号滋补品店，以往枸杞销量中老年人购买占比约30%，近年来随着老龄化加剧，这一比例提升至50%。而元气森林推出的枸杞气泡水，凭借新颖口感和健康理念，吸引了众多的年轻消费者，自上市后，月销量达数百万瓶。

（四）技术进步因素

1. 种植技术提升产品品质

先进的种植技术，如优良品种培育技术、科学灌溉施肥技术、病虫害防治技术等，能够有效提高枸杞产品的产量和质量。第一，产量的增加有助于满足市场需求，稳定价格；第二，质量的提升可以提高产品的市场竞争力，吸引更多消费者购买。例如，当前许多枸杞产区通过采用新品种和科学种植管理技术，亩均产量和质量均得到了有效提高，果实更加饱满、色泽鲜艳，营养成分含量更高，这些优质枸杞在市场上更受消费者欢迎，需求也更高。

此外，种植技术的进步还可以降低生产成本。例如，精准灌溉和施肥技术可以减少水资源和肥料的浪费，提高资源利用效率；智能化的种植管理系统可以减少人工成本，提高生产效率。从经济学的角度看，成本的降低使得枸杞产品在市场上更具价格优势，能够吸引更多消费者，从而促进需求增长。

2. 加工技术丰富产品品类

随着加工技术的不断发展，以枸杞作为原材料的加工产品种类日益丰富。除传统的干枸杞、枸杞酒等产品外，还出现了枸杞果汁、枸杞提取物、枸杞保健品等多种深加工产品。这些多样化的产品满足了不同消费者的需求，极大地拓展了枸杞的市场空间。例如，当下较为流行的枸杞原浆，因其具有方便携带、吸收快等特点，受到许多注重养生消费者的喜爱，这为企业开拓了新的市场，增加了产品的附加值和市场需求。

【实例】当下十分流行的枸杞原浆，因其具有方便携带、吸收快等特点，受到许多注重养生消费者的喜爱，这为企业开拓了新的市场，增加了产品的附加值和市场需求。此外，采用超临界萃取技术提取枸杞中的有效成分，用于生产高端保健品，不仅提高了产品的功效，还提升了产品的价格和利润空间。尽管高端枸杞保健品的售价是普通枸杞产品的数倍，但从市场销售情况反馈来看，部分消费者对高品质枸杞产品的认可和需求很高。

3. 数字技术改变消费倾向

信息技术的发展使枸杞企业能够更及时、准确地获取市场信息，包括消费者需求变化、竞争对手动态、价格走势等。通过大数据分析等手段，企业可以深入了解消费者的购买行为和偏好，为产品研发、市场营销等决策提供依据，从而更好地满足市场需求。例如，在电商平台飞速发展的当下，枸杞企业通过电商平台的数据分析，有效了解到消费者对有机枸杞的关注度不断提高，因此及时调整生产和销售策略，加大有机枸杞的生产和推广力度，从而取得了良好的市场效果。

近年来，互联网和电子商务的兴起为枸杞产业提供了全新的销售渠道和营销模式。电商平台使枸杞企业可以将产品直接销售给消费者，通过减少中间环节降低销售成本，并且提高产品的市场覆盖面和销售量。而通过社交媒体、网络广告线上营销方式的推广，枸杞企业有效提高了自身产品的品牌知名度和影响力，吸引更多消费者购买其产品，有效拓展了市场需求。

二、需求特征分析

（一）多样性

1. 产品形态多样

消费者对枸杞的需求不再局限于传统的干枸杞形式，还包括枸杞原浆、枸杞酒、枸杞保健品、枸杞零食等多种产品形态。例如，部分消费者喜欢饮用枸杞原浆作为日常的健康饮品，因为其方便吸收且口感较好；另一些消费者则会选择购买诸如枸杞胶囊形式的枸杞保健品，以获取更集中的营养补充。这种对不同产品形态的需求是由消费者的不同消费场景和健康需求所决定的。从市场看，近年来枸杞深加工产品的市场份额逐渐增加，反映了消费者对多样化产品的需求趋势。许多枸杞生产企业都推出了枸杞果干、枸杞原浆、枸杞含片等多种产品，以满足不同消费者的需求。

【案例分析】知名企业百瑞源的枸杞产品种类十分丰富，主要包括"枸杞保健食品系列、枸杞养生饮品系列、枸杞休闲食品系列、枸杞干果系列、枸杞草本系列、枸杞鲜果果汁系列"等，应当看到，百瑞源的不同形态的枸杞产品都有其对应的固定消费者及潜在消费者。

2. 品质层次多样

当前，消费者在购买枸杞时，对品质的要求也呈现多样性。一部分消费者追求高品质、有机认证的枸杞产品，他们更注重产品的安全性和营养价值，愿意为优质产品支付较高价格；还有些消费者对价格较为敏感，更倾向于购买价格适中、性价比高的普通枸杞产品。

【实例】在高端市场，有机枸杞的价格相对较高，因其无农药残留、品质优良，受到一些注重健康和生活品质的消费者的青睐。而在中低端市场，普通枸杞凭借其价格优势，满足了大众消费者的基本需求。市场调研显示，不同品质层次的枸杞在市场上都有一定的消费群体，且随着消费者收入水平的提高和健康意识的增强，对高品质枸杞的需求逐年呈上升趋势。

（二）注重品质与安全

1. 对品质的关注

近年来，消费者越来越关注枸杞的品质，包括枸杞的外观、口感、营养成分等。从枸杞本身来说，优质的枸杞果实饱满、色泽鲜艳、口感甘甜，且富含多种营养成分，如枸杞多糖、类胡萝卜素等。消费者在购买时往往会通过观察枸杞的外观、气味等方式来判断其品质。

【实例】大部分消费者在购买枸杞时会优先选择宁夏枸杞，这主要是因为宁夏枸杞的品质在全国具有更高的声誉，其枸杞果粒大小较为均匀，肉质饱满，口感甘甜，药用价值和滋补功效较高，且宁夏独特的地理环境和种植技术使得其枸杞在品质上更有保障。

2. 对安全的重视

随着生活水平的不断提高，消费者对食品安全问题的关注越来越高，枸杞产品自然也不例外。广大消费者的担心点主要在于：枸杞中可能存在农药残留、重金属超标等安全问题。因此，大部分消费者更倾向于购买有质量检测报告、符合食品安全标准的枸杞产品。例如，一些消费者会选择购买具有有机认证或绿色食品认证的枸杞，因为这些产品在种植和加工过程更为安全可靠。为有效应对消费者对安全的需求，枸杞企业要严格遵守食品安全法规，加强对生产过程的监控和检测，确保产品符合安全标准。同时，加强对消费者的食品安全教育，提高消费者对枸杞产品安全的认知度。

【案例分析】某知名枸杞生产企业，为了追求更高的产量，在枸杞种植过程中违规超量使用农药，这些农药残留会对人体健康造成潜在威胁，长期食用可能影响神经系统、免疫系统等。相关部门在一次例行抽检中，发现该企业部分批次枸杞的农药残留量远超国家标准。这一事件曝光后，引起了消费者的恐慌，该企业的品牌形象一落千丈，产品销量大幅下滑。监管部门迅速责令该企业停产整顿，召回问题产品，并对其处以高额罚款。同时，加强了对枸杞种植环节的监管力度，定期对种植户进行培训，强调合理使用农药的重要性，确保枸杞质量安全。

（三）品牌需求扩大

1. 聚焦品牌化方向

在消费结构变化与数字化浪潮的双重驱动下，消费者对品牌产品的需求显著提升，这一趋势既源于对产品品质、价格等核心要素的理性权衡，也得益于直播电商等新兴渠道对消费行为的重塑。随着健康意识与消费认知的深化，消费者不再局限于单一价格导向，而是将品质、安全性与品牌公信力纳入综合决策框架。总体而言，品质与价格的双维竞争、直播电商的渠道变革，正推动枸杞消费市场向"品牌化""理性化"方向演进。

【实例】在超市或电商平台上，消费者可以看到来自不同产地不同品牌的枸杞，也可以看到来自同一产地不同品牌的产品，这些枸杞的价格和品质都有所差异。当前，越来越多的消费者开始聚焦品牌，即只购买某个特定品牌的枸杞。

2. 消费者认知不足

部分消费者对枸杞品牌的认知度较低，他们在购买时更注重产品的价格和外观等直观因素，而对品牌的了解相对较少。这主要是因为，在枸杞市场上，许多企业对其品牌的宣传力度不够，品牌形象也不够鲜明，从而导致消费者难以形成对品牌的深刻印象和忠诚度。

【实例】一些小型枸杞企业在市场推广方面投入较少，消费者对其品牌了解有限，在购买时更容易受到其他因素的影响而更换品牌。

（四）价格敏感度较高

枸杞作为日常消费品，消费者在购买时对价格较为敏感。价格的波动会直接影响消费者的购买意愿和购买量。当枸杞价格上涨时，一些消费者可能会减少购买量或选择价格相对较低的替代品；而当价格下降时，消费者的购买量可能会增加。例如，当市场上枸杞的供给量足够多时，枸杞价格就会相对较低，消费者的购买量会明显增加；而在产量减少或市场供应紧张时，枸杞价格上涨，部分消费者会减少购买频率。事实上，许多消费者在购买枸杞时会将价格作为重要的考虑因素之一，对于一些价格敏感型消费者来说，他们可能会在不同品牌和渠道之间进行比较，选择价格最优惠的产品。

【实例】不同消费群体对枸杞价格的敏感度是存在差异的。一般来说，中低收入群体对价格更为敏感，他们更注重产品的性价比，在购买枸杞时会优先考虑价格因素；而高收入群体对价格敏感度相对低，他们更注重产品的品质和品牌，愿意为高品质的枸杞支付较高价格。

三、需求弹性分析

（一）价格弹性

1. 不同产品形态的价格弹性差异

对于普通干枸杞而言，由于市场供应相对充足，产品同质化程度较高，消费者在购买时有较多的选择，因此，其价格弹性相对大。

【实例】如果干枸杞价格上涨10%，则其需求量的下降幅度将大于10%，当干枸杞价格上涨时，消费者很容易转向购买其他品牌或者其他替代品，如红枣等具有类似滋补功能的产品，从而导致干枸杞的需求量大幅下降。而某些含有特定枸杞提取物的保健品，其目标客户主要是对健康养生有较高要求且有一定消费能力的人群，即使价格上涨10%，由于消费者对其保健功能的信任和依赖，需求量的下降度将小于10%，表现为缺乏弹性。

2. 价格弹性对市场营销策略的影响

对于价格弹性较大的普通枸杞产品，企业在定价时需要谨慎考虑价格变动对销量的影响。在市场竞争激烈时，可以采用薄利多销的策略，通过降低价格吸引更多消费者，增加市场份额。

【实例】企业可以开展促销活动，如打折、买一送一等方式，刺激消费者购买。对于价格弹性较小的高端枸杞产品，企业可以注重品牌建设和产品差异化，提高产品的附加值。在定价上可以相对灵活，适当提高价格以获取更高的利润空间。同时，通过提供优质的客户服务、精准的市场定位等方式，巩固和拓展目标客户群体。

（二）收入弹性

1. 枸杞作为正常品的收入弹性表现

枸杞产品在大多数情况下属于正常品。随着消费者收入水平的提高，人们对健康养生的关注度增加，对枸杞的需求也会相应增加。

【实例】当消费者收入增长一定幅度时，对枸杞的消费量可能也会出现增长，特别是对高品质、深加工的枸杞产品需求增长更为明显。这是因为消费者有更多的可支配收入用于购买具有保健功能的食品，并且更倾向于选择品质更好、品牌更知名的产品。

从市场营销角度看，枸杞企业可以根据消费者收入水平的变化调整产品策略。在经济发展较好、居民收入水平上升的地区，加大高端枸杞产品的推广力度，如枸杞礼盒、有机枸杞等，满足消费者对品质和品牌的追求；同时，针对中低收入消费者，可以通过优化成本结构，提供价格适中的产品，扩大市场覆盖面。

2. 不同消费群体的收入弹性差异

对于高收入群体，枸杞产品的收入弹性可能更高。他们对价格不太敏感，更注重产品的品质、品牌和健康功效。当收入增加时，他们会更愿意尝试新的枸杞产品，如高技术含量枸杞品种、高端枸杞滋补品等。而对于中低收入群体，虽然枸杞产品也是正常品，但收入弹性相对较低，他们在购买枸杞时会更注重价格和性价比。当收入增加时，这类消费者可能会在一定程度上增加枸杞的消费，但增长幅度相对较小。

（三）交叉弹性

1. 枸杞与替代品的交叉弹性

枸杞与一些具有类似滋补功效的产品，如红枣、桂圆等，存在替代关系。

【实例】枸杞与一些具有类似滋补功效的产品，如红枣、桂圆等，存在替代关系。以枸杞和红枣为例，如果红枣价格上涨，消费者可能会减少红枣的购买，转而购买枸杞。假设红枣价格上涨一定幅度，那么枸杞的需求量可能也会增加一定的幅度，这表明枸杞和红枣之间的交叉弹性大于0，是替代品关系。

在市场营销中，枸杞企业需要关注替代品的价格变化。当替代品价格上涨时，可以加大市场推广力度，突出枸杞的优势，吸引更多消费者；当替代品价格下降时，企业可能需要通过价格调整、产品创新等方式来保持竞争力。

2. 枸杞与互补品的交叉弹性

枸杞与一些产品，如蜂蜜、牛奶等，在某些消费场景下可以形成互补关系。

【实例】枸杞与一些产品，如蜂蜜、牛奶等，在某些消费场景下可以形成互补关系。例如，枸杞蜂蜜饮品中，枸杞和蜂蜜是互补品。如果蜂蜜价格上涨，可能会导致枸杞蜂蜜饮品的制作成本增加，价格上升，从而使消费者对枸杞蜂蜜饮品的需求量减少，进而影响枸杞的间接需求量。交叉弹性小于0，表明是互补品关系。

企业可以通过联合营销等方式，加强枸杞与互补品的组合销售。例如，推出枸杞和蜂蜜的组合套餐，通过降低组合产品的价格或者提供其他优惠，提高消费者的购买意愿，从而促进枸杞和互补品的共同销售。

四、今后枸杞市场需求分析与展望

基于回归分析、市场调研等方法，参考国际国内枸杞产品需求走势，我们认为枸杞市场需求也存在短期、中期和长期的不同阶段。

（一）市场需求分析

1. 短期预测（1~2年）

（1）基于当前市场趋势

从当前市场情况来看，随着健康养生观念的持续普及，枸杞作为一种传统的养生食材，其市场需求在短期内仍将保持增长态势。预计未来1~2年，枸杞的销售量将继续上升，尤其是在电商平台等渠道的销售增长十分明显。这主要是因为消费者越来越倾向于通过线上渠道购买方便快捷的养生产品，而枸杞正好满足了这一需求。同时，一些新的枸杞产品形态，如枸杞原浆、枸杞口服液等，受到年轻消费者的喜爱，市场份额逐渐扩大，将进一步推动枸杞市场的增长。

（2）考虑季节性和节假日因素

在短期内，枸杞的需求还具有明显的季节性和节假日特征。一般来说，在冬季和春节等节假日期间，枸杞的需求量会大幅增加。这是因为冬季人们对养生的需求更为强烈，而春节期间作为礼品赠送的需求也增多。因此，企业在短期内可以根据这些季节性和节假日因素，合理安排生产和库存，以满足市场需求。

2. 中期需求分析（3~5年）

（1）行业发展与市场竞争格局变化

从中期来看，枸杞产业将面临更加激烈的市场竞争。随着越来越多的企业进入枸杞市场，产品同质化问题可能会更加突出。但也应当看到，随着消费者对品质和品牌的要求不断提高，一些具有优质原料基地、先进生产技术和强大品牌影响力的企业将脱颖而出。预计在未来3~5年，行业将进行整合，市场集中度将逐步提高。如一些大型枸杞企业会通过并购小型企业、扩大种植基地、加强研发投入等方式，不断提升自身竞争力。这些企业的市场份额将逐渐扩大，而一些小型企业可能会面临生存压力。

（2）消费者需求变化与产品创新

消费者对枸杞产品的需求将更加多样化和个性化。除了传统的食用方式外，未来，广大消费者将更加关注枸杞的深加工产品和功能性产品，如枸杞保健品、枸杞化妆品等领域可能会有较大的发展潜力。这就要求企业将不断加大产品创新力度，推出更多符合消费者需求的新产品，如研发含有枸杞成分的功能性饮料，满足消费者在运动后补充能量和营养的需求。同时，随着消费者对健康和环保的关注度提高，有机枸杞的市场需求也将持续增长。

3. 长期需求分析（5年以上）

（1）宏观经济环境与政策影响

从长期来看，宏观经济环境和政策将对枸杞产业的需求产生深远影响。随着我国经济的持续发展和居民收入水平的不断提高，消费者对健康养生产品的需求将进一步释放。同时，政府对农业产业的支持力度将不断加大，枸杞产业作为特色农业产业之一，将受益于相关政策。例如，政府将会加大对枸杞种植技术研发、品牌建设、市场推广等方面的支持力度，大力推动枸杞产业向高端化、绿色化、智能化方向发展。

（2）国际市场拓展与行业发展趋势

2023年，中国枸杞出口量为12 835.09吨，同比增长7.57%。可以预见的是，未来我国枸杞产业在国际市场上将具有极大的发展潜力。随着"一带一路"倡议的持续推进和国际贸易的不断深入发展，枸杞产品的出口将逐渐增加。也应当看到，在美国总统特朗普宣布对我国商品进一步增加关税后，我国枸杞在美国的市场需求势必会受到负面影响。与此同时，枸杞行业发展也将更加注重可持续发展和科技创新。企业将不断提高枸杞的种植和加工效率，降低成本，提高产品质量。例如，利用智能化种植技术、精准农业等手段，提高枸杞的产量和品质；通过研发新的加工技术，提高枸杞产品的附加值。此外，枸杞产业将与其他相关产业（如健康旅游、文化产业等）深度融合，形成新的产业发展模式，进一步拓展市场需求。

（二）结论与展望

1. 结论

（1）需求增长趋势

综合多种预测方法和因素分析，枸杞产业在未来一段时间内的需求总体将呈现增长趋势。无论是从短期的市场趋势、中期的行业发展还是长期的宏观环境和国际市场拓展来看，枸杞作为一种具有健康养生功能的产品，都具有较大的市场潜力和发展空间。

（2）影响因素复杂性

枸杞产业需求受到多种因素的影响，包括宏观经济因素（如消费者收入水平、经济发展态势）、政策法规因素（如农业补贴政策、食品安全法规）、社会文化因素（如健康养生观念、消费习惯）以及技术进步因素（如种植和加工技术创新）等。这些因素相互交织，共同作用于枸杞产业的需求，使得需求预测和市场分析具有一定的复杂性。

（3）市场竞争与机遇并存

随着市场的发展，枸杞产业将面临更加激烈的竞争，但同时也孕育着众多机遇。企业需要不断提升自身的竞争力，通过产品创新、品牌建设、市场拓展等方式来满足消费者日益多样化的需求，主动抓住市场机遇，实现可持续发展。

2. 展望

（1）产业升级与创新发展

未来，枸杞产业将不断进行升级和创新。在种植方面，将更加注重绿色、有机种植技术的应用，提高枸杞的品质和安全性。在加工方面，将加大研发投入，开发更多高附加值的产品，满足不同消费者群体的需求。同时，企业将利用互联网、大数据等技术，创新营销模式，提高市场占有率。

（2）品牌建设与市场拓展

品牌建设将成为枸杞企业发展的重要方向。具有知名品牌的企业将在市场竞争中占据优势。企业将通过提升产品质量、加强品牌宣传等方式，打造具有影响力的枸杞品牌。同时，我国枸杞产业和企业将积极拓展国内外市场，加强与国际市场的合作与交流，提高枸杞产品的国际竞争力。

（3）健康养生理念推动持续发展

随着人们健康养生理念的不断深入，枸杞作为一种天然的健康食品，将在健康产业中发挥更加重要的作用。枸杞产业将与健康养生、旅游、文化等产业深度融合，形成多元化的发展格局，为消费者提供更加全面的健康产品和服务，从而推动枸杞产业的持续健康发展。

总之，枸杞产业具有广阔的发展前景，但也面临着诸多挑战。企业和相关部门需要密切关注市场动态，积极应对各种因素的变化，加强合作与创新，共同推动枸杞产业的繁荣发展。

枸杞市场竞争力分析报告

张满闯　祁　伟[*]

摘　要： 枸杞产业发展格局正经历深刻变革。从市场竞争现状看，国内健康食品需求因经济发展、人口老龄化及健康意识提升而持续增长；出口市场亦稳步扩张，出口额和出口量不断攀升。但同时，枸杞市场存在低水平竞争、市场主体带动能力弱、市场乱象冲击等问题。影响枸杞产品竞争力的因素主要有，枸杞品质、资源使用效率、加工水平、营销推广。基于此，应加强品质管理，建立质量管理体系并以品牌促品质；提高创新能力，深化体制机制改革并推动产品创新；推动产业链延展，整合产业链、促进产业融合及培育龙头企业，助力枸杞产业提升市场竞争力，实现可持续发展。

关键词： 枸杞市场；竞争力；产业链

枸杞是我国传统中药材，具有卓越的养生保健功效。宁夏作为枸杞的原产地，随着枸杞种植向周边省份扩散，产业格局已从宁夏独大转变为多省份竞争的态势，宁夏、甘肃、青海、新疆、内蒙古均将枸杞产业列为当地的优势特色产业，推动枸杞产品精深加工不断发展，产品形态日益丰富。从传统的枸杞干果，到如今广泛应用于保健品、食品、饮料、化妆品等行业，枸杞产业正经历着深刻变革。

一、枸杞市场竞争现状

（一）枸杞产业市场需求发展趋势

1. 国内市场

随着中国经济稳健前行，国内健康食品需求持续攀升。人民对美好生活的向往越发强烈，在饮食领域，已从过往单纯追求"吃得饱""吃得好"向追求"吃得健康"转变。

与此同时，中国人口老龄化进程不断加速。据统计，2023年国内60岁以上老年人口逼近2.97亿，占全国总人口的21.1%，这一庞大群体对保健养生产品的需求与日俱增。加之疫情的冲击，使人们深切感悟健康才是最为宝贵的财富，不仅中老年人注重养生，年轻人对健康的关注度也显著提升。上述诸多因素相互交织，共同推动国内消费市场健康食

---

[*] 张满闯，中共宁夏区委党校（宁夏行政学院），副教授；祁伟，宁夏枸杞产业发展中心，二级教授，宁夏回族自治区现代枸杞产业技术体系岗位首席专家。

品需求呈现持续增长的强劲态势。

枸杞富含多种有益成分，具备滋阴补肾、益精明目、抗氧化与抗疲劳等功效，是典型的药食同源健康佳品。我国作为枸杞的发源地，稳居全球枸杞第一大生产国之位。在当下，枸杞已成功打破年龄界限，不只是中老年人的养生专属。相关数据显示，2023年全国枸杞种植总面积已达183万亩，其中宁夏中宁枸杞的品牌价值更是强势突破200亿元，足见枸杞产业发展之迅猛*。

2. 出口市场

在国内市场不断扩张的同时，枸杞出口市场稳步增长。被誉为中国"神奇浆果"的枸杞，正凭借自身独特魅力，逐渐在国际市场上站稳脚跟，其出口规模持续拓展，彰显了强劲的发展潜力。

2019年，枸杞被编入美国草药典（American Herbal Pharmacopoeia，AHP）的《枸杞子》分册，为枸杞打开了国际专业认可的大门，进一步推动其在海外市场普及。在日常生活领域，国外消费者将枸杞巧妙融入多元场景，除与燕麦、沙拉、曲奇等食品进行搭配外，还开发出枸杞面膜、枸杞面霜等产品，让枸杞的滋养功效从内而外得以延伸。在美国市场，枸杞身价不凡，1磅（1磅≈453.59克）能售出20美元的高价。

在新冠疫情期间，中国大陆的枸杞出口依然强劲。2020年，枸杞出口额1.09亿美元，达到人参的1.3倍之多。2023年，枸杞出口量跃升至1.4万吨，同比增幅高达21.2%，出口额也同步攀升至0.93亿美元。2024年前10个月，宁夏枸杞出口价值达到1.7亿元，较去年同期增长7.3%，如此迅猛的出口增长速度，生动诠释了枸杞在国际市场上与日俱增的吸引力和竞争力**。

中国香港、中国台湾、东南亚等地是中国内地（大陆）枸杞的主要出口目的地，其中越南是境外枸杞最大的单一市场，宁夏枸杞出口规模占比超过1/4。近年来，宁夏检验检疫局正在积极与美国开展密切协调，全力推动枸杞检验标准的确定工作，致力于构建科学、规范的国际标准体系，解决枸杞出口被随意性规定拒之门外的问题。随着国际标准的逐步明晰与确立，枸杞产品在国际市场上的流通将更加顺畅，有望迎来出口规模的新一轮增长。

（二）枸杞市场存在的问题

1. 低水平竞争

枸杞产业目前存在低水平竞争问题，干果直接销售占比达65%，加工品占比过低，且现有加工多集中在食品、饮品领域，功能性食品、保健品、化妆品研发能力不足；产业融合发展不够深入，缺乏以枸杞产业为核心的丰富产业生态；精深加工链条短，技术含量不高，企业间产品种类、工艺相互模仿，同质化竞争严重。

2. 市场主体带动能力不强

枸杞产业当前呈现"小、散、弱"的显著特征。所谓"小"，体现在种植与加工规模

---

* 数据来源：《中国枸杞产业蓝皮书——中国现代枸杞产业高质量发展报告2024》《农小蜂：2023年中国枸杞产业数据分析简报》。

** 数据来源：《农小蜂：2024年中国枸杞出口分析报告》《单品单策 银川海关助快捷"出海"》《宁夏日报》（2025年2月5日第4版）。

均较为有限。"散"表现为种植与加工环节分布零散，缺乏集中性。"弱"则反映了相关企业综合实力欠佳。这种局面的形成，根源在于枸杞产业自身规模效应不突出。随着产业规模化推进，枸杞种植成本不断攀升，规模优势逐步削弱。

首先，人工成本的上升。现阶段，枸杞采摘高度依赖人工操作，这使得采摘成本居高不下。每逢采摘高峰，劳动力供不应求，进一步加剧了人工成本的上涨，同时也极大地增加了劳动用工组织的难度。

其次，种植成本持续攀升。枸杞主栽品种抗逆性逐渐减弱，致使枸杞种植、建园施肥、病虫害防控、中耕除草、修剪灌水等环节的投入成本显著增加。加之市场波动导致枸杞价格起伏不定，种植风险随之升高，种植枸杞的比较效益降低，严重挫伤了茨农[*]的种植积极性，农户挖茨毁园现象频繁出现，种植基地面积急剧缩减。

再次，国家农用地政策日益严格，对扩大枸杞基地建设形成了硬性土地约束。在严守耕地保护政策的大背景下，枸杞产业还面临品种退化、劳动力工价上涨以及农资价格攀升等诸多难题，这使得枸杞种植基地扩增举步维艰，现有种植面积甚至存在持续缩减的风险。

在枸杞产业"小、散、弱"的现状下，很难孕育出具备强大带动能力的龙头企业。以宁夏为例，尽管其枸杞企业数量位居全国之首，但其中绝大多数为中小微企业，龙头企业不仅数量稀少，且影响力有限，带动产业发展的能力也相对薄弱。

3. 市场乱象冲击

枸杞市场现存的一系列乱象，正不断侵蚀公众对枸杞产品的信任根基。在质量把控层面，枸杞质量检验检测工作暴露出诸多问题。检测流程繁琐、耗时漫长，检测费用高昂。与此同时，枸杞质量检验检测体系存在明显缺陷，检测队伍规模小且分散，缺乏系统整合与专业能力提升，致使安全风险监测与预警机制严重滞后，无法及时察觉并应对潜在质量风险。此外，执法环节力度不足，对违规行为惩处偏软，未能形成足够威慑力。

在市场流通环节，枸杞产品尤其是枸杞原浆的质量监管亟待强化。当前，涉及质量监管的多部门之间，协同整治机制不完善，执法合力未能充分凝聚，导致监管力度大打折扣。这些市场乱象相互交织，对枸杞产业的健康发展造成了强烈冲击，严重阻碍了产业的升级与拓展。

二、影响枸杞产品竞争力的主要因素

（一）枸杞品质

枸杞产品在市场中的竞争力，核心在于枸杞自身的品质。而优质的枸杞，关键取决于得天独厚的产地、优良的品种以及先进的种植技术。枸杞原产于宁夏中宁，逐渐向国内外自然条件契合的区域扩散。青海、新疆、甘肃等周边省份，因与宁夏自然环境相近，成为枸杞产业发展的主要产区。不同产地的枸杞各具独特风味与特性，市场价格也因之有所差异。宁夏枸杞得益于当地昼夜温差显著、土壤酸碱度恰到好处等自然优势，蕴含丰富的有

---

[*] 在宁夏地区，枸杞俗称为"茨"，种植枸杞的农民被称为"茨农"。

益成分，在国内外市场赢得了极高的认可度。

目前，枸杞标准体系已全方位覆盖产地环境、种质种苗、种植栽培、生产过程控制等各个关键环节，实现了规模化种植、良种化栽培、集约化经营以及标准化管理。在种植技术创新领域，各产区积极作为，大力推动科企科地、院企院地合作，在枸杞移动采收技术研发、枸杞基因组学研究等前沿方向，取得了一系列突破性成果，有力推动了枸杞产业的技术革新与发展。

（二）资源使用效率

在枸杞种植进程中，水与土地等资源是产业发展的根基，不可或缺。然而，宁夏、青海、新疆、甘肃等作为枸杞主产区，却面临着生态环境脆弱、生态资源紧张的严峻局面。因此，发展枸杞产业势必要秉持高效利用资源的理念，实现高质量发展与高水平保护的协同共进。

一方面，探索适宜特殊土地条件的枸杞种植新模式。另一方面，要全力支持枸杞基地水利基础设施建设，合理规划用水指标，积极推广高效节水灌溉技术，全方位保障枸杞种植的用水需求。同时，大力推广绿色丰产技术，以此提升种植效益。

在技术革新与推广层面，需加速新品种、新技术、新装备的推广应用。通过筛选并推广一批优新品种，精心打造一批科技助杞增收示范点，培育一批技术精湛的种植能手，认证一批优质示范基地，全面推行"良种+良方"配套栽培技术，构建"百千万"绿色丰产示范点。力求示范点单产实现10%的提升，进而发挥辐射带动作用，促使种植端在品质提升、效益增加、成本降低等方面取得显著成效，重塑从业者信心。

从成本构成来看，枸杞种植成本主要涵盖土地租金、种子、农药、化肥等农资费用，以及采摘等环节的劳动力成本。近年来，枸杞鲜果采摘成本为每千克3~6元，在总成本中的占比超过50%。与此同时土、地成本、农资成本以及采摘成本持续攀升，极大地推高了枸杞种植的总成本，给产业发展带来了成本压力。

（三）加工水平

加工环节在枸杞产业价值链中占据着举足轻重的地位，是提升产品附加值的关键所在。传统枸杞产品主要是干果，其加工流程相对简易，主要为清洗、干燥等基础工序。这要归因于过去保鲜技术水平有限，将枸杞制成干果便于长时间储存。

随着时代的进步，技术日新月异，市场需求也呈现多元化趋势，枸杞产品形态迎来了爆发式的丰富与拓展。如今，枸杞饮品、特膳特医食品、化妆品、药品、保健品等各类精深加工产品如雨后春笋般不断涌现。在饮品领域，枸杞原浆、枸杞酒凭借独特口感与养生功效，深受消费者青睐；特膳特医食品方面，枸杞糕点、枸杞饼干、枸杞挂面等创新产品，将枸杞巧妙融入日常饮食；化妆品行业巧妙利用枸杞中的多糖、黄酮、多肽等天然成分，研发出枸杞口红、面膜等美容护肤佳品；药品领域，枸杞益肾胶囊、杞蓉片、益虚宁片等产品，充分挖掘枸杞药用价值；保健品范畴内，杞圣胶囊、杞珍硒葆胶囊、杞珍参葆颗粒等，为追求健康养生的人群提供了多样化选择。这些琳琅满目的产品，不仅极大地拓宽了枸杞的应用场景，更为枸杞产业注入了新的活力，显著提升了产业附加值，推动枸产业迈向更为广阔的发展空间。

（四）营销推广

营销环节在枸杞企业的运营体系中扮演着极为关键的角色，它既是枸杞企业实现产品价值转化、获取经营利润的核心节点，也是企业洞察市场需求动态、精准改进产品质量的重要窗口。通过有效的营销运作，企业能够将枸杞产品精准推向目标市场，实现经济效益最大化，同时依据市场反馈不断优化产品，提升市场竞争力。

营销推广则是枸杞产业蓬勃发展的强劲助推器，在传播枸杞文化、培育消费者饮食习惯、拓展市场版图方面发挥着不可替代的作用。要做好营销推广工作，需打破传统思维定式，创新推介形式，全方位、多维度地丰富枸杞宣传途径。一方面，可借助各类媒体平台，如网络新媒体、传统纸媒、广播电视等，向社会各界广泛传播枸杞知识，涵盖枸杞的历史渊源、功效价值等，以此提升枸杞在大众群体中的知名度。精心制作生动有趣、通俗易懂的枸杞科普内容，详细介绍枸杞的多种食用方法，从日常泡茶、煲汤到创意烹饪，激发消费者对枸杞产品的兴趣，逐步培养其稳定的枸杞消费习惯。另一方面，积极举办丰富多彩的枸杞文化活动，诸如枸杞文化节、品鉴会等，大力推动枸杞文化园、枸杞健康体验馆的建设进程。通过文旅深度融合模式，提升乡村旅游、枸杞庄园旅游的服务品质与体验感，让消费者在休闲旅游中深入了解枸杞文化，增强其对枸杞产业的参与感与忠诚度，进而推动枸杞市场规模持续扩大，产业影响力不断提升。

三、枸杞产业市场竞争案例

（一）产区的竞争策略

面对多省份竞争格局，宁夏将枸杞产业列为重点发展产业，一方面突出道地优势进行差异化竞争，另一方面着力解决产业面临的问题。针对产品结构单一、市场主体"小散弱"等问题，宁夏大力推动精深加工，坚持创新驱动，加强精准营销，提升行业管理水平，以小产区优势撬动枸杞产业大市场。

新疆精河枸杞作为地理标志产品，近年来发展迅速。精河县枸杞产业园具备交通与基础设施优势，推动"枸杞产业+旅游"发展模式，不断完善配套设施，促进枸杞产业从传统向现代化转型。

青海作为枸杞主要产区，主推的"柴达木有机枸杞"获得广泛认可，但近年来面临产能过剩、技术不足、营销滞后等问题。业内人士和当地干部提出加强规划、统筹生态与产业发展、提升质量、加强精深加工、规范公域品牌使用管理等措施，以提高市场竞争力。

（二）企业的竞争策略

传统上，枸杞产品主要是干果，结构较为单一。其加工过程局限于清洗、晾晒等，产品附加值长期处于低位。茨农作为枸杞种植的一线从业者，在这种产业格局下，受市场价格波动的冲击较大，某些年份甚至出现亏损的状况，严重影响他们的种植积极性与生活质量。

然而，部分具有前瞻性眼光的企业，打破传统价格竞争的固有模式，积极探索创新发展路径，成功提升自身在枸杞产业中的竞争力，在市场中站稳脚跟，并获得了良好的发展，为枸杞产业的转型升级树立了典范。

百瑞源枸杞股份有限公司摒弃传统价格竞争模式，走精品化、品牌化路线。通过产品创新推出锁鲜枸杞、枸杞油胶丸、枸杞原浆等新产品，搭建"线上+线下"销售模式，推动全产业链发展与文旅融合，提升产业形象与利润水平。

早康枸杞股份有限公司坚持严格品质管理，从鲜果采收到包装上市历经26道工序，确保产品质量过硬，赢得客户信任，推动企业向专业化、正规化、标准化发展。

宁夏厚生记枸杞饮品股份有限公司凭借独特的枸杞饮品系列，如"杞动力""杞效""杞视力"，突破传统食用方法限制，扩大消费人群，赢得广阔市场。

宁夏沃福百瑞枸杞产业股份有限公司成立之初即对标国际标准，走国际化道路，建立并完善高标准生产管理体系，在全球枸杞产业中占据前列地位。

作为枸杞苗木供应大户，宁夏杞鑫种业有限公司大力推动苗木繁育一体化，采取多种措施确保苗木供应质量，其开发的多个枸杞苗木品种获得植物新品种权。

宁夏杞里香枸杞有限责任公司是"电子商务+枸杞"产业发展的成功典范。企业创立初期重视供应链建设，投资建设"小工厂"，紧抓电商发展机遇，吸纳电商人才，针对年轻人消费趋势推出时尚新品，实现市场份额与利润双增长。

四、对策与建议

（一）加强品质管理

品质是枸杞产品的生命线，加强品质管理是维系枸杞产业稳健前行的核心。唯有确保枸杞产品质量安全无虞，达成优质产品匹配合理价格的良性局面，精心擦亮枸杞产业这块熠熠生辉的"金字招牌"，才能让消费者毫无顾虑地选购，真正做到买得安心、吃得放心。这一切的实现，建立一套安全可靠、全方位覆盖的品质管理体系是关键所在。

从枸杞的种植伊始，历经生长、采摘、加工，直至端上消费者的餐桌、进入消费者口中，每个环节都要竭尽全力保留其与生俱来的养生功效，不使其遭受丝毫破坏。这既是枸杞产业坚守的底线与根本底色，也是枸杞企业多年来持之以恒、不懈努力攻克的技术难关与发展高地。只有牢牢把控品质关，枸杞产业方能在激烈的市场竞争中脱颖而出，实现可持续的高质量发展。

品牌建设对枸杞产业至关重要。一方面，要加强品牌保护，规范品牌使用与管理，建立全程溯源体系，打击假冒伪劣产品；另一方面，要深入挖掘枸杞文化内涵，将产业与地域文化结合，打造具有地方特色的文化品牌，提升品牌影响力与产品附加值，促使企业加强品质管理。

（二）提高创新能力

1. 深化创新体制机制改革

打破创新阻碍，加强知识产权保护，制定合理创新评价标准与奖励机制，营造鼓励创新的社会氛围。政府应组织科研机构、高校与企业构建创新体系，推动枸杞品种改良，培育更优质、适用、节约资源的品种。

2. 推动产品创新

后疫情时代，大健康理念催生巨大的养生滋补需求，年轻人成为养生消费主力军，枸杞产业迎来新机遇。在产品创新方面，科研单位与企业应加大研发投入，深入挖掘枸杞功效，开发多档次、多样化产品。同时，促进科技成果转化，加强创新平台建设，培育高新技术企业与专业人才，提升产业创新能力。

（三）推动产业链延展

1. 产业链整合

枸杞产业链延伸是以枸杞生产为核心，贯通生产资料供应、生产、加工、销售及相关服务行业，实现产加销一体化融合，提高产品附加值与农户收入，强化质量安全保障体系。全国枸杞主产省区应聚焦"优化前端、培育中端、提升后端"，通过多种模式延链强链补链壮链，如中宁县"企业＋合作社＋农户"的订单生产模式与合作机制[*]。

2. 推动产业融合

枸杞主产省区应举办多种形式的枸杞产业大会，展示产业成果，推动产业与现代物流业、文旅产业融合。与现代物流业融合需优化物流布局，整合销售组织，构建公共物流服务平台，提升农村配送物流能力；与文旅产业融合可通过举办文化活动、建设文化园区等方式，拓展产业发展空间。

3. 培育带动力强的龙头企业

针对枸杞产业"小、散、弱"问题，需大力扶持龙头企业，推动生产线技术升级，落实奖补政策，发挥政府引导基金作用，促进企业全链条升级。发挥产业园区作用，稳定产品质量，引进精深加工项目，强化标准推广应用，加强质量检验与产品溯源，提升产业整体竞争力。

---

[*] 洪田芬.县域经济视角下的农业产业融合发展研究——基于宁夏中宁县枸杞产业案[J].农业经济，2024（6）：37-39.

枸杞产品线下销售渠道发展研究报告

孙治一[*]

摘　要： 当前，中国枸杞线下销售正经历"量价齐升—渠道革新—品牌升级"的立体化变革，线下流通体的传统渠道边界逐渐消融，新型交互场景持续涌现。枸杞作为药食同源的稀有食材，市场需求量不断增加，产业发展势头良好，但在线下销售渠道方面仍存在传统渠道竞争激烈，产品同质化严重，质量参差不齐，知名品牌少、创建慢，营销手段单一等问题，亟须通过整合优化渠道、严控产品质量、塑造品牌文化、创新营销策略，推动优质产品价值回归。

关键词： 线下销售；枸杞产品；营销策略

当前，伴随消费升级和科技创新，枸杞产品销售格局正在不断重塑，传统商超与药店通过数字化升级延伸服务体系，连锁专卖店、社区直供与文旅场景等新渠道快速崛起，并配合冷链物流形成高效供给网络，枸杞行业正向品牌化、高端化转型。面对大健康产业的快速发展，枸杞产业迎来了机遇也面临了现实的挑战，分析枸杞产品现有销售渠道的不足，枸杞产品亟须整合优化销售渠道、创新营销策略，推动优质产品价值回归。

一、枸杞产品线下销售现状

（一）线下销售规模变化

目前，中国枸杞线下销售正经历"量价齐升—渠道革新—品牌升级"的立体化变革，西北产区依托资源禀赋强化供应链话语权，东部消费市场则通过场景创新挖掘增量空间。未来竞争将聚焦科技赋能、精准营销与可持续发展能力，行业有望从传统农产品向大健康产业集群跃迁。

总体规模稳步增长，但增速趋缓。枸杞线下市场近年来保持正向增长，但其驱动逻辑已发生根本转变。早期依托人口红利与渠道扩张的粗放增长模式，正逐步让位于消费升级与技术赋能主导的精益化发展。值得注意的是，虽然线上渠道持续分流部分消费群体，但线下实体网络凭借场景体验、即时服务等核心优势，依然占据主流地位。当前增速放缓本质上是市场成熟的标志，反映了行业从增量竞争转向存量运营的深层变革。与此同时，消费升级浪潮正在重塑价格体系，推动高端产品线成为市场增长极。有机枸杞、枸杞原浆、

---

[*] 孙治一，中共宁夏区委党校（宁夏行政学院），副教授。

免洗即食类产品通过标准化生产与品牌溢价，成功打开都市白领及年轻养生群体的消费空间。此类产品不仅满足便捷性需求，更通过文化包装构建情感价值，使得价格弹性显著降低。与此同时，下沉市场的深度开发成为重要增量来源，县域消费场景中，枸杞正从传统滋补品向日常养生食品转型，商超专柜与社区店结合的场景化陈列，有效激发家庭消费潜力。线下渠道在经历新冠疫情冲击后展现出强大韧性，药店与精品超市通过健康咨询服务、产品组合营销等方式，重建消费者到店体验，客流量恢复速度超出预期。

区域分布呈现"西北核心＋东部增量"格局。一方面，枸杞流通体系呈现显著的地域梯度特征，形成以西北为产业中枢、东部为创新前沿的双向互动格局。西北主产区依托资源禀赋与产业集群优势，持续强化供应链控制力，其干果集散功能已升级为涵盖标准制定、质量检测的行业枢纽。典型代表如国家级中宁枸杞市场，通过构建数字化交易平台，实现从传统批发市场向供应链服务综合体的转型，形成的价格指数正成为枸杞行业风向标。另一方面，东部消费市场则展现出差异化创新活力。长三角、珠三角地区率先完成消费场景迭代，健康食品专柜通过"体验＋销售"模式，将枸杞融入现代都市养生场景；养生体验店则通过定制化服务，开发针对亚健康人群的功能型产品解决方案。区域消费偏好的南北差异持续深化，北方市场坚守干果消费传统，注重道地性与性价比；南方市场更倾向枸杞精深加工产品的便利性与附加功能，这种分化倒逼生产企业实施柔性供应策略。值得注意的是，2024年新兴消费城市群开始显现独特需求特征，如成渝地区对药食同源产品的创新接受度，正催生区域性新品类的孵化。

品类结构向精深加工延伸。枸杞产品矩阵经历深度重构，传统干果占比持续收窄的背后，是产业价值链的纵向延伸。功能、保健食品的开发成为技术突破主战场，企业通过生物萃取技术将枸杞多糖、甜菜碱等功能成分标准化，催生出口服液、速溶粉等适应现代生活节奏的新剂型。即食化转型则重构消费场景，小包装枸杞零食突破传统滋补品的时间与空间限制，成功切入办公零食与旅行补给市场，其复购率显著高于传统品类。此外，跨界融合创新也打开了新的价值空间，枸杞正从单一原料向复合型健康产品演进。与传统滋补品配伍形成的礼品套装，通过文化赋能提升溢价能力；与快消品的结合则突破消费群体边界，如枸杞酵素饮料通过便利店渠道触达年轻客群。2024年更出现了跨产业融合迹象，枸杞成分开始渗透美妆、个护领域，此类创新不仅扩展应用场景，更重要的是构建起跨品类的消费者认知。

当前发展阶段，线下渠道的结构调整实质上是整个枸杞产业价值重塑的缩影。传统规模优势正与技术创新、文化赋能等新型要素深度融合，形成更具韧性的营销系统。枸杞产品正在完成从农产品到大健康产业关键组件的身份转换，这一过程将持续驱动线下销售体系的价值再造。

（二）线下销售模式变化

枸杞产业的线下流通体系正经历深度变革，传统渠道边界逐渐消融，新型交互场景持续涌现。这场由消费需求升级与技术渗透共同驱动的渠道革命，正在重塑枸杞产品的价值传递路径。

传统渠道加速数字化转型。一方面，实体零售的智能化改造已突破简单技术叠加阶段，进入运营模式重构的深水区。例如，商超渠道通过动态定价系统构建消费认知柔性调节机制，电子价签不仅是价格展示工具，更成为消费者决策的心理锚定点。这种实时比价能力削弱了价格敏感度的主导地位，促使消费者购买行为向品质认同与场景体验转移。药店渠道则通过设立专门的养生专区，将枸杞与传统中药材科学配伍，配合专业人员的讲解服务，让消费者直观理解产品功效，完成从单纯购物到健康咨询的服务升级。另一方面，批发市场的转型升级同样具有很强的行业革命性。例如，区块链溯源系统不仅能够解决品控信任问题，更是重构了产业链价值分配逻辑，从田间到货架的全流程数据上链，使小微经营者也能共享品牌溢价，这种透明化改造正在催生产业协同新范式。

新兴渠道快速崛起。一是消费升级浪潮中，渠道创新呈现"体验深化"与"触点下沉"的双向突破。通过沉浸式体验空间设计，枸杞产品摆脱了货架商品的被动属性，转化为健康生活方式的实体媒介。例如，通过茶艺品鉴、定制调配等交互环节，不仅提升了客户黏性，更重要的是构建了私域流量池，使品牌得以持续获取用户健康数据，反向推动产品创新。二是社区团购直供模式展现出惊人的市场穿透力。例如，通过构建"产地直采＋团长服务＋即时配送"的短链体系，既保留线下社交信任优势，又兼具电商效率。在老年群体与家庭主妇等核心客群中，这种"熟人经济＋品质背书"的混合模式正催生新的消费仪式感。三是文旅融合场景的兴起，标志着枸杞销售进入文化价值变现新阶段。例如，枸杞文化馆等体验场所通过情境化叙事，将产品植入地方文化记忆与旅游消费场景。枸杞衍生品开发的创新逻辑已不再局限于实体商品，而是延伸至养生课程、文化IP等非物质形态，这种价值延伸有效突破了农产品溢价天花板。在沉浸式体验经济推动下，枸杞正从地方特产升级为文化符号，其消费动机从功能需求向情感认同跃迁。

供应链效率不断提升。一是现代供应链体系的建设为枸杞产业销售渠道创新提供底层能力支撑。冷链网络的完善不仅降低损耗，更关键的是打开了鲜果消费的时空限制。通过构建多温层储运体系，枸杞鲜果得以突破区域与时令束缚，进入高端商超与精品水果店渠道，这种供给端突破催生了"鲜食养生"新品类。二是品控标准化进程已超越基础质量保障层面，正在成为价值创造的关键环节。从种植规范到流通标准的全链路管控，使枸杞产品突破农产品固有属性，具备工业化商品的稳定性。当前，领先企业正将品控优势转化为产品营销能力，检测报告与溯源信息成为高端化的重要议价工具。三是物流体系的智能化改造带来更深层变革。自动化分拣与路径优化算法不仅提升了效率，更重要的是实现了库存的动态平衡。通过销售终端数据与物流系统的实时交互，渠道库存周转进入"以销定配"的精准时代，既避免了库存积压又保证产品新鲜度。这种柔性供应能力，使线下渠道在应对市场波动时展现更强韧性，也为个性化定制服务提供了可能。

（三）品牌发展进程

枸杞产业正经历品牌价值体系的深度重构，传统地域标识的单一认知被打破，代之以"技术赋能—文化叙事—社会责任"三位一体的品牌竞争新范式。这场变革不仅是市场份额的重新划分，更是产业话语权与价值分配规则的根本转变。

大品牌竞争日趋激烈。一是行业竞争格局趋于集中化，加速形成"龙头驱动、多元渗透"。领军企业通过纵向整合构建竞争壁垒，典型表现为对上游原料产地的战略性控制。

基于供应链主导权的竞争模式，使头部品牌在产品定价、品质标准等方面获得规则制定权。二是新势力品牌的突围展现了跨业资源整合的威力。例如，医药集团凭借研发积累与渠道协同，将枸杞产品纳入大健康产品矩阵，通过专业背书快速建立消费信任。三是当前竞争焦点已从市场覆盖转向领域覆盖。部分头部企业正在着力构建"枸杞+"营销体系，通过产品组合创新满足细分需求，如针对运动人群开发的便携能量棒、面向"银发族"推出的慢病调理套餐等。这种精细化运营背后是消费数据的深度挖掘与应用，品牌商正从单一的产品提供者转型为健康管理服务商。

区域品牌差异化突围。地理标志品牌的进化呈现"守正+创新"的双轨路径。传统产区在强化道地性认证的同时，探索文化赋能的新可能。通过将种植历史、文化故事、非遗工艺等元素融入品牌叙事，地域特色从品质背书升级为情感连接点。例如，高原有机概念揭示了品质认证体系的重构趋势，即从传统的检测指标达标逐步转向产地生态价值可视化，尤其是随着物联网技术在种植端的应用，使消费者能够实时追溯枸杞生长的光照、水土等环境参数，这种透明化营销模式极大提升了溢价空间。

品牌建设多维突破。技术研发正在重塑品牌价值内核。例如，部分头部企业构建的"基础研究—应用开发—临床验证"创新体系，使枸杞摆脱初级农产品定位，进入生物医药级原料供应商行列。不断进步的枸杞深加工技术不仅提升了产品附加值，更重要的是获得参与行业标准制定的主动权。在消费端，技术突破带来的剂型革新，使枸杞能够渗透胶囊、含片等现代剂型市场，完成从普通食材到大健康产品的属性跃迁。此外，内容营销也进入了场景化深耕阶段。例如，部分短视频平台发动的创新活动（如药膳挑战赛、办公室养生操配饮指南征集）成为典型抓手——企业在输出标准化功效信息的同时，将场景适配的创意解读权开放给用户，驱动消费社群生产真实生活化应用案例库，推动消费者从旁观者到协同创新者的角色转型，使品牌价值突破传统广告的单向灌输，为品牌培育出具备情感联结和高忠诚度转化能力的忠实客群矩阵。

二、枸杞产品线下销售渠道存在的挑战

近年来，枸杞作为药食同源的稀有食材，市场需求量不断增加，产业发展势头良好，但在线下销售渠道方面仍存在一些问题。

（一）传统渠道竞争激烈

目前，枸杞销售渠道竞争比较激烈，呈现如下特点。一是传统渠道与新兴渠道并存。传统渠道包括中药材市场、超市、药店等，这些渠道在枸杞产品的销售中仍占据重要地位，是线下销售的主要途径。新兴渠道主要是网络销售平台，随着电商的兴起，线上销售平台如淘宝、京东、抖音等电子商务平台成为枸杞产品的重要销售渠道，挤压了线下销售渠道的市场份额。例如，现在的年轻客户群体，在购买枸杞时多会选择网络平台，足不出户即可下单。同时，社交媒体和直播带货模式也进一步加速消费群体的扩大和品牌知名度的提升。二是区域品牌与全国性品牌发展不同步。宁夏枸杞等区域公用品牌，凭借其深厚的药用价值和良好的市场口碑，在区域内拥有较高的知名度和美誉度。与之相对，一些大

型企业通过全国性的市场推广和品牌建设，成功将枸杞产品推向全国市场，但是枸杞企业自有品牌知名度不高。三是价格竞争与品质竞争。在枸杞消费市场中，消费者通常难以辨别枸杞品质，存在信息差，而一些企业为了争夺市场份额，以次充好，采取低价策略进行竞争，产生劣币驱逐良币的情况。在此情况下，消费者对品质和品牌的关注度也在不断提高，市场竞争逐渐从价格竞争转向品质竞争和品牌竞争，一些具有品牌影响力、产品质量有保障的企业逐渐脱颖而出。但从整体上看，消费者对枸杞产品的辨别能力仍然不高。

（二）产品质量参差不齐

当前枸杞市场上产品质量参差不齐的情况较为明显，这主要源于种植、加工、销售等多个环节的问题。在种植环节，枸杞的种植受到气候、土壤、水源等自然条件的影响，不同地区的枸杞品质存在差异。同时，加工过程中的卫生条件、温度控制等也会影响枸杞的品质。在销售环节，市场上存在大量的小商贩和散户，他们可能缺乏专业的质量控制和检测手段，导致销售的枸杞品质不稳定。部分商家为了降低成本，存在以次充好、夸大宣传等行为，利用消费者与商家之间的信息差获利。例如，一些线下商贩以其他地区枸杞产品冒充宁夏中宁枸杞，或以低品质枸杞冒充高品质枸杞进行贩卖。

（三）知名品牌少创建慢

从全国市场来看，枸杞品牌效益尚未凸显，市场上各种品牌繁杂，只有少数品牌，如百瑞源、杞里香等能够为大众熟知，大多数枸杞企业缺乏品牌意识，品牌定位不清晰，未将品牌建设纳入企业发展战略，自身产品特点和卖点不突出，难以与竞争对手区分。同时，品牌保护力度不足，导致消费者对品牌的美誉度和忠诚度降低。

以宁夏为例，虽然宁夏枸杞名气较大，但现有枸杞企业多数仍单打独斗、自产自销，没有统一的设计、包装、品牌和标识，企业、合作社、种植户与市场销售、仓储物流、电子商务融合不够，生产主体难以分享二三产业增值收益，集群效应不明显。目前市场上年销售宁夏枸杞干果14万吨，但全区实际产能仅为6万吨，部分青海、甘肃产区商家以"宁夏枸杞""中宁枸杞"的金字招牌在全国进行销售，致使宁夏无法掌握"宁夏枸杞""中宁枸杞"的市场议价权和主导权。此外，枸杞产业与休闲旅游产业等融合发展还处于起步阶段，旅游资源季节性特征明显，缺乏集吃、住、行、游、购、娱、产、学、研于一体的观光旅游景区。

（四）营销手段单一

在体验式营销方面。体验场景与设施有限，目前枸杞产业的体验式营销主要依赖实体店铺、展会等活动，但体验场景和设施相对有限。一些枸杞企业虽然设置了体验区或展示区，但规模较小、设施简陋，难以给消费者留下深刻的印象。此外，一些地区的枸杞产业缺乏统一的规划和布局，导致体验式营销活动分散、缺乏整体性和连贯性。体验内容单一且缺乏创新，在体验式营销中，体验内容是关键。然而，目前枸杞产业的体验内容相对单一，主要集中在品尝、参观等方面，缺乏创新和互动性。一些企业虽然尝试通过举办讲座、沙龙等活动丰富体验内容，但整体上仍显单调，难以吸引消费者的兴趣和参与热情。

消费者参与度不高，一方面，一些企业缺乏与消费者的有效沟通和互动机制，导致消费者难以深入了解枸杞产品的特点和优势；另一方面，一些体验式营销活动缺乏趣味性和吸引力，难以激发消费者的参与热情。品牌宣传与市场推广不足，目前枸杞产业在品牌宣传和市场推广方面仍存在不足。一些企业缺乏系统的品牌宣传策略和市场推广计划，导致体验式营销活动的传播范围和影响力有限。

在枸杞产业跨界合作方面。合作范围与深度有限，尽管枸杞产业已经与多个领域进行了跨界合作，但整体而言，合作的范围和深度仍然有限。目前，枸杞主要是在食品、保健品等领域进行跨界，而在其他潜在的高价值领域，如化妆品、医药等领域的合作相对较少，合作形式也相对单一，缺乏深度和广度。专业人才队伍建设滞后，枸杞产业的跨界合作需要高素质的专业人才作为支撑，但目前，专业人才队伍建设相对滞后。一方面，枸杞产业内部的人才培养机制不够完善，缺乏针对跨界合作所需的专业技能和知识的培训；另一方面，外部人才引进也面临一定困难，难以吸引、留住具有跨界合作经验和专业技能的人才。

三、对策建议

针对枸杞产业线下销售渠道的相关问题，应从以下几个方面着力，推动枸杞产业高质量发展。

（一）整合优化渠道

枸杞的销售渠道主要包括农贸市场、超市、药店等零售渠道，以及线上电商平台和社交媒体等新兴渠道。线上销售渠道近年来发展迅速，成为枸杞销售的重要渠道之一。在线下渠道拓展方面，枸杞店可以采取线上线下融合的策略。线上方面，利用电商平台、社交媒体等渠道进行宣传推广，拓宽销售渠道；线下方面，可以通过实体店、合作药房、养生会所等途径，提高品牌知名度和市场占有率。

例如，作为知名度较高的枸杞品牌，百瑞源先后在北京、上海、西安、成都等全国一、二线城市建成品牌专卖店100余家，每开设一个店面，就能够为当地市民提供更多的枸杞养生和健康体验，增加了消费者选择正宗宁夏枸杞的便利性，也为宁夏枸杞走向全国市场扩大了知名度和影响力，打开了市场新格局。同时，专卖店内还增加了休闲区、茶艺区、长吧台设计，更符合都市生活习惯，让每位消费者感受不一样的宁夏枸杞美与健康生活方式，让顾客在轻松自在的环境中更好体验枸杞养生文化。

（二）严控产品质量

近年来，枸杞作为药食同源的稀有食材，市场需求巨大，这使枸杞市场一度繁荣昌盛，枸杞的价格也随之水涨船高。然而，在繁华的背后，一些不法商家为了追求更高的利润，不惜违规以次充好，欺骗消费者。更有甚者违规增加枸杞的含硫量，以达到对枸杞表面的疗效和色泽的追求，导致枸杞含硫量超过国家标准。这些违法行为严重影响枸杞的市场秩序和产品美誉度，不利于推动枸杞产业高质量发展。各产区和加工销售企业要加强产品质量检测监管，以质量换口碑，严厉打击以次充好等违法犯罪行为。

例如，宁夏坚持严监管、保品牌，建立健全产业标准、绿色防控、质量检验检测和产品溯源四大体系。引导和督促经营主体贯彻国家标准、行业标准、地方标准，严格对标生产，确保标准应用于全产业链各环节。严格落实"五步法"绿色防控技术，建立健全枸杞病虫害预测预报体系，固定测报人员及预测预报点，枸杞病虫害绿色防控覆盖面达100%。严格执行产地环境、种植基地、制干环节、产品出厂、入市销售"五必检"机制，构建从田间到舌尖的全链条、全过程监管体系。加强"宁夏枸杞""中宁枸杞"地理标志证明商标使用管理，鼓励企业采用"区域公用品牌+企业自主商标品牌"的模式，统一规范包装、统一核发"身份证"、统一价格控销、统一筛选认证。"宁夏枸杞""中宁枸杞"多次荣获"最受消费者喜爱的中国农产品区域公用品牌"称号，上榜100个"区域公用品牌（地理标志名录）"。

（三）塑造品牌文化

加大资源投入，打造枸杞知名品牌需要企业构建系统化发展方案。应组建包含市场分析与品牌策划经验的专职团队，制订持续3～5年的建设计划。例如，在传统产地设立文化工坊展示古法晾晒工艺到现代化加工模式，让消费者看到枸杞的品质根源；开通短视频官方账号每周讲解养生知识，与粉丝互动积累长期价值认同。

明确市场定位，对目标市场进行深入调研和分析，明确消费者的需求和偏好，根据市场定位，制定差异化的产品策略和营销策略。建议定期采集消费者建议并跟踪其购物特征，如记录社区药店中顾客偏好的干果规格或年轻人追捧的代餐产品类型。通过这些数据改良现有产品——如为办公室女性开发即溶冷泡袋枸杞产品，真正回应实际使用需求，提高复购率。

创新营销策略，充分利用新媒体、社交媒体等新型营销渠道，扩大品牌知名度和影响力，开展线上线下相结合的营销活动，提升消费者的参与度和体验感。例如，在网购平台开启试吃体验专区，通过试吃装引发讨论增加新品热度；利用暑期旅游季在景区周边推出迷你包装作为特产选择，配以文化典故卡提升情感触动。

加强内部管理，完善企业内部管理制度，确保品牌建设过程中有统一的行动指南，加强员工培训和管理，提高员工对品牌建设重要性的认识。对内设立全员参与的激励机制，鼓励一线加工人员提交品牌优化建议，一经采用给予奖励；对外定期参与商业会展，引入最新营销人才，形成活力创意与行业基础的双驱合力。

（四）创新营销策略

开展体验式营销，开设专门的枸杞养生体验馆，提供枸杞产品的品鉴、试用和购买服务，在体验馆内设置健康监测区，通过测量血压、血糖等指标，让消费者直观感受到枸杞的养生效果，举办枸杞文化讲座和沙龙活动，邀请中医专家、营养师等讲解枸杞的养生知识和食用方法，通过现场互动和体验，增强消费者对枸杞产品的认知和兴趣。

开展跨界合作营销，与糕点、饮品等食品行业合作，推出枸杞养生糕点、枸杞饮品等跨界产品，在合作店铺中设置枸杞产品展示区，吸引消费者关注和购买，与保健品行业合作，推出枸杞保健品套装或礼盒，提升枸杞产品的附加值，在保健品店铺或专柜中设置枸杞产品专区，进行联合推广和销售。

开展场景化营销，在枸杞种植基地或旅游景区设置枸杞产品展销点，吸引游客关注和购买，结合旅游活动，推出枸杞采摘、加工等体验项目，提升游客的参与度和满意度，在健身房、瑜伽馆等健康养生场所设置枸杞产品展示架或体验区，吸引健康养生爱好者关注和购买，与这些场所合作举办健康养生讲座或活动，推广枸杞产品的养生效果。

整合线上线下营销资源，构建线上线下一体化传播云廊，利用短视频平台设置药食同源等话题、专题，邀请消费者通过二创图文输出原创食谱内容。同步在线下铺排场景实拍打卡装置，增强互动趣味性吸引自发传播。开发产地慢直播系统，消费者扫码即可实时查看植株生长环境，强化品质保障可视化表达。

加强专业人才队伍建设，完善人才培养机制，加强针对跨界合作所需的专业技能和知识的培训，加大外部人才引进力度，吸引和留住具有跨界合作经验和专业技能的人才。定期组织渠道创新专项研讨会。实施联合培养制度，与合作高校共建市场策划实训基地，每年定向输出具备中医药知识的专业推广骨干。

枸杞产品线上销售发展研究报告

刘彩霞　朱吉[*]

摘　要： 2019年以来，随着电商的爆火，枸杞线上销售渠道发展迅速，据预测，2025年枸杞产品线上销售比重将达到45%以上。枸杞产品线上销售具有目标顾客群范围广、数量大、发展潜力好、品牌推广容易，成本一定程度降低等方面的优势。但是，当前枸杞线上销售仍然存在逆向选择、物流配送不及时、售后服务质量不高、消费者不满被放大等方面的问题。因此，枸杞产区需要加强销售监管、提升物流质效和培养具有枸杞技术知识和营销知识的人才，从而更好地促进枸杞线上销售健康持续发展。

关键词： 枸杞产品；线上销售；消费行为

随着我国居民收入水平的稳步提升和国民健康消费观念日益增强，具有显著滋补功效的枸杞产品越发受到消费者喜爱，其消费规模持续扩大。同时，互联网电子商务的蓬勃发展为枸杞产品的线上销售提供了强大动力，线上消费呈现快速增长态势，如今已逐步发展成为枸杞消费的主要渠道。当前直播电商成为线上销售的核心驱动力，而拼多多、淘宝、京东等传统电商平台则通过差异化策略和所积累的用户资源，稳稳占据市场份额。

一、枸杞产品线上销售现状

（一）枸杞产品线上销售的起步阶段

枸杞线上销售起步早，发展快。枸杞线上销售的起点是京东网站，2015年11月7日，京东绿安（北京）特产体验馆宁夏馆开馆仪式在京召开。之后，消费者通过京东宁夏馆，足不出户就能购买来自"塞上江南"宁夏的地方特产，推动了枸杞等宁夏特色产品的网络销售。京东绿安（北京）特产体验馆以"线下体验、线上购物"的模式，加快优秀农产品走上城市餐桌的速度，消费者在宁夏馆扫描现场二维码，就能体验"现场下单，京东配送到家"的便捷服务。新疆精河借助线上直播，打响了"精河枸杞"区域品牌知名度。从产品品类来看，目前借助电商网络平台销售的枸杞产品从枸杞干果到枸杞酒、枸杞果汁、枸杞籽油等十大类四十多种商品。目前枸杞销售前十名的网店中，大部分来自天猫店铺。

---

[*] 刘彩霞，中共宁夏区委党校（宁夏行政学院），副教授；朱吉，宁夏梦驼铃科技有限责任公司董事长。

（二）枸杞线上销售快速增长阶段

2016年直播电商开始萌芽，这个阶段传统电商平台是电子商务领域的绝对主力。这个阶段，宁夏的杞里香、百瑞源等枸杞企业已经开始发展直播电商。相比新兴电商平台，传统电商平台具有产品多样性强、提供的商品信息翔实、方便消费者进行多维度的对比、监管机制相对完善、物流配送与信息追踪体系完善等优势。这一阶段京东和淘宝都开发了扶贫专区，为枸杞提供了专门的流量和区域。京东主要针对对商品品质和快递速度有较高需求、注重品质保障的客户；拼多多主要吸引价格敏感型客户；淘宝则处于二者之间，受京东和拼多多的挤压，但依然保有最大的市场份额。

2019年至今，直播电商进入爆发期，各大电商平台，淘宝和京东都开始了直播活动。2020年，受疫情影响，线下消费受到限制，直播电商迎来新一轮爆发。直播电商的参与主体更加多元化，从专业主播扩展至明星、企业家、农民等。

网民的数量也在急剧增长，工信部数据显示，2023年，中国移动电话用户达到17.44亿，比2022年增加5 449.6万，其中5G用户达到8.22亿户，较2022年增加2.56亿户[*]。随着手机用户的增加、网络的不断提速，直播平台扩张的条件逐渐成熟。同时，直播电商的技术（如虚拟主播、AR试妆）和模式（如社群直播、跨境直播）也在不断创新。这个阶段，各枸杞产地都积极地开展直播平台销售，或者是培养主播，或者是和高流量的网络主播合作。枸杞企业从线下转向线上，开辟了新的渠道。

这一阶段，各枸杞电商线上销售量增长迅速，按照销量从高到低的顺序汇总抖音平台销售排名前十的枸杞店铺，销售量前3名依次是"神杞六月中宁枸杞"，"杞里香官方旗舰店"和"小郝的宁夏特产"，直播场次最多的是百瑞源官方旗舰店，这表明很多杞农通过直播带货，提高了消费者对的品牌认知度和忠诚度，也让枸杞多渠道走出中国、走向世界。直播电商的发展也带动了枸杞品牌的迅速发展，如宁夏的杞里香枸杞、新疆的精河枸杞等区域品牌开始被消费者所熟知。

此外，社交电商也是重要的线上销售渠道。社交网络使销售更加贴近消费者，"社交＋支付"的模式逐渐深入人们的生活。截至2024年9月，我国60岁及以上网民数量已达1.4亿，占网民群体的13%。同时，小红书60岁以上老年月活跃用户已超过3 000万人，老年创作者数量在过去两年增长了3倍。此外，短视频平台成为老年人的新宠，抖音、快手平台的银发人群月度活跃用户量分别达到1.74亿人和0.96亿人[**]。社交领域不可撼动的地位，使微信成为不可替代的流量入口。新冠疫情期间，线下门店受到冲击，微信成为枸杞企业与客户联系的唯一工具，有的企业负责人表示没有微信，客户就必然流失。小红书是年轻人分享生活的社交平台，很多年轻人通过"抄作业"来寻找穿搭、装修的灵感，旅游的攻略，吐槽职场的遭遇等，这种独特的网络生态催生了独特的电商形态。小红书用户COO柯南将小红书电商称为"生活方式电商"，其含义是在小红书做电商，不仅是出售一个个商品，也是传播让人向往的生活方式。正是小红书对生活的深刻理解，使其摆脱了价格战的泥潭，能够维持高于行业平均水平的客单价。在小红书上搜索"枸杞养生"，相关

---

[*] 参见工信部年度数据，https://www.miit.gov.cn/txnj2023/tx_index.html。

[**] 数据来源：证券时报网，https://www.stcn.com。

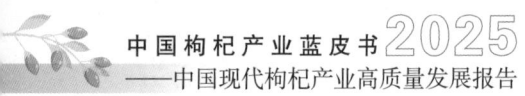

笔记超过100万条，小红书博主对枸杞产品的功效、工艺、口感、味道等消费者关心问题介绍更接地气，"小红书种草"是很大一部分人购买枸杞产品的原因。

（三）枸杞产品线上销售经典案例

1. 百瑞源

百瑞源是线上线下融合的一个模范。立足其在传统市场的品牌优势和渠道优势，百瑞源积极打通线上线下融合模式，构建线上线下互融互通的商业模式，使百瑞源成为实体企业拥抱互联网的成功案例，新冠疫情三年，百瑞源业绩依然实现稳步增长。如今，通过互联网赋能，"百瑞源枸杞"品牌门店线上化，线上客户线下体验，通过线上线下优势互补，整合资源赋能品牌，实现了成功突围。2023年，百瑞源线上销售占总营收的60%，成为主要销售渠道，这也是其他以枸杞产品为主业的主要企业的共同趋势。百瑞源在开辟线上直播渠道时，经过了一轮又一轮的挑战与回应。其原则是线上销售以利润为导向，利用抖音扶植小达人发展的红利，坚持不与付费主播合作，坚持团队集中精力做好一件事，不允许团队交叉，最终将线上渠道做大做强做优。

2. 平民电商成功出圈

枸杞主产区积极支持返乡大学生、"村官"等知识青年通过网络方式销售枸杞，从房租、宽带、办公场所等要素的资金补贴，到举办直播活动、加强技能培训、培养网络主播，引导带动群众以"直播+短视频"的形式助力当地农产品火爆"出圈"[*]。中宁枸杞还参加了东方甄选"食遍中国"陕甘宁专场直播活动。2024年6月12日，第七届枸杞产业博览会枸杞开园节采取"线上+线下"相结合的云享方式，主播们顶着烈日，在田间地头记录每一粒枸杞采摘过程，推动枸杞产品的线上销售。宁夏回族自治区政府与"新农人"的共同推动，收获了意想不到的效果，不但提升了产业品牌价值，更让农产品从直播间飞向四面八方。2024年，宁夏"双11"网络零售额达23.1亿元，其中农产品网络零售额达7.8亿元，同比增长2.9%[**]，枸杞、葡萄酒、牛奶、肉牛、滩羊、冷凉蔬菜等"六特"农产品受到追捧。

二、枸杞产品线上销售的优势和主要问题

（一）枸杞产品线上销售的优势

第一，线上销售的市场覆盖面广。线下销售渠道主要包括批发市场、百货商店、品牌实体店、杂货店以及销售人员直销等。受距离的限制，线下销售渠道的覆盖范围有限，单个线下销售点或营销人员所覆盖的范围，根据行业的性质、地区的经济类型、发展程度、交通便利程度、营销体系与销售人员积极性有关。线下渠道要扩大覆盖面，需增加销售点或者提升销售人员营销力度，因此扩张的速度有限。线上渠道的覆盖面受网络基础设施、语言与文化限制，理论上可以实现全球覆盖，无论客户身处何地，只要有互联网连接，就

---

[*]《中宁县"以才为媒"赋能电商发展"智动力"》，《华兴时报》（2024年11月27日第3版）。
[**] 数据来源：宁夏回族自治区商务厅。

可以访问商家的在线商店。这种全球化的市场覆盖使得商家能够接触到更多潜在客户，提升销售机会。线上渠道是宁夏枸杞企业的重要渠道之一。对于消费者而言，线上产品更具多样性，尤其是年轻人更加青睐线上渠道。

第二，线上销售成本低、效率高。在线销售枸杞的资金门槛低是其显著优势之一，与传统的实体店相比，线上店铺不需要支付高额的房租，以及维持店铺最低的人工成本。利用传统或新兴电子商务平台开展业务的商户主要成本包含平台费用、营销成本、物流成本等。平台费用与物流成本对大多数商户来说区别不大，营销成本在商户间有较大差异。总的来说，商户的营销费用与其产品的网络曝光率呈正相关，平台上营销投入低的商户一般在搜索中排名靠后，且很少被推荐。也不能排除一些商家本身就具有流量，它们在营销上效费比较高，能够节省大量的营销费用。线上销售通过提高搜寻效率、精准推送、产业链整合、全天候营业、产业融合为消费者提供更加丰富的消费体验。

第三，线上销售有利于枸杞企业的品牌建设与推广。知名度高的品牌可以吸引更多消费者的注意力。电商平台通过创新营销模式，实现了品牌与消费者的深度互动和沟通。从品牌推广、销售转化到客户服务，电商平台可以为品牌提供一站式解决方案。品牌可以通过电商平台的各种营销工具，如搜索引擎优化（SEO）、社交媒体营销（SMM）、内容营销等，提升品牌知名度和美誉度；同时，品牌还可以通过电商平台的数据分析功能，深入了解消费者的需求和偏好，实现精准营销和个性化推荐。随着全球化的深入发展，越来越多的品牌开始走出国门，开拓国际市场，如亚马逊、阿里巴巴等。通过这些平台，品牌将自己的产品销往全球各地，实现品牌的国际化扩张。

（二）枸杞产品线上销售存在的主要问题

一是线上销售的逆向选择问题。枸杞企业之间相互模仿，导致同质化竞争严重，一些企业为了在竞争中占得先机，只能最大限度压低成本。尤其是通过互联网进行产品销售时，枸杞生产企业与消费者之间存在严重的信息不对称，造成劣币驱逐良币的现象。例如，在京东商城，某特级枸杞产品的累计评价超过300万条，其中差评超过6 700条，其中反映最多的问题是怀疑被硫磺熏蒸过、颗粒大小不均、发黏、上浮率不高、个头小、包装与宣传不符、掉色、有杂质、发霉等；在某枸杞原浆的差评中，有消费者反映了导致腹泻问题等，对这种品质较高、原产地为宁夏的产品销售情况造成影响。相反，某枸杞产地并非宁夏，但是价格便宜（远低于产地是宁夏的同类产品），注重网上营销，好评较多，反而销售的业绩很好。消费者的逆向选择导致枸杞的线上销售情况并不能如实反映产品的品质和价格。

二是物流配送问题。电商产品的评价中，有一定比例是针对物流环节的。现代物流要求配送时效，客户的满意度与物流配送所需时间呈负相关。截至2024年10月30日，在京东商城的枸杞商品中，销量最高商品的300多万条评价中，有5 719条评价提到送货快，仅仅少于品质放心和性价比高，它们分别为7 560条和6 317条。在6 700多条差评中，有一些也是针对物流的。中国枸杞主产区宁夏、青海、新疆等地受制于交通条件、人口分布等问题，物流业不发达，总体时效性较差，随着中国路网规模不断扩大，此问题有望逐步得到缓解。物流环节对商品的保护要好，不少商品在物流环节可能出现损坏、污染

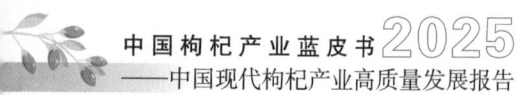

或者丢失，十分影响客户的体验。物流产业是劳动密集型产业，快递员劳动强度大，工作压力高，其主要目标是高效率完成工作，快递员粗暴对待快递的报道时见报端。此外一些客户对外包装也有较高的要求，外包装污损等问题令人难以接受。枸杞原浆是重要的创新产品，其包装方式一般分为袋装与玻璃瓶装，破损漏液很难避免。

三是售后服务问题。主要是由于主播对于枸杞技术知识和线上营销知识的不足造成售后问题的出现。在直播平台中，要求直播带货的主播能够及时且恰当地回复观众的问题，最大可能地吸引潜在买家。主播对于枸杞的技术知识不一定全面，而枸杞线上渠道要求相关从业人员不仅能够实时了解和发布信息，还要具有网站维护与网页设计技能，需要大量既有网络技术又熟悉枸杞生产经营、具有现代商务理念的复合型人才。但实际情况是，与东部发达地区相比，西北地区经济发展相对落后，教育资源缺乏，技术和资金不足，农民文化水平不高，电脑使用不熟练，缺乏管理和信息网络知识。尽管在"电商扶贫""电商促进乡村振兴"的背景下，政府和各大电商平台对农民组织了大量的培训活动。但调研中发现，60%的农民认为，目前的电商培训只是走走形式，无法深入学习网络营销和运营知识。枸杞果农指出，他们最需要培训的时间是在运营的过程中，而不仅仅是刚刚开始运营。近年来，枸杞产区已有部分种植大户成功利用互联网助力枸杞营销。这些种植大户有些是返乡创业人员、有些是当地的年轻人，他们对信息接受能力强、传播速度快、懂生产、懂经营，并且由于已经实现了小范围内的规模化经营，基础的经营设备较为完善，具备承接订单的能力，能够把互联网植入生产、流通和销售等各个环节。

四是枸杞线上销售渠道中的双向选择会产生放大效应影响消费者选择。电子商务平台是典型的"双边平台"，具有显著的网络效应与双边定价效应。电商平台选择偏向商家或偏向消费者，其结果有明显差异。消费者与商家不可避免地会出现一些争执，电子商务平台很多时候难以确定双方明确的责任归属，此时如何处置双方争执取决于平台的策略，不同电商平台对商家与消费者采取不同的保护力度。有的电商平台以商家为重，在商家与消费者争执时偏向商家。因为商家丰富了电商平台的商品种类，为平台带来广告、佣金等收益，并且丰富了电商平台商品的多样性。京东、淘宝等多数老牌电商平台与抖音、快手等新兴电商平台均倾向于将商家放在战略核心地位。有的电商平台以消费者为重，在争执中尽可能保护消费者的利益，因为消费者才是最终的利润来源。近年来，迅速兴起的电商平台拼多多就采取这种策略，并影响了前述传统电商和直播电商。拼多多平台为消费者提供了"仅退款"选项，"仅退款"服务让消费者不再和商家"扯皮"，节省了时间和精力，也降低了退货过程中的物流成本。为了争夺消费者，淘宝、京东等传统平台也开始模仿这种策略。"仅退款"选项也常常被一些消费者滥用，一些消费者甚至利用虚假图片或夸大商品问题申请"仅退款"，抬高了商家的成本，这个成本最终由其他消费者承担。宁夏枸杞种植户或企业在线上销售时也不可避免地面临这种问题，如何进行协调是考验枸杞线上营销的重要方面。

三、综合发力推动枸杞产品线上销售

（一）协同提升枸杞线上销售监管能力

品质就是其生命。在产品品质方面一件负面新闻其影响将极为恶劣。

枸杞的线上销售渠道有赖于消费者的信任，低价劣质的商品虽然短期内能够获得较高利润，但最终得不偿失。由于消费者与商户存在信息不对称，一些消费者倾向于价格更低的产品，最终可能形成劣币驱逐良币的市场。因此，枸杞产品线上销售应注重品质管理，要有长期发展的眼光；建立完善的产品质量评价与监督体系，最大程度消除交易双方的信息不对等，防止劣币驱逐良币。

推动在线电商中枸杞产业的高质量发展，一方面要靠企业自身树立正确的义利观。企业不能为了追求短期利益丧失底线，应追求互利共赢。以损害消费者利益攫取不正当经济利益不可取、也不长远。枸杞电商通过品质树立品牌，有利于自身的成长。一些知名的枸杞企业，摒弃了追求短期的不正当利益的做法，重视产品品质，并且取得了卓有成效的发展。另一方面，要靠市场监督管理机构积极行动，建立好线上市场监督管理的体制机制，狠抓落实，毫不懈怠。要防止不合格的枸杞产品流入市场。虽然我国市场监管部门设立了网上商品交易监督管理网络平台。要积极引进信息技术、电子商务、食品药品检测、化学等方面的专业人员，并配置专业的监管设备，构建专门的农村电商监管服务体系，对各部门的监管职责、范围进行合理协调和划分，防止监管空白的现象再次发生。利用区块链技术为枸杞产业建立不可篡改的溯源体系，确保每个步骤的农产品生产、流通和销售均被完整可信地记录。

（二）稳步提升全过程物流质效

物流体系是线上销售的"筋络"，现代物流体系与数字技术结合，可以构建智能决策系统，提升生产、仓储、物流等环节的运作能力。通过大数据分析，枸杞能够更准确地预测市场需求，从而提升销售的精准度和效益，实现产品流通与市场需求的直接对接，提升产品在市场中的竞争力。

良好的基础设施是高效物流的基础，要推动枸杞产品在线销售，应当保障交通、仓储、物流网点等环节顺畅运行。各产区应加强交通设施建设，根据需要改善仓储与物流网点布局。此外，还要提高物流环节对商品的保护，提高物流质量，保障产品到达客户手中的品相。

（三）全方位引进枸杞线上销售人才

枸杞线上销售离不开技术人才、营销人才、管理人才，尤其缺乏复合型人才。枸杞线上销售要吸引优秀人才，但是更要加强本地人才的培育。中宁县非常重视枸杞电商人才培养，开展了"新农人"特训营，举办了一系列相关直播带货活动，建设电商的产业园，营造电商产业生态，大力培养电商人才。

枸杞线上销售需要对业态趋势敏感的人才。新零售模式是将互联网思维应用于实体店，实现线上线下融合发展的新模式。这种新的零售模式既利用了电子商务与信息的展示、搜索的便利性，又结合了实体店集中物流管理等优势，实现人、货、店的有机结合。枸杞产业应积极探索利用这种新的模式，解决线下信息流通不畅、线上产品对质量不能直观感受的痛点。

枸杞线上销售人才还包括售后服务人才。一般人们所理解的售后是维护客户关系，及时解决消费者遇到的问题。这需要售后人员既要全面掌握所负责的产品的知识，又要注重沟通技巧。好的售后不能只注重话术培训，还要做到真诚地向顾客传递产品的正确知识与企业文化。但是，售后更重要的功能是及时向企业反馈客户意见，这一点通常被大家所忽略。售后能够收到顾客的直接反馈，包含对改进产品质量非常宝贵的信息，如之前提到枸杞包装设计问题，就会被很多枸杞企业忽视，因此售后应当及时向反馈这些共性问题，推动枸杞产品质量提升。

枸杞线上销售经过多年的发展，已从单一的干果销售扩展为多元化的深加工产品，并通过电商平台与区域品牌的深度融合，实现了产业的快速发展。未来，随着人工智能技术、元宇宙技术的成熟，电商模式从直播到社群、社交和人工智能推送等模式的不断更新，以及消费者对于健康知识的普及和用户体验的优化，枸杞线上销售有望继续保持高速增长，为消费者、商家和行业带来更多价值。

中国枸杞产品出口贸易发展报告

郭澍强 李萍 孙敏 陈林 郝俊虎[*]

摘 要：通过分析中国内地（大陆）枸杞出口规模、出口市场、出口单价、出口贸易方式、出口产品结构及出口基地情况。当前中国枸杞出口面临技术性贸易壁垒、市场竞争激烈、品牌建设与文化传播不足及物流成本较高等困境。建议采取加强质量监管和标准化建设、强化品牌、文化建设和推广、加强技术创新和产品研发、优化物流配送体系，以及拓展国际市场渠道等措施。

关键词：枸杞出口；国际贸易；市场策略

中国是枸杞的原产地，以其得天独厚的自然条件和丰富的种植经验，居世界枸杞生产、消费和出口第一大国。明清时期，枸杞已通过丝绸之路等贸易运输线传入国外；清末民国初时期，枸杞通过天津、汉口等口岸主要销往日本、中国香港和马来西亚等亚洲国家和地区。改革开放后，随着国际贸易的增加以及枸杞功效和药理作用的不断验证，枸杞出口量总体呈上升趋势，出口目的地也逐步多元化。

一、枸杞出口贸易发展现状

近年来，中国内地（大陆）枸杞年出口量保持在1.1万吨以上，出口市场主要为传统亚洲市场和欧美主流消费市场，随着"一带一路"贸易量的增长和中国与东盟合作的不断深入，出口市场半径逐步扩展，出口产品形态也从初加工枸杞干果、枸杞原浆逐步衍生至枸杞粉、冻干枸杞等精深加工产品，宁夏、山东、广西、广东等省份是枸杞出口主要的口岸所在地。

（一）出口规模

2000年以前，中国内地（大陆）的枸杞产品主要出口至中国香港、中国台湾、日本、韩国和东南亚等传统消费市场，出口枸杞占中国内地（大陆）的出口总量95%以上。出口枸杞以干果为主，食用特点为药食两用。2000—2012年，中国内地（大陆）枸杞出口

---

[*] 郭澍强，银川海关技术中心中卫实验室主任，兽医师；李萍，银川海关技术中心主任，高级农艺师；孙敏，银川海关技术中心副主任，高级工程师；陈林，银川海关技术中心副主任，高级农艺师；郝俊虎，银川海关综合业务三处处长，正高级兽医师。

量较2000年以前有较大幅度增长，出口量常年保持在5 000吨左右（图1）。除稳定的亚洲传统消费市场外，中国枸杞产品逐步进入欧盟、美国、澳大利亚、加拿大等市场。产品类型主要以枸杞干果为主，包含枸杞原汁、枸杞粉、枸杞籽油等高附加值产品，食用特点从传统的药食两用逐步转变为食药两用，常备用作食品营养补充剂。

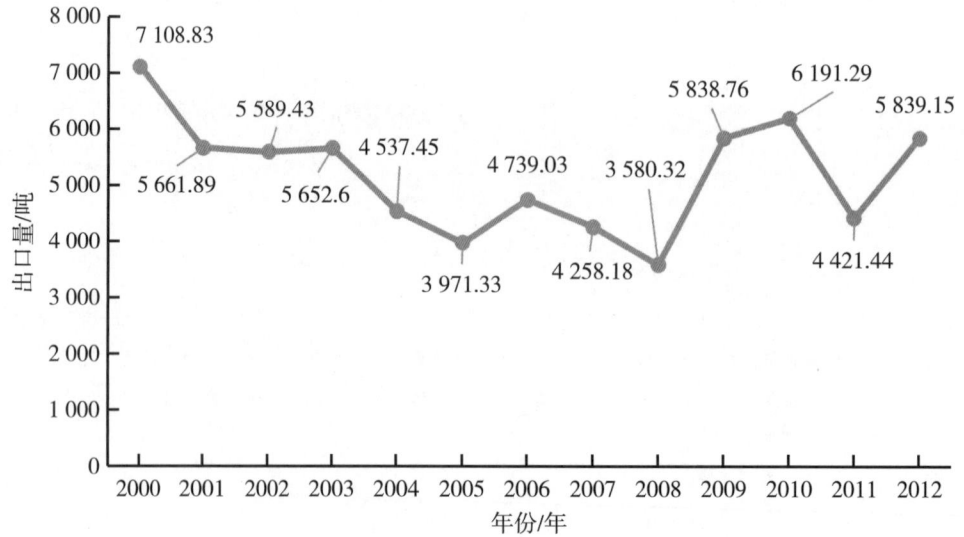

图1 2000—2012年中国内地（大陆）枸杞出口数量

2013—2024年，中国内地（大陆）枸杞出口量进一步扩大，除2013年和2015年出口量分别为9 304.97吨和9 799.41吨外，其余年份出口量均在1.1万吨以上。2024年，全国枸杞出口量达到历史最高峰，出口量达13 359.44吨，出口货值为8 969.32万美元（表1）。

表1 2013—2024年中国内地（大陆）枸杞出口统计

年份	数量/吨	出口金额/万美元	出口单价/（美元/千克）	价格同比变化
2013年	9 304.97	8 044.26	8.65	0.55%
2014年	12 273.70	12 235.07	9.97	15.31%
2015年	9 799.41	10 743.62	10.96	9.98%
2016年	12 625.33	11 000.36	8.71	-20.53%
2017年	12 680.91	10 179.93	8.03	-7.86%
2018年	11 963.82	9 176.20	7.67	-4.46%
2019年	11 563.37	9 446.30	8.17	6.51%
2020年	12 766.50	10 882.23	8.52	4.34%
2021年	12 069.08	10 061.22	8.34	-2.20%
2022年	11 900.81	9 187.95	7.72	-7.39%
2023年	12 835.09	9 251.59	7.21	-6.64%
2024年	13 359.44	8 969.32	6.71	-6.86%

2020—2024年，中国内地（大陆）枸杞出口主要月份为1月、3月、4月及下半年的9—12月，每年的2月基本处于全年出口最低点，主要是受春节等节假日因素的影响。近

市场篇
中国枸杞产品出口贸易发展报告

5年月度出口均值显示，9—12月及翌年1月均为出口旺季，1月、3月、4月及下半年的9—12月，月均出口量均在1 000吨以上，主要由于宁夏、甘肃和青海等地枸杞成熟后陆续开启出口所致（表2）。

表2　2020—2024年中国内地（大陆）枸杞出口数量月度统计　　　　　　　单位：千克

月份	2020年	2021年	2022年	2023年	2024年	月度合计	月度均值
1月	1 145 154	1 131 064	1 277 262	993 528	1 313 092	5 860 100	1 172 020
2月	537 808	699 479	639 816	790 111	660 373	3 327 587	665 517
3月	1 169 588	1 021 113	1 112 785	1 493 781	1 403 901	6 201 168	1 240 234
4月	1 043 499	1 108 027	996 546	1 149 157	1 179 903	5 477 132	1 095 426
5月	872 041	775 134	1 211 847	866 839	1 013 100	4 738 961	947 792
6月	937 828	817 831	874 565	1 059 077	929 034	4 618 335	923 667
7月	829 703	842 094	637 430	987 870	725 494	4 022 591	804 518
8月	885 617	695 620	794 416	769 719	865 986	4 011 358	802 272
9月	1 213 321	980 836	936 092	1 177 087	1 005 679	5 313 015	1 062 603
10月	1 177 723	1 091 431	779 143	1 083 236	1 183 933	5 315 466	1 063 093
11月	1 584 875	1 376 843	1 266 950	1 105 259	1 535 022	6 868 949	1 373 790
12月	1 369 344	1 529 608	1 373 961	1 359 428	1 543 922	7 176 263	1 435 253

（二）出口市场

目前，中国内地（大陆）枸杞已出口至全球五大洲多个国家和地区。主要出口市场为亚洲的中国香港、中国台湾、日本、韩国和东盟以及欧美地区的美国、荷兰、德国、法国、加拿大等国家和地区，澳大利亚、非洲、南美洲、中东、中亚及东欧部分国家也有出口。

2020—2024年，中国内地（大陆）枸杞分别出口至67个、69个、78个、68个、73个国家和地区，出口市场数量保持相对稳定。2024年，中国内地（大陆）枸杞出口量排名前3的国家和地区分别为越南、中国台湾、美国（表3）。

表3　2020—2024年中国内地（大陆）枸杞出口量前3名统计

出口排名	2020年	2021年	2022年	2023年	2024年
1	中国香港	中国香港	中国台湾	越南	越南
2	中国台湾	中国台湾	中国香港	中国香港	中国台湾
3	马来西亚	美国	马来西亚	中国台湾	美国

2020—2024年，中国内地（大陆）枸杞出口量排名第一的国家和地区分别为中国台湾、中国香港、中国台湾、越南、越南。其中，在枸杞出口量排名前3的国家和地区中，中国台湾出现5次，中国香港出现4次，越南出现2次、美国出现2次。出口中国台湾的枸杞数量在2022年排名第一，出口中国香港的枸杞数量在2020年和2021年排名第一。2023年和2024年中国内地（大陆）枸杞出口至越南数量均排在首位，分别为1 929 816千克和2 194 769千克，分别占中国内地（大陆）总出口量的15.04%和16.43%，占比不断扩大。主要原因是，近年来随着越南经济社会的不断发展，中国和越南在传统医疗领域合作不断深化，相关中医药文化交流越发紧密，中越中药材专列开通等措施的实施，以及

中国和越南居民普遍认可中医药疗效、文化等，促使中国内地（大陆）出口至越南的枸杞等中药材数量逐年攀升。

（三）出口单价及贸易方式

2021—2024年，中国内地（大陆）枸杞出口单价逐年下降，2022年以来，出口单价同比降幅均在5%以上。2024年，中国内地（大陆）枸杞出口单价为6.71美元/千克，较2023年每千克单价下降0.5美元，同比下跌为6.86%（表1）。

2024年，中国内地（大陆）枸杞出口平均单价为6.71美元/千克。其中，出口量前15名国家出口单价在5.23～9.09美元/千克，高于平均出口单价的国家和地区有10个，低于平均出口单价的有5个，出口单价最低的为越南，出口单价为5.23美元/千克，出口单价最高的为日本，出口单价为9.09美元/千克（图2）。

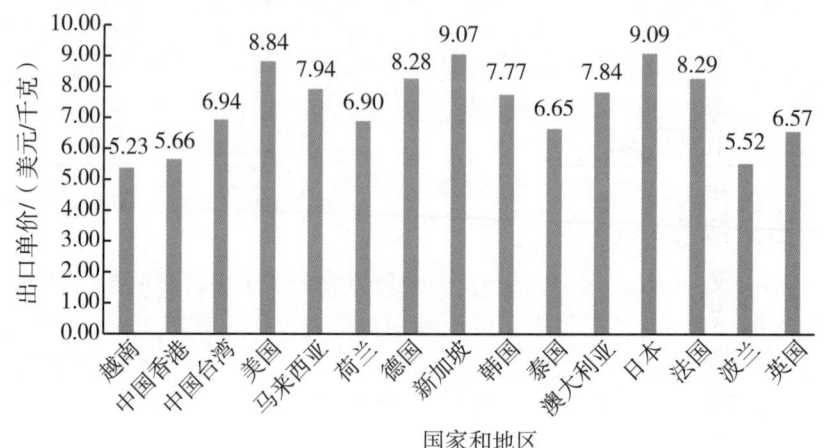

图2　2024年中国内地（大陆）枸杞出口量前15名国家出口单价

从贸易方式看，2020—2024年中国内地（大陆）枸杞出口至国外的贸易方式有一般贸易方式、边境小额贸易方式、对外承包工程出口货物方式、海关特殊监管区域物流货物、保税监管场所进出境货物、国家间国际组织无偿援助和赠送的物资。主要贸易方式是一般贸易，2024年，中国内地（大陆）枸杞出口数量为13 359 439千克，其中，一般贸易方式出口12 051 334千克，边境小额贸易方式出口1 263 920千克，海关特殊监管区域物流货物方式出口40 431千克（表4）。

表4　2020—2024年中国内地（大陆）出口枸杞贸易方式统计　　　单位：千克

贸易方式	2020年	2021年	2022年	2023年	2024年
一般贸易	12 685 309	11 797 600	11 384 939	11 358 866	12 051 334
边境小额贸易	15 592	199 739	511 493	1 469 119	1 263 920
海关特殊监管区域物流货物	60 731	67 050	2 700	3 896	40 431
保税监管场所进出境货物	4 850	4 649	1 661	3 211	3 754
对外承包工程出口货物	16	1	5	0	0
国家间、国际组织无偿援助和赠送的物资	3	0	0	0	0
其他	0	41	15	0	0

（四）出口产品结构

过去，中国枸杞出口企业主要出口枸杞干果，产品单一，附加值低，出口产品同质化过高，市场低价恶性竞争严重。近年来，随着对枸杞功效不断深入地研究和国外消费者对枸杞营养和保健功能的认识深化，枸杞加工企业不断加大研发投入，精深加工产品逐渐推出，持续延长枸杞产业链条。现阶段，更多出口企业将枸杞精深加工产品作为出口增长的抓手，包括枸杞原浆、冻干枸杞、枸杞全粉、有机枸杞、枸杞提取物、枸杞饮料等高附加值精深加工产品出口至国外，出口市场主要为日本、韩国、美国和欧盟等发达国家。

（五）出口基地

2020—2024年，宁夏位列中国内地（大陆）枸杞出口量值第一，2020—2021年，枸杞出口量排名第二和第三均为湖南和山东，2022年分别为广东和山东，2023—2024年均为广东和广西。这说明，宁夏作为国内枸杞主要产区，常年保持同类产品出口量值第一。随着近些年我国出口越南枸杞数量逐年增加，越南2023—2024年一跃成为我国枸杞出口最大贸易国，广西作为枸杞输越主要通道，出口量排名也从2021年的第9名提升到2023—2024年的第3名（表5）。

表5　2020—2024年我国各枸杞出口基地出口量前5名统计

出口量排名	2020年	2021年	2022年	2023年	2024年
1	宁夏	宁夏	宁夏	宁夏	宁夏
2	湖南	湖南	广东	广东	广东
3	山东	山东	山东	广西	广西
4	湖北	湖北	广西	山东	山东
5	广东	广东	湖北	湖北	河北

2024年，宁夏出口枸杞数量为3 965 246千克，出口金额为30 549 301美元，出口单价为7.70美元/千克，高于中国内地（大陆）出口单价6.71美元/千克，出口前5名的国家和地区分别为美国、中国台湾、德国、澳大利亚、荷兰（表6）。

表6　2024年宁夏出口枸杞量前5名的国家和地区

出口量排名	2024年出口目的地	出口量/千克	出口金额/美元	出口单价/美元
1	美国	844 059	7 147 280	8.47
2	中国台湾	667 377	4 418 858	6.62
3	德国	665 420	5 273 099	7.92
4	澳大利亚	234 979	1 601 482	6.82
5	荷兰	232 485	1 742 537	7.50

2024年，中国内地（大陆）各省份出口枸杞至单个国家和地区数量排名前3的是广西—越南、宁夏—美国、广东—中国香港，出口数量分别为1 954 390千克、844 059千克、708 130千克，出口金额分别为10 218 713美元、7 147 280美元和3 478 558美元，出口单价分别为5.23美元、8.47美元、4.91美元（表7）。

表7 2024年中国内地（大陆）各省份出口枸杞数量至单个国家和地区前5名统计

出口量排名	出口省份	出口目的地	出口数量/千克	出口金额/美元	出口单价/美元
1	广西	越南	1 954 390	10 218 713	5.23
2	宁夏	美国	844 059	7 147 280	8.47
3	广东	中国香港	708 130	3 478 558	4.91
4	宁夏	中国台湾	667 377	4 418 858	6.62
5	宁夏	德国	665 420	5 273 099	7.92

二、枸杞产品出口贸易面临的挑战

（一）技术性贸易壁垒

根据世界贸易组织（WTO）有关规定，在涉及国家安全、保护人类健康和安全、保护动植物生命和健康以及保护环境的前提下，各国可以制定符合本国的标准和规则，甚至可以实施超出国际标准的技术性措施，这就给许多法律法规完善、检验检测技术先进的发达国家制定食品农产品技术标准留下了"合理"的空间。因此，近年来，美国、日本、欧盟不断发布实施的各种标准、法规、肯定列表、法典尤其是农药残留限量，对中国枸杞产品的出口贸易，乃至整个枸杞产业形成了很大的制约作用，对枸杞产业持续健康发展产生了较大影响。

1. 欧盟

（1）农药残留限量规定（EC）

No 396/2005号法规对食品中农药残留限量做了规定，对未列入标准的任何一种食品、农产品或者农药品种的农药残留限量均为0.01毫克/千克（"一律标准"）。

（2）辐照加工食品规定

欧盟指令1999/2/EC、指令1999/3/EC对辐照处理条件、允许使用的食品清单、销售及进口等作出统一规定。辐照加工食品的标签必须按照（EC）No 1169/2011要求声明其经过辐照处理，向消费者明示。

（3）食品标签规定（EC）

No 1169/2011《向消费者提供食品信息的规定》是欧盟食品标签的法规，规定了所有向消费者提供的食品信息内容。（EC）No 1924/2006《食品营养和健康声称》，对食品的健康和营养声明标示的条件做了规定。所有销售的预包装食品均须符合上述法规要求。对于特殊食品还需要满足特殊食品标签要求，如特殊医学用途食品应满足（EC）No 2016/128《就特殊医疗用途食品的具体成分和信息要求制定欧洲议会和理事会条例》（EC）No 609/2013《补充条例》的要求。其中，对枸杞产品影响较大的是潜在过敏原亚硫酸盐标注规定。

（4）新资源食品法规

（EC）No 2015/2283法规规定了新资源食品及其成分在投入市场前必须由欧洲食品安全局证明其安全性。

（5）食品中污染物及重金属规定

（EC）No 1881/2006 制定了食品中污染物及重金属的限量要求。2008 年发布的（EC）No 629/2008 号法规，对（EC）No 1881/2006 进行了修订，调整了铅、镉、汞、锡等重金属在各类食品中的含量。

（6）食品添加剂法规

（EC）No 1333/2008 对食品添加剂种类及其使用条件做了严格规定。（EC）NO 1331/2008 对食品添加剂、食品香精香料、食品酶制剂共同授权程序做了严格规定。

2. 美国

（1）美国联邦法规 40 CFR part 180

规定了食品中农药最大残留限量标准。2012 年以前，枸杞产品在美国无明确标准规定，对枸杞干果农药残留按照"一律标准"即所有农药均不得检出，加以检验和限制。目前，美国虽已制定鲜食枸杞农药残留标准，但是已制定的农药残留限量标准项目少，而且并未考虑干鲜枸杞差别，要求依旧苛刻。

（2）美国联邦法规 21 CFR part 120

《果蔬汁产品 HACCP 法规》规定，所有在美国销售的果蔬汁企业（包括国外企业）必须实施 HACCP 管理，否则其产品不准进入美国市场。

（3）美国联邦法规 21 CFR part 110（GMP）

《食品生产企业现行良好操作规范》是强制性的有关食品原料、生产加工、包装、贮存、运输、人员等方面的卫生要求。适用于所有国内食品和进口食品的加工生产与贮存。

（4）美国联邦法规 21 CFR part 70-74、part 80-82、part 170-186、part 189

对食品添加剂的种类、使用、包装、标识和安全性评估等进行了严格要求。

（5）美国联邦法规 21 CFR part 101

对食品标签的设计、标注、图案、营养成分、声明等做了规定。对于食品中亚硫酸盐含量大于 10 毫克 / 千克，必须在食品标签上标注本食品含有亚硫酸盐。

（6）美国联邦法规 21 CFR part 179

对辐照食品的辐照源、食品种类、标识、包装等做了严格规定。

（7）美国联邦法规 21 CFR part 117

《美国食品安全现代化法案》（FSMA）的核心配套法规之一，对在美国销售食品的生产、加工、包装及储存企业的安全卫生要求做了规定。

（8）《食品过敏原标签和消费者保护法案》和联邦法 21 CFR part 117

对食品中所涉及过敏原成分、标签等均做了强制性要求。

3. 日本

（1）肯定列表制度

2003 年 5 月，厚生劳动省根据食品卫生法修正案，提出了与现行制度有着本质区别的《食品中残留农业化学品肯定列表制度》，并于 2006 年 5 月 29 日正式实施。据调查，枸杞产品出口到日本，按照"肯定列表制度"中相类似产品标准，需要监控 300 多项农药残留指标，对没有设定限量标准的，执行"一律标准"，即含量不得超过 0.01 毫克 / 千克。

（2）辐照食品规定

日本《食品卫生法》要求食品不得辐照，只允许对马铃薯实施放射线照射。

（3）食品添加剂法规

日本涉及食品添加剂管理规定的有3个法律文件：《食品卫生法》《食品卫生法实施条例》《关于修订食品卫生法和营养促进法的101号临时措施法案》。这3个文件对允许使用和禁用的食品添加剂、食品添加剂的申报、食品添加剂的使用限量、标签、检验等各环节做了严格的限定。

（4）《食品卫生法》《食品标签法》《食品标识标准》

对标签合规要求包括过敏原、赏味期限、原产地等做了系统规定。

4. 韩国

韩国《农药肯定列表制度》（PLS）于2019年全面实施，将提高农产品安全性和促进正确使用农药，严格控制农药残留。

该法规的实施，出口到韩国的食品农产品须确认所使用的农药在韩国的最大残留限量标准，在韩国未制定农药残留限量标准的情况下，一律适用0.01毫克/千克的残留限量标准。该制度已于2019年1月1日起适用于所有农产品。药用枸杞子在《韩国药典》（第十二版）第二部分中规定限量值小于等于30毫克/千克。

2024年9月4日，韩国食品药品安全部（MFDS）发布了中国产枸杞子进口检查指示。检查产为枸杞子（不论新鲜、干燥等处理形式），检查项目为二氧化硫。

5. 国际食品法典委员会（CAC）

（1）《食品中农药最大残留限量标准》

CAC农药残留限量标准以数据库的形式展现，可在线查询获知农药最大残留限量值。

（2）《食品添加剂通用法典标准》（CODEX STAN 192—1995）

对食品添加剂类别、工艺、最大允许使用量等做了规定。

（3）通用标准及指南

《声称通用指南》（CAC/GL 1—1979）、《营养标签指南》（CAC/GL 2—1985）、《营养和健康声称使用指南》（CAC/GL 23—1997）、《预包装食品标签通用标准》（CODEX STAN 1—1985）、《特殊膳食用预包装食品标签和产品声称通用标准》（CODEX STAN 146—1985），对预包装食品标签内容、格式及过敏原标识等做了规定。

（4）《辐照食品通用标准》（CODEX STAN 106—1983）

对辐照食品相关要求做了规定。

（5）《食品和饲料中污染物和毒素通用标准》（CODEX STAN 193—1995）

农药对枸杞食品安全构成的威胁最主要是农药残留超标，然而世界各组织、国家及地区之间农药残留限量标准无法统一。主要有几方面的原因：首先，各国气候条件不同，导致病虫害发生使用农药品种和频次不一样，农药残留结果不一样；其次，各国种植方式和控制结构不同，发达国家的农业设施中温室环境模拟大自然，技术水平高但安全性低，农药降解慢；最后，各国膳食结构不同，国际上无法制定统一农药残留限量标准。因此，允许各国在世界卫生组织框架下制定各国家及地区农药残留限量标准。

（二）市场竞争激烈

中国枸杞种植产区主要为宁夏、青海、甘肃、新疆等地，尤其是以宁夏中宁、青海柴达木、甘肃靖远、新疆精河、河北巨鹿等枸杞种植基地最为出名。近年来，宁夏、青海、甘肃等地政府部门持续加快颁布推进枸杞高质量发展政策和措施，各地标准化种植、生产、质量安全检测等地方标准陆续发布，枸杞及其制品迎来大发展阶段，种植面积和产量不断提升，近些年中医药热度不断攀升，多地大力发展中药材市场，内销和外销竞争激烈。部分枸杞出口商以价格竞争市场，行业内互相压价。

宁夏枸杞出口量值常年在同类产品出口中位列第一，近些年不断开发精深加工枸杞产品，远销美国、欧盟、日本等发达国家市场。青海由于其独特的气候和土壤环境，有机枸杞种植发展迅猛，其有机枸杞备受欧洲法国和德国的客户青睐，美国和中国台湾是甘肃枸杞出口主要市场。2023年越南一跃成为中国枸杞出口第一大贸易国，进口的大部分枸杞通过誉为"中药材之乡"的广西的陆路口岸通关，各地中药材市场之间竞争国内外市场同样激烈，部分地区充分利用优越的地理位置、优惠的政策后来居上，出口枸杞量值逐年上升。

就枸杞产品出口而言，自2014年以来，中国内地（大陆）枸杞出口数量首次超过1.1万吨，达到12 273.70吨。截至2023年，近10年中国内地（大陆）枸杞出口基本保持在1.1万～1.2万吨，出口量增长较为乏力。就出口市场而言，近年来中国内地（大陆）枸杞出口主要消费市场为中国台湾、中国香港、东南亚、东亚和欧美部分发达国家和地区。近5年，中国内地（大陆）枸杞出口目的地国家和地区基本每年维持在68个左右。虽然，中国内地（大陆）枸杞出口开发出中东、中亚、南美和非洲等地区市场，出口上述地区枸杞规模多年未有明显增长。

（三）品牌建设与文化传播不足

中国和日本、韩国、越南等互为邻国，马来西亚、新加坡、印度尼西亚等东南亚国家有大量华人华侨居住，古代中国周边邻国深受中华文化影响，中医文化和中华文化相伴相生。在古代，随着中华文化的不断传播，中医也随之传播至周边邻国。据记载，早在公元前2世纪，中医已传入朝鲜半岛，唐朝时期，中医文化由朝鲜半岛传入日本。枸杞作为中医药常用中药材，也是药食同源的作物，《韩国药典》《日本药典》等均有记录，也在上述国家或地区被广泛使用。所以，在20世纪80—90年代，中国内地（大陆）枸杞主要出口至中国香港、中国台湾、日本、韩国和东南亚，出口至上述地区枸杞占比高达95%以上。这表明，中华文化的传播带动了中医药文化的传播，从而反映在枸杞等中药材的出口中。

进入21世纪，中国枸杞的品牌声誉不断扩大，药用和保健价值逐步得到欧美等发达国家的认可，枸杞被西方消费者誉为"超级水果""东方长寿果"，中国枸杞产品逐步进入欧盟、美国、澳大利亚、加拿大等市场，中国枸杞出口至欧美地区的国家数量不断增多，出口量也快速增长，常被欧美国家用作食品营养补充剂。

现阶段，随着"一带一路"倡议的实施，以及中非合作论坛等活动的举办，中国枸杞随之进入更多的中亚、中东、东欧、南美和非洲国家。但是，上述国家对中医药文化以及枸杞文化知之甚少,并未带来中国枸杞在上述地区出口量快速增长的联动效应。

(四)物流成本较高

外贸带动了物流的发展,同时物流的发展同样可以促进外贸的发展,二者相辅相成。由于西北地区环境和地理位置的原因,物流产业发展相对滞后,一定程度上制约了当地出口贸易的发展。中国枸杞主产区主要集中在宁夏、甘肃、青海、新疆等西北地区,出口需将货物运输至各个口岸,尤其是以沿海港口为主,导致物流运输和物流仓储成本较高,物流时间较长,物流效率较低,物流服务和外贸结合度较差。

得益于黄河流域生态保护和高质量发展先行区建设、西部陆海新通道建设等区域海关一体协同机制,企业应充分利用"铁海"联运"一单制"等业务,效节约物流成本,提升运输效率,提高产品竞争力。同时,我国枸杞种植加工主要地区处于丝绸之路经济带,可有效利用丝绸之路经济带的作用降低物流成本,促进枸杞贸易发展。

三、对策建议

(一)加强质量监管和标准化建设

标准化建设作为重要的技术支撑,在现代枸杞产业发展中的作用日益凸显。中国内地(大陆)不同地区枸杞出口目的地国家和地区存在差异,但整体出口方向较为一致,主要为中国台湾、中国香港、东亚、东南亚和欧美地区。虽然各枸杞主产区都针对枸杞产业发展开展一系列标准化建设,但未能有效地将影响枸杞出口各因素全面纳入枸杞产业标准化建设体系中,各地枸杞标准化建设因地制宜、各自为战。各枸杞主产区应加强联络机制,建立工作专班,明确分工,统一研究国外技术性贸易壁垒,共同分享研究成果,将研究成果与各枸杞主产区的标准化建设体系有效结合。在标准化基地建设方面,应针对各产区不同的环境条件,制定适宜的产地标准、种植标准等。加强在生产、加工、贮存、包装等各环节标准建设的统一化,形成科学规范、统一有效地提升枸杞出口的标准化建设体系。同时,以政府牵头,协会组织,企业参与的质量监管体系建设,建立完善的监督管理制度,促进枸杞出口产业规范、安全、持续健康发展。

逐步使现有枸杞标准与 CAC、欧盟等国际标准对接,使枸杞产品适应国际标准或进口国的要求,避免陷入技术性贸易壁垒的陷阱。随着枸杞精深加工的迅速发展,积极争取国家相关部委的支持和帮助,主动参与枸杞系列产品国际标准的制定和协调工作,充分反映我方意见和合理要求,争取将枸杞产品相关标准纳入国际标准体系中。

(二)强化品牌、文化建设和推广

品牌和文化是产品的重要信息载体,品牌和文化可有效推进产品市场竞争力和提升产品经济效益,不断促进产业的发展。应以枸杞丰富的营养价值和药用价值为基础,积极推广枸杞文旅项目,深化与共建"一带一路"国家和地区的文化交流,加大国际平台的枸杞制品展示力度,结合枸杞近年出口增长乏力的原因,加大对枸杞出口量有较大提升空间国家和地区关于枸杞营养成分、保健功效的宣传，包括结合中医及中药材的宣传，提升枸杞文化和品牌效应，规划品牌建设路径，树立企业品牌意识。

（三）加强技术创新和产品研发

中国枸杞出口有着得天独厚的优势和地位，以前枸杞出口主要以枸杞干果、枸杞汁等初加工产品为主，产品利润低、效益差。近年来，随着枸杞营养价值和保健功效的持续开发，以及中医药的深入推广，枸杞出口量也逐步站稳欧美等消费市场，枸杞精深加工产品枸杞籽油、枸杞全粉、枸杞饮料出口至日本、美国、欧盟等发达国家。技术创新能力是企业竞争力的核心，出口企业应不断开发新产品，延长加工链，提高深加工水平，按照国际标准生产，从而有效地提高产品附加值，降低风险。另外，目前被国外官方通报检出农药残留等问题的枸杞产品主要是枸杞干果，枸杞汁及其饮料基本没有遭到通报，充分说明枸杞产品深加工程度的提高以及生产环境卫生条件的改善，可以大大降低国外检出农药残留等问题的风险，从而有效避开国外技术性贸易壁垒的限制。因此，应大力引进和开发应用高新技术、设备和工艺，加快企业技术创新步伐，提高产品品质和附加值，推动枸杞产品加工业由粗放型向集约化、标准化发展，这是有效应对国外技术性贸易壁垒的重要手段。同时，应有效拓宽枸杞产品出口的赛道和领域，提升枸杞产品附加值，让技术创新和产品研发持续为枸杞出口产业赋能加量。

（四）优化物流配送体系

出口贸易中主要成本为物流运输、物流仓储、物流时间和物流效率。由于我国枸杞主产区集中在西北地区，受制于环境因素和地理位置的影响，物流成本很大程度上制约了我国枸杞出口贸易。我国丝绸之路经济带和西部陆海新通道建设等国家战略，可极大地解决西部地区由于物流成本因素制约枸杞出口的现象。所以，地方政府应深化研究上述国家战略，完善相关基础配套设施建设，加大对出口企业政策宣传和引导力度。枸杞出口企业应结合自身出口市场，积极掌握政策变化，主动融入，降低自身出口货物物流成本。

（五）拓展国际市场渠道

枸杞出口受阻的另一个重要原因是，市场过分集中于美国、日本、欧盟，而这些国家的技术法规和标准较为严格，也是我国出口食用农产品受技术性贸易措施影响最多的国家和地区。因此，出口企业在提高枸杞产品质量的同时，应利用不同国家和地区所执行技术法规和标准的差异性，积极实施市场多元化战略，努力开拓新市场，主动改变过于集中在发达国家市场的格局，分散食用农产品出口流向，灵活规避国际市场风险。

枸杞原浆市场高质量发展分析报告

余君伟 徐 波 武冰辉 路福平 乔长晟*

摘 要： 枸杞原浆产业正处于技术革新与消费升级双轮驱动的关键阶段。宁夏作为核心产区，凭借道地原料资源、规模化种植基础及全产业链质控体系，构建"原料—加工—品牌"三位一体竞争优势。但当前产业发展仍面临三大核心挑战：区域同质化竞争导致特色价值弱化，全链条标准体系缺位制约品质升级，市场存在以次充好、功效虚标等乱象。应从枸杞原浆行业发展历程、生产原料、加工工艺、质量控制、品牌建设等多维度出发，全面剖析其高质量发展的关键因素。同时，结合市场需求、消费者行为、政策法规及外部环境变化，为枸杞原浆行业的高质量发展提供策略建议。

关键词： 枸杞原浆；高质量发展；创新驱动

一、枸杞原浆市场现状

（一）发展历程

枸杞原浆的产业化征程最早可追溯至 20 世纪 90 年代，而其研究初探则始于 20 世纪 80 年代，当时宁夏中宁枸杞制品厂率先涉足枸杞汁加工的实验研究，为后续产业发展奠定了初步基础。1997 年，标志着枸杞原浆产业化进程的重要一步正式迈出——宁夏杞乡生物食品工程有限公司携手宁夏生物与食品工程技术中心，共同开展枸杞原浆常温保鲜生产技术的深度研发。这一合作不仅成功设计并投产全国首条枸杞原浆（即枸杞原汁）生产线，还在 1998 年通过一系列技术创新，包括巴氏杀菌技术的运用、产品 pH 值的精确调控、防腐剂的合理添加、无菌包装技术的实施等，成功实现了枸杞原浆产品的常温保存，其保质期更是达到了 12 个月以上的突破性进展。在此基础上，该研发团队不断探索与创新，相继推出枸杞清汁与枸杞浓缩汁两大系列产品，这些产品最初主要服务于出口市场及食品工业原料需求，有效拓宽了枸杞产品的应用领域。

步入 21 世纪，技术的累积如同涓涓细流汇聚成海，市场也随之日益成熟。在这一背景下，宁夏地区部分企业于 2010 年左右对生产工艺进行了优化革新。这一变革将枸杞原

---

* 余君伟，宁夏中宁枸杞产业创新研究有限公司执行院长，高级食品工程师；徐波，宁夏中农艾森检测有限公司质量负责人，食品工程师；武冰辉，杞源堂（宁夏）生物科技有限公司项目负责人，食品工程师；路福平，天津科技大学党委副书记、校长，教授；乔长晟，天津科技大学，博士生导师，教授。

浆的产品得率从之前的70%左右提升至80%甚至更高水平，生产效率实现了质的飞跃。与此同时，企业并未止步于此，而是继续升级灭菌设备与工艺，使得产品的保质期得以进一步延长至24个月以上。这一举措无疑大大增强了产品的市场竞争力，让枸杞产品能够在更广阔的市场舞台上绽放光彩。

在这一波技术创新的浪潮中，早康枸杞股份有限公司率先以枸杞原浆为原料，巧妙运用酶解、超滤、真空浓缩等高新技术，成功开发出枸杞原液这一划时代的产品。该产品不仅进一步提高了枸杞的生物利用率，使枸杞的珍贵营养得以更充分地被人体吸收利用；同时，还极大地丰富了枸杞产品的消费场景，让枸杞的滋补养生之道更加贴近人们的日常生活，成为枸杞产业中一个里程碑式的升级之作。

2016年后，随着消费者对便捷性与产品多样性的需求日益增长，市场上相继涌现50毫升与30毫升规格的玻璃瓶包装，为消费者提供了更多选择。2017年底，早康枸杞股份有限公司率先推出30毫升异形复合袋包装的枸杞原浆，以其独特的设计和良好的便携性赢得了市场的广泛好评。

自2018年起，众多企业纷纷跟进，不断推出各式各样的包装形式，枸杞原浆产品开始大规模进入市场，直接面向广大消费者。这一系列的发展不仅推动枸杞原浆行业的繁荣，也让更多消费者能够便捷地享受这一营养丰富、健康养生的佳品。

（二）发展现状

1. 市场规模

枸杞原浆产品自2018年在销售终端闪亮登场以来，其市场扩张之势蔚为壮观，截至2023年底，这一细分领域的全网销售额已突破8亿元，见证了其蓬勃发展的市场潜力。在宁夏这一枸杞核心产区，枸杞原浆生产企业如雨后春笋般涌现，数量多达44家，整体枸杞原果加工产能逼近2万吨，彰显了产业集群的强劲动能。京东健康大数据显示，2023年枸杞线上行业整体销售额为29亿元，同比增长48.5%，其中枸杞干果占比62%；枸杞原浆占比30%，同比增长57%。从产品供给看，宁夏产枸杞原浆市场占有率为70%左右，青海、甘肃、安徽、广东、河南等地枸杞原浆市场占有率为30%左右。

2. 竞争格局

（1）市场参与者众多

枸杞行业的进入门槛相对较低，市场上存在大量的参与者，包括农户、合作社、中小企业以及部分大型企业。

（2）品牌集中度逐渐提高

随着消费者对品质和品牌的关注度提高，市场竞争逐渐从价格竞争转向品质竞争和品牌竞争。一些具有品牌影响力、产品质量有保障的企业逐渐脱颖而出，市场集中度有所提高。

（3）区域品牌优势显著

宁夏枸杞凭借其深厚的药用价值和良好的市场口碑，成为市场上的热门产品。宁夏作为枸杞的道地产区，其枸杞产业链年综合产值持续增长，出口量和金额也均有所增长，显现较强的国际竞争力。

3. 发展趋势

（1）市场需求持续增长

随着大健康产业的快速发展和消费升级的推动，枸杞作为具有保健功能的传统中药材和食品原料，其市场需求将持续增长。

（2）产品多样化差异化明显

枸杞产品种类日益丰富，从传统的枸杞干果、保健品到新兴的枸杞原浆、枸杞咖啡等，产品形态和功效不断创新。这种多样化和差异化战略有助于满足消费者的多样化需求，推动市场增长。

（3）品牌化与品质化趋势加强

随着消费者对健康和营养的关注度日益提升，枸杞行业正逐步向品牌化和品质化方向发展。品牌成为消费者选择枸杞产品的重要因素，品质则是品牌竞争力的核心。

（4）市场国际化

枸杞原浆产品将积极拓展国际市场，加强与国外经销商和消费者的合作与交流。企业需要关注国际贸易政策和市场变化等因素对枸杞原浆产品出口的影响，提升产品的国际竞争力。

（5）科技创新与智能化

科技创新是推动枸杞原浆行业发展的重要动力。企业需要加大科技创新和研发投入力度，推动枸杞原浆产业的技术进步和产业升级。智能化种植、自动化加工、数字化管理等技术的应用将大幅度提高枸杞原浆产业的生产效率和产品质量。

随着行业的快速发展，竞争也日益白热化。产品售价经历了大幅度下滑，与初入市场时的高位相比，已缩水近70%，这无疑加剧了行业的洗牌与整合压力。尽管在加工工艺层面，企业不断探索与改进，但在提升产品收率、优化产品品质及降低加工成本等关键领域，仍然存在广阔的优化空间，亟待进一步突破。

尤其值得关注的是，随着安徽、广东、河南等地加工企业纷纷入局，市场竞争格局进一步复杂化。这些新兴加工企业的加入，不仅未能有效提升整体质量标准，反而在一定程度上拉低了枸杞原浆的市场门槛，对宁夏等枸杞核心产区的企业构成了不公平的竞争环境，不利于整个枸杞产业持续健康发展。

（三）产业链分析

1. 原料供给

我国枸杞产业遍地开花，横跨13个省（自治区、直辖市），有枸杞种植的省份占国土面积的一半以上，尤其在宁夏、甘肃、青海、新疆等地，枸杞产业对优化区域产业结构、驱动经济增长、助力乡村振兴及农民增收贡献显著。在习近平新时代中国特色社会主义思想的引领下，自党的十八大以来，枸杞产业已迈入高质量发展的全新阶段，成为推动我国北方，尤其是西北地区生态屏障构建、区域经济提质增效、实现全体人民共同富裕的关键力量。

（1）宁夏产区

宁夏是道地枸杞传统主产区，栽培历史悠久，产业基础好，市场知名度高，品牌优势突出，产业聚集度高。多年来，宁夏积极传承历史馈赠，大力推动基地稳杞、龙头保杞、科技兴杞、质量立杞、品牌强杞和文化活杞"六大工程"，形成了以中宁为核心，清水河流域和贺兰山东麓为两翼的枸杞种植产区。2023年底，宁夏枸杞种植面积32.5万亩，鲜果产量为32万吨，加工转化率35%，枸杞产业全产业链综合产值290亿元，枸杞核心产区中宁县枸杞产业综合产值140亿元。宁夏独特的光、热、水、土、土资源和先进的育种、种植、加工技术孕育了品质优良的道地枸杞，宁夏枸杞是《中国药典》明确可以入药的枸杞基源植物。

（2）甘肃产区

甘肃坐拥黄河上游之地利，其枸杞主产区星罗棋布于祁连山脉周边，涵盖白银、酒泉、嘉峪关、武威、张掖等地。甘肃省统计局数据显示，截至2021年，全省枸杞种植面积约28万亩，总产量约为4.1万吨。尽管截至2023年的确切种植面积尚未有官方报道，但结合实地调研与多方交流，可合理推测其面积已调整至25万亩左右。甘肃白银市靖远县与景泰县，因毗邻宁夏中宁县，所产枸杞品质较为出众，接近宁夏枸杞。

（3）青海产区

青海充足的光照、显著的昼夜温差、干旱少雨的气候条件、无污染的环境以及丰富的土地资源，为枸杞的高产提供了理想的自然环境。自2008年起，枸杞产业在青海迅速崛起，尤其在柴达木盆地和共和盆地成为重要经济林产业。截至2018年，青海省的枸杞种植面积已高达53万亩。然而，自2019年起，受枸杞市场低迷的影响，种植面积开始逐年缩减，截至2023年底，枸杞种植面积已降至42.81万亩。典型的高原大陆性气候孕育了粒大、色红、肉厚、味甜、无污染的青海枸杞。

（4）新疆产区

新疆是中国枸杞的主要产区之一，以精河县为核心，辐射至巴州、塔城等地。截至2023年底，全疆枸杞种植面积约15万亩。典型的北温带大陆性干旱气候，积温高、日照长、昼夜温差大，加之碱性沙化砂质土壤和天山冰雪融水灌溉，新疆出产的枸杞具有果粒大、肉厚、味甜的特点。

（5）内蒙古产区

内蒙古枸杞种植主要集中在巴彦淖尔市、阿拉善盟等地。巴彦淖尔市属典型的温带大陆性气候，日照充足，昼夜温差大，年降水量少，属半干旱类型，适宜枸杞的生长，得益于黄河水的灌溉，内蒙古枸杞的特点是皮薄肉厚、味甘、籽少。2023年底，内蒙古种植面积已不足万亩。

（6）河北产区

河北自20世纪60年代末引种枸杞，种植重心在邢台巨鹿县。1997—2017年，河北枸杞产业蓬勃发展，种植面积达7万亩。但自2017年起，受市场需求波动、成本上升等因素影响利润空间收窄，巨鹿县枸杞种植面积开始萎缩，据河北省农业部门最新统计，截至2023年底，河北省枸杞种植面积已不足万亩。河北枸杞的特点是粒小、籽少、后味微苦。

2. 产品类型及加工工艺

当前市面上的枸杞原浆系列产品主要有枸杞原浆、枸杞清汁、枸杞浓缩汁（浆）、复合枸杞汁（浆）及枸杞汁饮料等产品。各类产品的生产工艺如下。

（1）枸杞原浆加工工艺

枸杞鲜果—拣选—清洗—沥水—破碎—预热—打浆—过滤—胶体磨—均质—脱气—杀菌—无菌灌装—检验—出厂。

（2）枸杞清汁加工工艺

枸杞鲜果—拣选—清洗—沥水—破碎—预热—打浆—过滤—胶体磨—均质—脱气—酶解—离心—超滤—杀菌—无菌灌装—检验—出厂。

（3）枸杞浓缩浆加工工艺

枸杞鲜果—拣选—清洗—沥水—破碎—预热—打浆—过滤—胶体磨—均质—脱气—真空浓缩—杀菌—无菌灌装—检验—出厂。

（4）枸杞浓缩汁加工工艺

枸杞鲜果—拣选—清洗—沥水—破碎—预热—打浆—过滤—胶体磨—均质—脱气—酶解—离心—超滤—真空浓缩—杀菌—无菌灌装—检验—出厂。

（5）复合枸杞汁（浆）加工工艺

枸杞原浆—调配（一种或一种以上果蔬浆）—预热—均质—灌装—旋盖—灭菌—贴标—喷码—装盒—喷码—覆膜—装箱。

（6）枸杞汁饮料

枸杞原浆—调配（加入水、食品添加剂、食品配料）—预热—均质—灌装—旋盖—灭菌—贴标—喷码—装盒—喷码—覆膜—装箱。

3. 枸杞原浆消费群体和消费场景分析

（1）消费群体

京东健康2023年统计数据显示，枸杞产品消费人群画像主要集中在26～45岁人群，一、二线城市占比超过50%，高级白领、小白领用户占比超过96.48%，已婚人群占比58%，男性高于女性。

（2）目标消费人群

①亚健康人群。枸杞原浆的滋补作用能够提升身体免疫力，改善整体健康状况，对于长期处于亚健康状态的人群非常适合。

②工作繁忙人群。工作压力大、精神紧张的人群可以通过枸杞原浆调节神经系统，提高身体的抗压能力。

③老年人群。枸杞原浆中的多糖、氨基酸等成分对老年人养生非常有益，能够延缓衰老过程，保持身体健康。

④运动爱好者。枸杞原浆的能量供应和抗疲劳作用使其成为运动爱好者的理想选择，有助于提高体力和运动表现。

⑤年轻消费者。尤其是"90后"女性，对枸杞原浆的需求在逐渐增长。她们更倾向选择方便、快捷、即食化的养生产品，枸杞原浆恰好符合这一需求。

（3）消费场景

①日常饮用。枸杞原浆作为一种方便携带和饮用的保健品，可以随时随地饮用，非常

适合日常养生。

②烹饪调味。枸杞原浆还可以被融入烹饪中,制作各类料理,如枸杞糖醋排骨、枸杞鸡汤、枸杞番茄火锅、枸杞奶昔等。

③礼品赠送。由于其营养价值和养生功效,枸杞原浆也成为一种受欢迎的礼品,适合送给亲朋好友表达关心和祝福。

④特定场合。如办公室、健身房、学校等,枸杞原浆可以作为能量补充和提神醒脑饮品,帮助人们更好地应对工作和学习的压力。

4. 枸杞原浆质量现状

(1) 产品质量标准

在全国范围内,仅有宁夏在2022年出台了针对枸杞原浆的食品安全地方标准,为行业树立了标杆。而其他枸杞产区乃至全国层面,至今仍未有相关标准发布,这无疑为市场的无序竞争埋下了隐患。值得注意的是,国家供销总社于2019年牵头制定的《枸杞浆》(GH/T 1237—2019)标准,其适用范围更偏向于工业产品,且原料选择相对宽泛,既可以是鲜果也可以是干果。相比之下,宁夏的地方标准在原料筛选、产品卫生及理化指标等方面均更为严格,体现了对高品质的追求与坚守。

目前,枸杞原浆相关的国家、行业、地方、团体标准共有8项,其中宁夏出台枸杞原浆地方食品安全标准1项,产品团体标准2项,枸杞原浆中多糖和类胡萝卜素检测方法标准各1项,相关国家标准2项,分别为《植物饮料》(GB/T 31326—2014)、《果蔬汁类及其饮料》(GB/T 31121—2014),行业标准1项为《枸杞浆》(GH/T 1237—2019)。

(2) 产品质量状况及标准执行情况

①产品质量状况。2023年12月,宁夏枸杞产业发展中心与中宁县枸杞产业发展服务中心,共同委托一家第三方检测检验机构,对淘宝、京东、抖音、快手等主流电商平台上销量排名前10的枸杞原浆品牌进行随机采样分析。此次检测涵盖64批次的产品样本,其中43批次源自宁夏本地企业,另外21批次则来自宁夏以外的企业,共涉及41家企业和57个品牌。检验机构依据《食品安全地方标准 枸杞原浆》(DBS64/008—2022)的严格规定,对这64批次样品进行全面的检测。检测项目多达14项,包括感官评价、可溶性固形物、总酸、枸杞多糖、甜菜碱,以及铅、菌落总数、大肠菌群、沙门菌、霉菌、酵母菌等微生物指标,还有标签标示的合规性。

结果显示,宁夏本地企业生产的43批次产品中,有38批次表现优异,合格率为88.4%。有5批次产品未能达标,不合格率为11.6%,主要问题集中在可溶性固形物含量、总酸、菌落总数以及标签标示等方面。相比之下,宁夏以外地区生产的枸杞原浆产品合格率则显著偏低,仅为23.8%。具体而言,仅有5批次产品合格。16批次的产品存在质量问题,不合格率为76.2%。这些不合格产品的主要问题涉及可溶性固形物、总酸和甜菜碱含量,三个指标在不合格批次中的占比均超过了55%。

从表1可以看出,宁夏所产枸杞原浆在可溶性固形物与甜菜碱这两项关键质量指标上,展现了明显优于区外产品的平均水平。这一优势不仅彰显了宁夏枸杞得天独厚的自然品质,也反映了其在枸杞原浆加工领域的精湛工艺与严格标准。然而,在对比区外产品时发现,枸杞多糖含量与甜菜碱、可溶性固形物之间并未呈现线性关系,深入分析后推测,可能由于部分区外产品在加工过程中添加了蔗糖、糊精等糖类物质，从而在一定程度上掩盖了枸杞本身的天然成分特性。

表 1 宁夏区域内外枸杞原浆产品理化指标平均含量

序号	项目	宁夏区域内生产原浆	宁夏区域外生产原浆
1	可溶性固形物	18.2%	13.3%
2	枸杞多糖	0.75%	0.81%
3	总酸	0.55%	0.33%
4	甜菜碱	0.18%	0.11%

在抽检过程中，还发现了市场上存在一系列令人担忧的现象。首先，价格体系的混乱导致产品质量的参差不齐，消费者在购买时往往难以辨别优劣。其次，一些国内其他产区的枸杞原料被运至宁夏进行加工，并冠以宁夏或中宁枸杞原浆的品牌进行销售，这种行为不仅混淆了产品来源，也损害了宁夏枸杞原浆的品牌形象。更为严重的是，部分不良商家为了追求利润最大化，不惜采用劣质干果复水、掺杂使假等不正当手段，严重侵害了消费者的合法权益。此外，还有商家使用过期原料进行加工，或者使用其他食品原料及食品添加剂进行调配勾兑，以次充好，欺瞒消费者，这些行为无疑是对市场秩序的严重破坏。

②标准执行情况。宁夏枸杞原浆生产企业必须执行《食品安全地方标准 枸杞原浆》（DBS64/008—2022）这一强制性地方标准。宁夏以外产区的枸杞原浆大多仅执行《果蔬汁类及其饮料》（GB/T 31121—2014）这一通用标准，但是该标准并未针对枸杞原浆设立特征性指标，如枸杞多糖、甜菜碱等，这无疑为部分不良商家提供了可乘之机。因此，我们呼吁相关部门应进一步完善枸杞原浆的国家标准体系，加强对市场的监管力度，切实保障消费者的合法权益与市场的公平竞争。同时，也希望广大消费者能够提高警惕，选择正规渠道购买品质可靠的枸杞原浆产品。

二、枸杞原浆市场高质量发展优势、劣势及面临的挑战和机遇

（一）发展优势与机遇

1. 市场容量与需求增长

枸杞因其丰富的营养价值和保健功能（如提高免疫力、延缓衰老、保护视力等），在国内外市场上备受青睐。随着人们对健康生活的追求日益加强，枸杞产品的市场需求持续增长，特别是中老年人群和亚健康人群对枸杞产品的消费需求更加旺盛。枸杞原浆作为枸杞深加工产品的一种，满足了消费者对便捷、高效摄取枸杞营养的需求，市场潜力巨大。此外，健康消费趋势的兴起进一步推动了消费者对天然、健康食品的需求，为枸杞原浆的发展提供了广阔的市场空间。

2. 产能提升与技术创新

近年来，枸杞的种植面积和产量持续增长，为枸杞原浆的生产提供了充足的原料保障。各主产省区在枸杞种植和加工环节不断创新，推广新模式、新技术，提高枸杞的产量和品质，为枸杞原浆的生产提供了高质量的原料。加工环节的技术创新，如深加工技术和

自动化加工设备的应用，提高了枸杞原浆的生产效率和产品质量。同时，数字化转型的推进，如大数据、物联网技术在生产、销售中的应用，为枸杞原浆产业智能化发展提供了新的机遇。

3. 目标消费人群明确

枸杞原浆的目标消费人群主要是注重健康、追求生活品质的中老年人和年轻消费者。这些消费者对产品的品质和功效有较高的要求，愿意为高质量、高附加值的枸杞原浆产品支付溢价。随着健康消费趋势的普及，这一目标人群的消费潜力将进一步释放。

4. 出口潜力与国际化发展

我国枸杞的出口量呈现稳步增长的趋势，枸杞产品出口多个国家和地区，显示了较强的国际竞争力。枸杞原浆作为枸杞深加工产品的一种，具有较高的附加值和市场竞争力，有望在国际市场上获得更多份额。同时，开拓国际市场的机遇为枸杞原浆全球化发展提供了新的增长点。

5. 政策支持

政府对健康产业、农产品深加工的政策扶持为枸杞原浆产业的发展提供了有力的政策保障，进一步推动了行业的规范化、规模化发展。

（二）发展劣势与挑战

1. 供需比失衡风险

虽然枸杞的产量持续增长，但市场需求的增长速度和产能的提升速度可能存在不匹配的情况。如果市场需求增长放缓或产能过剩，可能导致枸杞原浆产品的供需比失衡，影响产品的销售和价格。此外，原材料供应的稳定性也面临挑战，枸杞种植的地域限制和气候变化对产量的影响可能进一步加剧供需失衡的风险。

2. 市场竞争激烈

枸杞原浆市场上存在众多品牌和参与者，市场竞争激烈。一些具有品牌影响力、产品质量有保障的企业逐渐脱颖而出，市场份额的争夺激烈。同时，市场竞争格局的同质化竞争严重，价格战频发，对企业提出了更高的运营要求。

3. 原料价格波动

枸杞原料的价格受多种因素影响，如气候、种植面积、产量等。原料价格的波动可能影响枸杞原浆的生产成本和销售价格，进而影响企业的盈利能力。此外，原材料供应的稳定性问题也对企业的长期发展构成了挑战。

4. 政策与标准限制

政府对枸杞产业的质量控制和管理日益严格，对枸杞原浆产品的生产和销售也提出了一定的标准和要求。企业需要遵守相关政策和标准，确保产品的质量和安全，这可能增加企业的生产成本和运营难度。同时，法规政策环境的变化，如食品安全法规的更新和行业标准的调整，也对企业的合规经营提出了更高的要求。

5. 技术创新能力不足

在加工工艺、保鲜技术、产品多样化等方面，枸杞原浆产业面临一定的研发瓶颈。技术创新能力的不足可能限制产品的升级和市场拓展，影响企业的长期竞争力。

三、枸杞原浆市场高质量发展对策建议

为推动枸杞原浆产业持续健康发展，维护宁夏枸杞这一地方特色品牌形象，同时满足消费者日益增长安全、健康、高品质产品需求，特提出以下建议，旨在通过多维度、深层次的措施，促进产业转型升级，提升整体竞争力。

（一）构建全产业链标准化体系，强化原料与供应链保障

1. 深化种植与供应链优化

以宁夏为核心产区，联合青海、甘肃、新疆等地，建立规模化、标准化枸杞种植基地，推广现代农业技术（如节水灌溉、生态种植），确保原料的高质量与可持续供应。

2. 跨区域供应链协同

搭建辐射多省的原料互补网络，通过数字化平台实现供需动态匹配，建立全流程追溯体系，保障原料采购透明化与供应链韧性。

3. 完善标准体系

推动制定国家/行业标准，推广宁夏地方标准至全国，形成多层次标准框架，规范生产流程与产品质量。

（二）技术创新驱动产品升级，打造智能化生产体系

1. 工艺与设备升级

引入酶解、生物发酵、低温萃取、膜过滤等先进技术，开发高附加值产品，提升营养保留率与功能性。

2. 产学研深度融合

联合高校与科研机构，聚焦活性成分研究，加速成果转化（如改善睡眠、增强免疫、慢性病辅助治疗等细分功能产品）。

3. 数字化转型

应用物联网与AI技术实现生产全流程智能化监控，优化能耗与品控效率，降低边际成本。

（三）立体化市场布局与品牌价值提升

1. 精准定位与渠道创新

线上，通过直播电商、社群营销触达年轻群体，结合健康IP打造爆款；线下，进驻商超、药店、高端健康体验店，强化"药食同源"认知。

2. 差异化品牌战略

挖掘"宁夏枸杞""中宁枸杞"地理标志、历史文化内涵，打造"国潮养生""轻滋补"等品牌故事，推出高端礼盒与定制化服务。

3. 跨界场景拓展

与餐饮、美妆、保健品行业合作，开发枸杞原浆饮品、面膜等衍生品，拓宽消费场景。

（四）严控质量安全，构建行业自律生态

1. 全链条质量管控

从种植到加工建立全面质量管理体系，加强过程监控，确保产品符合国内外食品安全标准。

2. 行业协同治理

由产业协会联合业内企业，制定指导价与反低价倾销公约，打击假冒伪劣，维护市场秩序。

3. 政策衔接与人才支撑

对接政府健康产业扶持政策，搭建公共服务平台，提供技术培训与政策解读，培养复合型产业人才。

（五）国际化战略与绿色可持续发展

1. 出口市场突破

针对欧美、东南亚市场开发小包装、便携式产品，适配当地法规，通过跨境电商与海外健康展销会推广。

2. 绿色生产转型

推广节水节能加工技术，开发枸杞副产物精深加工开发，循环利用，降低碳排放。

枸杞子中药饮片市场价格分析报告

张永生　王学红　刘娟　陈清平[*]

摘　要： 随着我国中医药产业蓬勃发展，市场对中药材需求持续攀升，枸杞子作为常用的中药饮片，其市场价格波动备受关注。通过深入剖析枸杞子中药饮片市场，全面梳理近年来枸杞子的种植与生产状况、市场供需格局、价格走势特征，并综合考量成本、政策、市场竞争等多方面因素，对枸杞子中药饮片市场价格的未来趋势作出预测与展望。从而为相关从业者、投资者及关注中医药市场的各方提供全面、客观、深入的市场分析参考，助力把握市场机遇，应对潜在挑战。

关键词： 枸杞子；中药饮片；市场价格

枸杞为茄科枸杞属的多分枝灌木植物，在中国主要有宁夏枸杞和中华枸杞两个品种。枸杞子系枸杞的成熟果实，于秋季果实成熟时采摘，经晾晒等加工处理后所得，是常见中药材。《中国药典》收载的枸杞子为宁夏枸杞的干燥成熟果实。

一、2024年枸杞子市场价格走势

（一）中药房领域价格情况

中药房领域的枸杞子中药饮片价格存在一定差异。大型连锁中药房凭借强大的采购能力和品牌影响力，价格相对稳定且处于市场中等水平。目前，宁夏枸杞子依粒度划分等级，有特级、特优等，市场价格因等级而异。尽管《中国药典》一部对枸杞子未作等级区分，但鉴于当前市场原料供应价格不同，市售中药饮片枸杞子的价格也依原料价格有所区分。例如，在一线城市的大型连锁中药房，宁夏枸杞子中药饮片选货价格为每千克100～150元，统货价格为每千克80～100元。小型个体中药房由于采购渠道单一、采购量小，成本相对较高，销售价格可能略高于大型连锁中药房。在偏远地区或小型城镇的中药房，因市场竞争较小，枸杞子中药饮片价格波动较大，同等品质产品价格可能比大城市中药房高出10%～20%。

---

[*] 张永生，宁夏永寿堂中药饮片有限公司董事长；王学红，宁夏永寿堂中药饮片有限公司副总经理；刘娟，中宁枸杞产业发展服务中心，二级研究员；陈清平，中宁枸杞产业发展服务中心，高级工程师。

（二）药店领域价格情况

药店的枸杞子中药饮片价格也呈现不同态势。大型医药零售连锁药店定价策略统一规范，价格相对透明。以宁夏永寿堂中药饮片公司产品为例，该公司枸杞子中药饮片依据不同规格和品质定价，优质枸杞子价格相对较高。如280粒/50克的优质宁夏枸杞子中药饮片，在大型医药零售连锁药店售价为每千克120～150元，普通规格的售价在每千克80～120元。小型单体药店价格灵活性大，能够根据当地市场需求和竞争状况调整价格。在竞争激烈地区，小型药店为吸引顾客，可能降低枸杞子中药饮片价格，与大型连锁药店形成价格差异。

（三）不同规格产品价格差异

枸杞子中药饮片的规格对价格影响显著。通常，枸杞子规格以每50克粒数划分，粒数越少，表明枸杞子个头越大、品质越好，价格越高。例如，宁夏永寿堂中药饮片公司的220粒/50克枸杞子中药饮片属特级品，价格为每千克150～180元；280粒/50克的属一级品，价格为每千克120～150元；350粒/50克及以上为普通规格，价格为每千克80～120元。此外，一些特殊规格的食品枸杞，如破壁枸杞、枸杞粉等，因加工工艺复杂，价格比普通枸杞子中药饮片高出30%～50%。

（四）中药材市场价格情况

在不同的中药材市场，枸杞子中药饮片价格存在明显差异。宁夏作为枸杞子主产地，当地中药材市场具有价格优势。宁夏中药材市场枸杞子供应量充足、竞争激烈，价格相对较低。例如，宁夏当地中药材市场宁夏枸杞子统货价格为每千克60～80元，选货价格为每千克100～120元，明显低于其他地区市场价格。在大型中药材集散地，如安徽亳州、河北安国等中药材市场，受运输成本、仓储成本等因素影响，枸杞子中药饮片价格相对较高。在这些市场，宁夏枸杞子统货价格为每千克80～100元，选货价格为每千克120～150元。小型中药材市场因供应量有限，价格波动大，可能出现价格虚高现象。

（五）中成药原材料市场价格情况

在中成药原材料市场，枸杞子作为常用中药材，价格受多种因素影响。大型中成药生产企业因采购量大，与供应商建立长期稳定合作关系，采购价格相对较低。例如，一些大型药企采购宁夏永寿堂中药饮片公司的枸杞子作为中成药原材料，采购价格为每千克60～80元，低于市场零售价格。小型中成药生产企业因采购量小、议价能力弱，采购价格相对较高。此外，中药饮片的生产工艺和质量要求也会影响枸杞子的采购价格。宁夏枸杞作为《中国药典》一部枸杞子的唯一来源，其道地性和药典规定使其成为中药饮片生产企业采购原料的首选，价格也随之提升。

二、枸杞子中药饮片市场价格影响因素

（一）成本因素（种植、加工、运输）

种植成本：枸杞子种植成本涵盖土地租赁、种子、化肥、农药、人工等费用。宁夏地区因气候、土壤等条件适宜枸杞子生长，种植成本相对较低，但近年来随着土地资源紧张和人工成本持续上涨，种植成本逐渐增加。例如，土地租赁费用每年每亩为800～1000元，种子、化肥、农药等费用每年每亩为1000～1200元，人工成本每年每亩为1000～1500元。这些种植成本的增加直接影响枸杞子中药饮片价格。

加工成本：枸杞子加工过程包括采摘、晾晒、筛选、清洗、烘干、包装等环节，每个环节均需成本投入。采摘环节需大量人工，采摘费用每千克为3～4元；晾晒和烘干环节消耗能源，能源费用每千克为2.4～2.6元；筛选、清洗和包装环节需使用设备和材料，设备折旧和材料费用每千克为0.5～1元。综合来看，枸杞子加工成本每千克为2～4元，是影响枸杞子中药饮片价格的重要因素之一。

运输成本：枸杞子运输成本主要取决于运输距离、运输方式和运输量。宁夏永寿堂中药饮片公司的枸杞子产品主要通过公路运输和铁路运输。公路运输灵活方便，但成本较高，每千克运输费用为3～4元；铁路运输成本相对较低，但运输时间长，每千克运输费用为1～2元。此外，运输量越大，运输成本越低。因此，运输成本变化对枸杞子中药饮片价格产生一定影响。

（二）品质因素

枸杞子品质是影响其价格的关键因素之一。品质优良的枸杞子，不仅颗粒饱满、色泽鲜艳、口感佳，在水分、灰分、二氧化硫、含量测定、33项农药残留量、重金属及有害元素等检测项目上也需符合《中国药典》要求，故而价格相对较高。宁夏永寿堂中药饮片公司注重产品品质，其生产的枸杞子中药饮片在市场上口碑良好。从外观看，优质枸杞子颗粒大小均匀，颜色鲜红或暗红色，无杂质；口感上，优质枸杞子甘甜无苦涩味；检测方面，原料选用宁夏中宁县地产枸杞子，保障了原料道地性，且枸杞子的水分、灰分、二氧化硫、浸出物、含量测定、33项农药残留量、重金属及有害元素检测均符合《中国药典》规定。这些品质差异导致枸杞子中药饮片价格相差较大，一般而言，品质好的枸杞子价格可能是普通枸杞的1.5～2倍。

（三）品牌因素

品牌对枸杞子中药饮片市场影响较大。知名品牌通常具备较高品质保证和良好信誉，消费者认可度高，价格相对较高。宁夏永寿堂中药饮片公司作为知名中药饮片生产企业，品牌影响力不断提升，产品价格也相对较高。品牌建设需要投入大量资金和精力，涵盖产品研发、生产管理、质量控制、市场推广等方面。这些投入在增加了企业成本的同时，也提高了产品附加值和市场竞争力，促使产品价格提升。

（四）供求因素

供求关系是影响枸杞子中药饮片市场价格的重要因素之一。近年来，随着人们健康意识和养生观念的增强，枸杞子市场需求持续增长。同时，枸杞子种植面积不断扩大，但受气候、病虫害等因素影响，产量波动较大，导致供求关系不稳定。当市场供大于求时，枸杞子中药饮片价格下降；当市场供小于求时，价格上涨。例如，在枸杞子丰收年份，市场供应量增加，价格可能下降 10%～20%；在减产年份，市场供应量减少，价格可能上涨 20%～30%。

（五）其他因素（地理、政策、市场）

地理因素：枸杞子生长环境对其品质和价格影响显著。宁夏地区因独特地理环境和气候条件，所产枸杞子品质优良，价格相对较高。其他地区的枸杞子因生长环境不同，品质和价格存在差异。例如，青海、新疆等地的枸杞子虽有一定产量，但受气候干燥、昼夜温差大等因素影响，品质和价格与宁夏枸杞子相比有一定差距。

政策因素：政府相关政策对枸杞子中药饮片市场价格产生影响。国家对中药材种植的扶持政策、药品监管政策等，会影响枸杞子的种植面积、产量和质量，进而影响价格。此外，税收政策、环保政策等也会对枸杞子中药饮片的生产和销售成本产生影响，从而影响价格。

竞争因素：市场竞争状况、消费者购买行为等市场因素影响枸杞子中药饮片价格。市场竞争激烈时，企业为争夺市场份额可能降低产品价格；市场需求旺盛时，消费者购买意愿强，企业可能提高产品价格。此外，消费者对枸杞子中药饮片的认知度和信任度也影响价格。若消费者对某个品牌或产地的枸杞子中药饮片认可度高，价格也会相对较高。

三、枸杞子中药饮片市场价格波动趋势

（一）短期价格

短期内，枸杞子中药饮片价格可能保持相对稳定。当前，枸杞子市场供应量充足，需求相对稳定，价格不会出现大幅度波动。但受季节性因素和市场短期供需变化影响，价格会有一定波动。例如，冬季人们养生需求增加，枸杞子市场需求相应上升，价格可能略有上涨；夏季市场需求相对减少，价格可能略有下降。此外，自然灾害、疫情等突发事件也可能影响枸杞子的生产和运输，导致价格波动。预计短期内宁夏永寿堂中药饮片公司的枸杞子中药饮片价格波动幅度在 5%～10%。

（二）中期价格

中期内，枸杞子中药饮片价格可能呈缓慢上涨趋势。随着人们健康意识和养生观念的不断增强，枸杞子市场需求将持续增长。同时，枸杞子的种植成本、加工成本和运输成本不断上升，这些因素将推动枸杞子中药饮片价格上涨。此外，国家对中药材质量监管力度不断加大，不符合质量标准的枸杞子将被市场淘汰，导致市场供应量减少，价格上涨。预

计中期内宁夏永寿堂中药饮片公司的枸杞子中药饮片价格每年上涨幅度在10%～15%。

(三)长期价格

从长期看,枸杞子中药饮片价格受多种因素综合影响。一方面,随着科技进步和种植技术提高,枸杞子产量有望增加,缓解市场供需矛盾,对价格起到一定抑制作用;另一方面,随着人们对中药材品质要求越来越高,优质枸杞子将受市场青睐,价格相应提高。此外,国家对中药材产业支持力度不断加大,有利于中药材产业健康发展,对枸杞子中药饮片价格产生积极影响。预计长期内宁夏永寿堂中药饮片公司的枸杞子中药饮片价格将保持稳定增长态势,每年上涨幅度在8%～12%。

综上所述,枸杞子中药饮片市场价格受成本、品质、品牌、供求关系、地理、政策和市场等多种因素影响。未来,枸杞子中药饮片价格将呈现短期稳定、中期上涨、长期稳定增长的趋势。宁夏永寿堂中药饮片公司将密切关注市场动态,加强成本控制,提升产品品质,持续增强品牌影响力,以应对市场变化和挑战。

2024年中国枸杞价格指数发布研究报告

王自新 何鹏力 祁伟 董婕 乔彩云 杨柳 李世岱 李昱*

摘　要： 本研究通过对中国枸杞价格指数编制的背景、目标、依据，发布方式、频率、保证价格指数完整性和可靠性的措施，以及中国枸杞价格指数的编制原则、代表规格品和价格信息点的选取、数据采集、权重确定方式、指数计算方法等的系统梳理与科学研判，形成2024年中国枸杞价格指数发布成果研究，并对发布后的传播力和影响力进行了跟踪评价。指数的发布不仅为现代宁夏枸杞产业高质量发展提供了重要的市场销售态势参考，也为建立能够客观反映全国枸杞价格形成机制及波动规律的价格指导体系提供了科学依据，有力地推动了现代枸杞产业的数字化转型和品牌影响力的提升；是深入贯彻落实习近平总书记视察宁夏重要指示精神，应用数字化手段推动我国枸杞产业高质量发展的具体实践和有效探索。

关键词： 中国枸杞；价格指数；高质量发展；实践探索

　　特色农产品价格指数是数字经济与乡村产业的有机创新结合，是大数据助力我国全面推进乡村振兴战略，加快乡村产业数字化转型的有益尝试，能够推动地方特色产业市场化、标准化、品牌化建设，服务地方区域经济高质量发展。2024年4月，中央网信办秘书局等国家七部委办公厅（司）联合印发《数字乡村建设指南2.0》，在涉农数据资源方面提出强化数据开发利用，其中明确要求"深入推进农产品市场价格监测预测体系建设，强化市场信息发布，鼓励支持编制和发布优势特色农产品价格指数"。

　　2024年6月21日，宁夏回族自治区林业和草原局会同新华社中国经济信息社，在中国枸杞之乡中宁县举办的第七届枸杞产业博览会上首次发布"中国枸杞价格指数"，让社会公众及时从权威窗口获取全国枸杞市场信息。在当前中国特色农产品产业数字化迅猛发展的背景下，编制发布枸杞价格指数，不仅标志着宁夏枸杞产业在高质量发展道路上迈入新阶段，也有助于进一步筑牢宁夏在中国枸杞市场价格"晴雨表"与"风向标"的地位和话语权。

---

* 王自新，宁夏回族自治区林业和草原局党组成员、副局长，二级教授；何鹏力，宁夏回族自治区林业和草原局办公室主任；祁伟，宁夏枸杞产业发展中心，二级教授，宁夏回族自治区现代枸杞产业技术体系岗位首席专家；董婕，宁夏枸杞产业发展中心，林业工程师；乔彩云，宁夏枸杞产业发展中心，高级林业工程师；杨柳，新华社中国经济信息社宁夏分公司办公室主任；李世岱，宁夏枸杞产业发展中心，林业工程师；李昱，宁夏枸杞产业发展中心，高级农艺师。

一、宁夏具备中国枸杞价格指数编制发布条件

枸杞子是我国独有的具有悠久历史的名贵中药材，也是具有较高国际声誉的药食同源名优产品。"世界枸杞在中国，中国枸杞看宁夏，宁夏枸杞甲天下"。宁夏是枸杞子的原产地、道地产区，枸杞是宁夏最靓丽"地域符号""文化名片"。长期以来，宁夏回族自治区历届党委、政府均对枸杞产业发展给予了高度关注和大力支持，建机制、出政策，先后成立主要领导担任组长的自治区级枸杞产业发展提升工作领导小组，以及由一名正省级、两名副省级领导负责的省级领导包抓机制，依托黄金种植带，大力发展枸杞产业，宁夏枸杞在良种培育、科技研发、精深加工、品牌影响、标准体系建设、市场交易等方面处于全国领先地位。全国枸杞消费平均每4千克中就有1千克来自宁夏，生产的枸杞苗平均每10株中有9株为宁夏繁育，每10部枸杞类标准中有6部由宁夏制定，每10项枸杞基础研究和应用研究中有9项由宁夏牵头组织、每10个枸杞新产品中有9个由宁夏研发生产，全国生产的枸杞干果每10千克中有8.5千克从宁夏走向全国市场和国际市场。已建成国家市场监督管理总局国家枸杞产品质量检验检测中心（宁夏）、海关总署国家级枸杞检测重点实验室、农业农村部枸杞产品质量监督检验测试中心、科技部国家枸杞工程技术研究中心、国家发展和改革委员会枸杞饮料加工技术国家和地方联合工程实验室等7个国家级平台，宁夏已具备发布全国性枸杞价格指数的基础和条件。

二、中国枸杞价格指数编制目标、依据及细则

（一）目标

牢牢擎起中国枸杞"价格风向标"大旗，以中国枸杞价格指数发布为标杆，建立能够客观反映全国枸杞价格形成机制及波动规律的中国枸杞价格指导体系。通过枸杞市场价格信息引导，鼓励农户种植与市场需求一致的枸杞优良品种，促进农民增收；通过推动枸杞产业数字化建设，以数据反映中国枸杞行业产地市场销售价格趋势，促进枸杞产业链信息化建设，为提升枸杞经营主体市场交易定价权及定价灵活性，提供交易信息参考。通过中国枸杞价格指数的持续发布，强化宁夏枸杞品牌宣传推介力度，提高宁夏枸杞市场认识、认知和认可度，凝聚中国枸杞行业共识，不断提升宁夏枸杞行业影响力。

（二）编制依据

数字经济作为一种新经济形态，正推动生产方式、生活方式和治理方式深刻变革，已成为重组全球要素资源、重塑全球经济结构、改变全球竞争格局的关键力量。作为数字经济发展的关键生产要素，数据日益成为推进农业农村现代化进程的新生动能。

2018—2024年，中央一号文件连续7年对发展数字农业、数字乡村作出部署。

2019年5月，中共中央、国务院出台《数字乡村发展战略纲要》。

2019年12月，农业农村部、中央网信办联合制定《数字农业农村发展规划（2019—2025年）》。

2024年，国家数据局等17部委联合印发《"数据要素×"三年行动计划（2024—2026年）》，指出要在现代农业等多个行业领域全面启动实施"数据要素×"三年行动。

2024年4月，中央网信办秘书局、农业农村部办公厅、国家发展和改革委办公厅、工业和信息化部办公厅、国家市场监督管理总局办公厅、国家数据局综合司联合印发《数字乡村建设指南2.0》。

（三）编制细则

1. 指数发布方式和频率

发布方式：中国枸杞价格指数的发布内容为当期价格指数的计算结果和报告，以信息稿、图文、视频等形式在中国金融信息网、新华财经客户端、新华财经APP等平台进行发布展示。

发布频率：由国家级中宁枸杞市场数据管理人员，采集当日枸杞（毛货）交易价格（元/千克）、交易量（吨）、交易额（万元），采集时间为每日18:00，采集频率为一日一采。频次：指数信息由中国金融信息网、新华财经客户端等中国经济信息社自有平台每日发布一次。

2. 价格指数完整性和可靠性的保障措施

（1）成立指数专家委员会建立指数维护机构

为规范指数运作，保障指数编制方法的科学性和权威性，成立中国枸杞价格指数专家委员会。指数专家委员会由指数编制专家和产业研究专家以及相关学者构成，主要负责对指数设计和编制进行全程咨询，并进行权威论证，包括对指数编制方法的评估、建议和审定；监控对指数连续性产生影响的重大事件；分析比较指数数据与宏观经济数据的关系；解读数据反映的行业经济运行情况；对其他涉及指数运作和业务发展的事项提供建议。

中国经济信息社设立专人负责中国枸杞价格指数的经营、运作等事宜，包括按照指数规则对指数进行维护、管理和市场服务，负责指数专家委员联络、会议议事和会议材料的准备，以及实施指数专家委员会的决议等事宜。

（2）建立样本单品及样本采集点调入调出标准及指数修正管理机制

样本单品调入标准：第一，具有一定的代表性和稳定性，所选枸杞样本单品是市场上主要的流通品种，需具有一定的代表性和市场交易稳定性；第二，具有一定的市场规模，所选枸杞样本单品销量占市场总销量的比重不低于1%；第三，专家委员会认定适合入样的样本单品。

样本单品调出标准：对于中国枸杞价格指数的样本单品，在定期审核其资格时出现以下情况，将对该规格品进行剔除。第一，至交易数据考察截止日，已连续12个月未出现交易；第二，枸杞样本单品销量占市场总销量比重低于1%；第三，专家委员会认定适合调出的枸杞样本单品。

样本采集点调入标准：第一，具有一定的代表性和稳定性，所选样本采集点须是区域内枸杞交易量较大的枸杞交易市场，持续运营时间在3个自然年度以上；第二，具有一定的市场规模，所选样本采集点近三年枸杞交易量位于该区域内前列；第三，专家委员会认定适合入样的样本采集点。

样本采集点调出标准：第一，至交易数据考察截止日，已连续3个月未出现交易；第二，专家委员会认定适合调出的样本采集点。

指数修正：当指数样本或者权重发生变化时，采用"除数修正法"修正固定除数，以保证指数的连续性。

（3）价格信息真实性的保证措施

在一个周期内，对数据的真实性进行评估，保证措施为：一是对采集到的数据进行多方核对与校验，确保真实性；二是定期对数据采集员电访，对异常数据进行反复核实。同时，定期检查样本采集是否符合样本选取原则，建立采集点考核机制，并对采集中的错误数据进行统计汇总，定期和采集点沟通协调，必要时剔除出错率高的采集点。

（4）离群值或可疑交易的判断和处理

根据（$\mu-2\alpha$，$\mu+2\alpha$）内的概率为95%规律来检测异常值，当发现有异常值时，对异常值及时进行保留集群值用于后续数据处理、找到实际原因时修正离群值，否则予以保留等处理措施，确保数据的准确性。

（5）价格指数编制中使用主观判断的条件及优先级

在以下几种情况，使用主观判断：一是，当期数据缺失时，首先判断数据缺失的原因，若由数据源本身造成，联系采集点及时报数；若市场无数据，指数停止更新；若由其他不可抗力造成，采用沿用上期等方式进行填补。二是，对离群值的处理。

三、中国枸杞价格指数编制

（一）枸杞价格指数

通过聚焦国家级中宁枸杞市场的枸杞市场供求、流通状况和产品结构，反映全国枸杞价格形成机制及波动规律。

（二）编制原则

第一，中国枸杞价格指数的编制遵循应全面系统、客观公正、科学准确、独立权威以及可操作性的原则。

第二，中国枸杞价格指数的编制应遵循枸杞交易的连续性、规模稳定性、市场代表性的原则。

第三，中国枸杞价格指数的编制必须充分考虑真实交易大数据可获得性原则。

（三）代表规格品、价格信息点选取及数据采集

1. 代表规格品选取

代表规格品的选取应遵循交易连续性、规模稳定性、市场代表性原则，坚持一定的产业覆盖度。

一是交易连续性原则。样本单品在交易市场上交易不低于6个月且市场价格具有连续性。

二是规模稳定性原则。所选样本的市场交易量在国家级中宁枸杞市场中所占比重不小于1%，$i \in [1, N]$，N为枸杞（毛货）产品数，即：

$$\frac{X_i}{\sum_{i=1}^{N} X_i} \geqslant 1\%$$

三是市场代表性原则。所选择样本产品必须具有一定的市场代表性，如果某一分类中没有产品达到连续交易性原则、市场规模稳定性原则，则根据该分类产品的表现替补代表品进入样本。

四是指数论证期间，专家委员会认定不适合入样的产品除外原则。

根据市场调研结果，并综合考虑枸杞产业的市场份额及数据的可得性，选择采集国家级中宁枸杞市场来自宁夏、青海、甘肃等地的不经过筛选的干枸杞（毛货）为样本，综合反映全国市场枸杞交易价格变化。

2. 价格信息采集点选取

宁夏作为全国最大的枸杞集散地，拥有农业农村部和宁夏回族自治区共同建设的国家级中宁枸杞市场。该市场汇集了来自全国枸杞主产省份的枸杞，形成了集全国枸杞物流集散中心、价格形成中心、产业融合中心、品牌培育中心、产业信息服务中心、科技交流中心、会展贸易中心、市场流通综合服务中心于一体、行业公认、全国最大且服务完善的枸杞交易专业市场。该市场总占地面积1 300亩，已完成投资6.8亿元，以建成建筑面积18万米^2，拥有门店300余家，交易摊位3 000余个。现已入驻商户368家、加工企业8家、专业合作社300多家。其中入驻成品枸杞商户25户，固定散货商户187户，临时散货商户3 000余户，市场提供配套加工、仓储、住宿、餐饮、物流一条龙服务。截至2024年6月，该市场实现累计交易量126.4万吨，交易额558.9亿元。其中，枸杞成品交易量26.9万吨，交易额181.2亿元；散货交易量99.4万吨，交易额377.7亿元。2019年被命名为宁夏回族自治区级创业孵化示范园区，2020年被评定为国家级枸杞产地大市场。

综合考虑，国家级中宁枸杞市场拥有2021年至今完整的每日每笔成交数据，共计10 186条以上。国家级中宁枸杞市场承担了宁夏及周边甘肃、青海、内蒙古、新疆等省区60%的枸杞干果交易，已成为全国最大的枸杞生产加工区域中心和枸杞产地交易市场。中国杞价格指数采集国家级中宁枸杞市场实际枸杞（毛货）交易的全部数据，100%的覆盖度能够准确反映国家级中宁枸杞市场枸杞（毛货）交易情况，有效代表我国杞产地价格行情。根据市场调研结果，并综合考虑枸杞产业的市场份额及数据的可得性，中国枸杞价格指数价格信息采集点选取交易规模较大、具有代表性的国家级中宁枸杞市场作为中国枸杞价格指数价格信息采集点，聚焦国家级中宁市场供求、流通状况和产品结构，通过来自我国主要枸杞产区（宁夏、青海、甘肃等）枸杞毛货在该市场的实际交易量数据为权重，按每日各产区枸杞交易量确定权重，先计算均价后计算指数，能真实、客观反映全国枸杞价格形成机制及波动规律。

3. 数据采集

建立中国枸杞价格数据采集机制，搭建中国枸杞价格监测和变动分析的指数模型，实现全国主要枸杞产区价格常态化监测和宁夏枸杞价格运行情况的常态化输出。新华指数研究院通过向国家级中宁枸杞市场集中采集2021—2024年每日枸杞毛货价格，经过数据清洗、整理、结构化处理和指数模型计算，并输出枸杞价格运行情况。

（四）权重确定

综合考虑枸杞（毛货）市场特点，以国家级中宁枸杞市场的枸杞交易量数据为权重，根据当日枸杞交易量变更权重，先计算均价后计算指数。

（五）指数计算

中国枸杞价格指数采取帕式计算法，对枸杞（毛货）价格走势的一种指数量化形式体现，分为区域指数的计算以及中国枸杞价格指数计算两个步骤。

1. 区域枸杞指数计算

区域枸杞价格指数是反映各产区枸杞价格走势的一种量化形式，样本区域包含宁夏、青海以及甘肃。

$$P_{i,t} = \frac{M_{i,t}}{Q_{i,t}} \qquad l_{i,t} = \frac{P_{i,t}}{P_{i,0}} \times l_{i,0} \qquad I_{i,0} = 1\,000$$

其中，$M_{i,t}$为i区域在t期总金额，$P_{i,t}$为t期成交价，$Q_{i,t}$为t期交易量。

2. 中国枸杞价格指数计算

中国枸杞价格指数是反映全国枸杞价格走势的一种量化形式，数据由各产地数据综合计算得出。

$$P_t = \frac{\sum P_{i,t} Q_{i,t}}{\sum Q_{i,t}} \qquad I_t = \frac{P_t}{P_0} \times I_0 \qquad I_0 = 1\,000$$

其中，$P_{i,t}$为i区域在t期成交价，$Q_{i,t}$为t期交易量。

（六）价格指数基期和基点

价格指数基期对于指数的表征具有重要的意义，是指数的参考对比基准，合适的基期有助于指数解读和效用发挥。一般情况下确定基期的方法和主要要求：

一是基期所在的时点不宜为经济运行的峰值点和谷值点。

二是基期所在的时期必须具备代表性，要避免将基期定在非常时期（如新冠疫情和金融危机）。

三是基期所在的年份不能离当期太远，要在一定的范围内，如2~5年，基期所在年份越久远，当期市场与基期市场的差异越大，不利于作比较。

四是不能单以价格的稳定或者波动为标准进行基期选择，应该从整个市场产品价格波动走势分析，如果整个市场的价格波动是趋于稳定的，则可以选择价格稳定时期为基期；反之，如果整个市场的产品价格波动非常频繁，则不能以价格稳定时期为基期，因为此时价格稳定期反而是异常了，即基期的选择要参考市场价格变化的趋势。

五是基期的选择应考虑到指数的数据取值范围。作为价格指数衡量的基准时期应该是枸杞市场相对稳定的标准时期，既要反映枸杞价格水平的常态，又要考虑价格信息资料的可获得性和可比性。从数据源交易活跃性、枸杞价格代表性等方面综合考虑确定：2024年中国枸杞价格指数选择2023年2月1日为基期，基点1 000点。

四、组织运行

宁夏林业和草原局携手新华社宁夏分社，依托中国经济信息社，建立中国枸杞价格数据采集分析研究机制，通过向国家级中宁枸杞市场集中采集宁夏、甘肃、青海等枸杞主产省区2021—2024年每日枸杞实际（毛货）交易数据，经过数据清洗、整理、结构化处理和指数模型计算，输出枸杞价格运行研究结果，搭建中国枸杞价格监测和变动分析的指数模型，实现全国主要枸杞产区价格常态化监测和宁夏枸杞价格运行情况的常态化输出。中国枸杞价格指数由新华社权威渠道发布，有力地促进了产销对接，为产业发展提供数据依据，为市场生产经营主体和政府提供决策参考，进一步提升我国枸杞产业竞争力，助力中国现代枸杞产业高质量发展。

五、2024中国枸杞价格指数研究成果

2024年6月21日，在第七届枸杞产业博览会开幕式上，由宁夏回族自治区林业和草原局与新华社中国经济信息社共同发布中国枸杞价格指数研究成果。

（一）2023年以来全国枸杞市场行情快速修复，需求大幅释放

2024年1—5月中国枸杞价格指数1 111.03点，较2023年同比上涨267.41点，涨幅24.07%（图1）。通过图1可以看出，枸杞价格指数季节性波动趋势明显，每年6月头茬枸杞上市季节指数价格会有明显上升。2023年，由于新冠疫情后大健康产业发展迅速，全民健康意识明显提升，以枸杞为代表的"药食同源"传统养生品受到市场欢迎，需求量的增长带动上游原料价格上涨。尤其是宁夏枸杞作为道地药材，品牌的影响力和美誉度不断提升。

在多方因素影响下，2024年上半年枸杞价格指数走势与去年相比有较为明显的增长。从表1可以看出，2024年1—5月各月同比涨幅均呈现上升趋势，1—5月平均指数涨跌幅24.10%，其中3月指数同比涨跌幅上升幅度最高为30.81%，4月指数在1—5月中涨跌幅最低涨幅为20.43%。

图1 中国枸杞价格指数

表1 2024年1—5月各月枸杞价格指数同比涨幅

时间	同比涨跌幅
1月	21.02%
2月	21.64%
3月	30.81%
4月	20.43%
5月	20.75%
1—5月	24.10%

（二）各产区枸杞量价齐升，中宁枸杞价格带动明显、标杆作用突出

1. 中宁枸杞（毛货）交易情况

通过将2021年1月至2023年5月中宁枸杞（毛货）交易量数据做趋势分析可以发现，每年6月开始枸杞的大量上市满足了市场的集中需求，导致交易量激增，之后随着季节的变化，枸杞的供应量减少，交易量也随之趋于平缓。2021年7—9月枸杞（毛货）交易量达到3年最高值。中宁枸杞作为宁夏枸杞的核心产区，其品牌影响力不断提升，且中宁枸杞以其优良的品质和独特的药用价值，获得了市场的广泛认可，总体来看中宁枸杞（毛货）交易量呈上升趋势，2023年中宁枸杞（毛货）交易量明显恢复性增长（图2）。

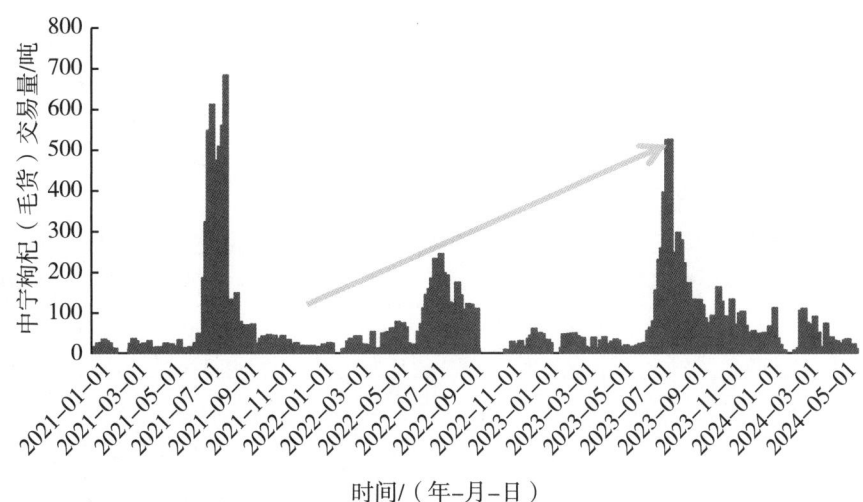

图 2　国家级中宁枸杞市场 2021—2024 年中宁枸杞（毛货）交易情况

2. 枸杞主产区价格走势

通过分析青海、甘肃和中宁等枸杞主产区的交易均价变化趋势（图 3），可以发现新产季初期，中宁枸杞持续维持价格峰值，品质优异，价格标杆作用突出。整体来看，2023 年 5—7 月，各产区枸杞（毛货）的交易均价均创下了 3 年来的新高，且 2024 年各产区枸杞（毛货）交易均价显著高于 2023 年枸杞（毛货）交易均价，主要原因为以下几点。

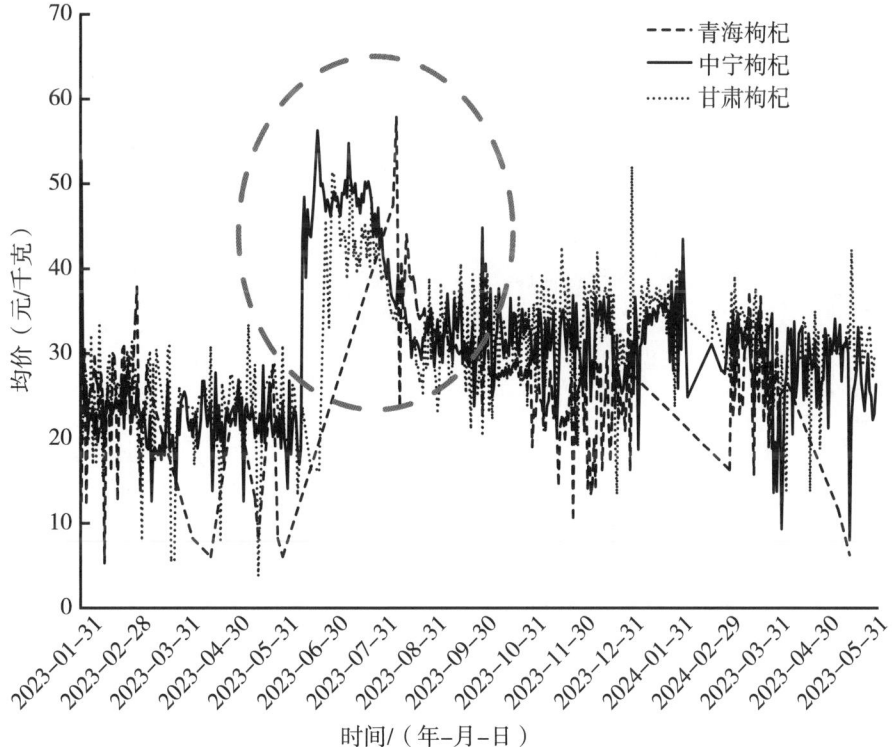

图 3　各产区枸杞（毛货）价格情况

一是枸杞产业的政策支持力度进一步加大，各地通过出台一系列有关政策，促进枸杞产业的规模化和标准化发展推动枸杞种植有效提升枸杞品质，同时促进了加工和销售等环节的标准化和规模化发展。

二是枸杞品牌的影响力不断提升，各产区积极打造和推广区域公共品牌，提高了枸杞产品的市场认可度和知名度。

三是全民健康意识得到了显著增强，人们对于健康养生的关注度和投入度不断增加，枸杞作为具有多种药用价值的中药材，且随着枸杞产品精深加工技术的不断进步和产品种类的日益丰富，满足了人民对于养生滋补的巨大需求，从而对枸杞等药食同源产品的接受度和需求量显著提高。此外，枸杞出口市场的拓展也为国内枸杞价格的提升提供了有力支撑。

（三）中宁枸杞实现全年稳定交易，市场认可度高、消费持续性强

通过比对分析中宁、甘肃、青海2023年1月至2024年5月枸杞（毛货）交易量和交易均价（元/千克）变化趋势（图4、图5、图6），发现各产区枸杞交易整体稳步提高，这一趋势反映了枸杞市场的整体繁荣和消费者对枸杞产品的持续需求增长。中宁枸杞（毛货）实现量全年稳定交易，市场认可度高、消费持续性强，这得益于中宁枸杞的高品质和良好的市场口碑。总体上，枸杞交易量及价格呈稳步上升趋势，这一趋势不仅反映了枸杞市场的整体繁荣，也预示着枸杞产业在未来将继续保持良好的发展态势。

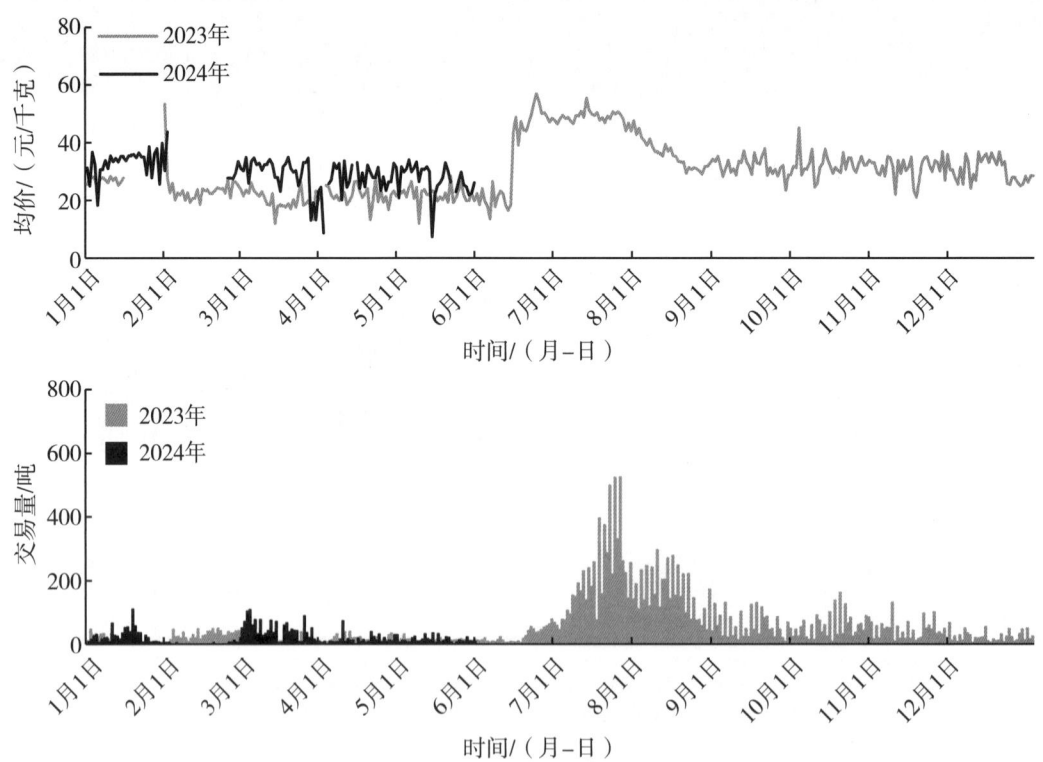

图4　2023年和2024年中宁枸杞（毛货）均价及交易量对比

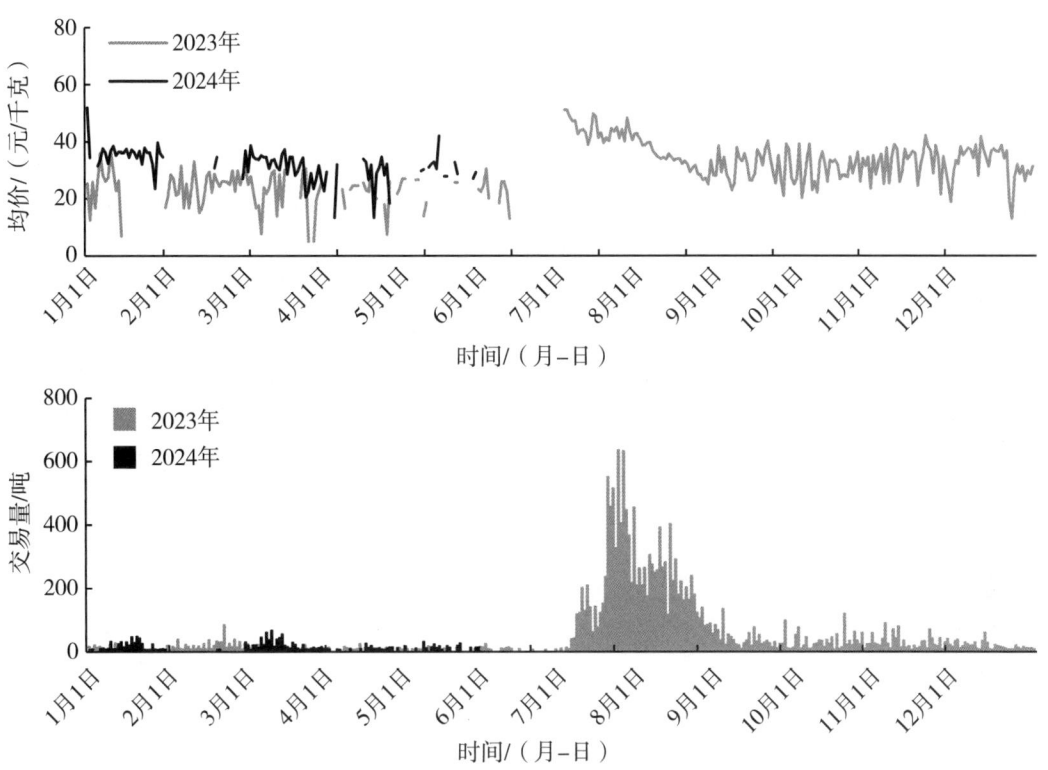

图 5　2023 年和 2024 年甘肃枸杞（毛货）均价及交易量对比

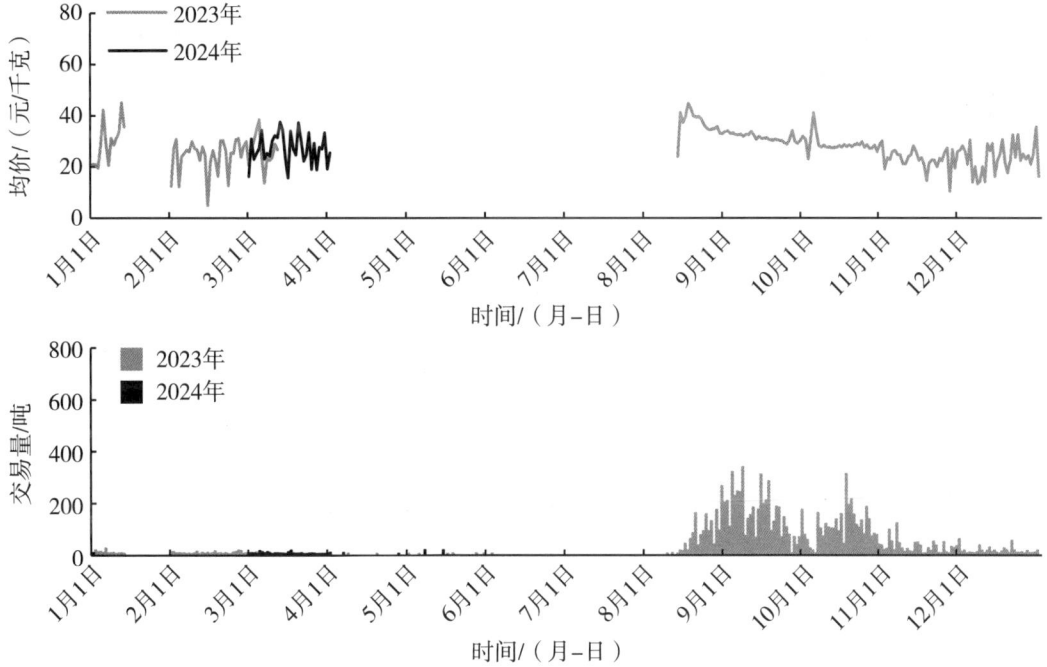

图 6　2023 年和 2024 年青海枸杞（毛货）均价及交易量对比

六、中国枸杞价格指数发布影响力评价

中国枸杞价格指数的编制借助新华社采集网络优势,有效推进了各产区枸杞市场价格及产业数据的采集。凭借新华社国家高端智库研究优势,全面总结研究全国枸杞价格形成机制及波动规律。依托新华社权威发布优势,立足国家级中宁枸杞市场及时、准确、规范发布枸杞市场信息。

据监测,在第七届博览会上,新华社客户端、新华网、中国新闻网、中国日报网、中国绿色时报、宁夏日报、宁夏卫视、银川日报、中卫日报、华兴时报、新消息报等平台对中国枸杞价格指数发布重点关注,相关报道全网约 303 篇(含转载),全网浏览量(点击量)约为 9 470 万人次,近 1 亿人次。通过在权威媒体和平台的广泛覆盖,确保了枸杞价格指数的发布能够迅速传播到社会各界,提高了公众对我国枸杞产业的认知度和关注度。庞大的浏览量和关注度,体现出中国枸杞价格指数发布的重要性和影响力,不仅吸引了国内媒体和公众的广泛关注,也引起了国际市场的关注,为枸杞产业的国际化发展奠定了基础。

枸杞价格指数的发布,是宁夏现代枸杞产业在数字化转型中的重要举措,不仅为现代宁夏枸杞产业高质量发展提供了重要的市场销售态势参考,为宁夏枸杞产业高质量发展提供了数字化发展的有力支撑,也为全国枸杞市场提供了产地市场价格动态的重要参考信息,为全国枸杞市场的价格机制形成和波动规律总结提供科学依据。枸杞价格指数的发布建立起了能够客观反映全国枸杞价格形成机制及波动规律的价格指导体系,推动了现代枸杞产业的数字化转型和品牌影响力的有效提升,使得宁夏现代枸杞产业能够更好地应对市场变化,提升产业的竞争力和抗风险能力。

枸杞产业博览会影响力传播分析报告

祁伟　王自新　唐建宁　胡学玲　乔彩云　董婕　姚源　王丽琼　李世岱　李昱[*]

摘　要：从枸杞产业博览会基本情况、媒体报道分析、报道传播趋势走向、信息来源和热词分布、传播总结等方面进行阐述，全面分析枸杞产业博览会报道传播力可知，宁夏枸杞获得了良好口碑、海量曝光和较多关注度，为多视角、多维度、深层次宣传报道枸杞产业博览会提供成功了路径经验，有利于推动提升现代枸杞产业的品牌知名度和影响力。

关键字：枸杞产业；博览会；影响力传播分析

影响力传播分析是对新闻报道的传播效果进行量化分析和评估的过程，其核心在于评估报道在多大程度影响受众，包括报道的覆盖范围、受众的接受度、互动情况。全面分析枸杞产业博览会影响力传播，可有效评估"宁夏枸杞""中宁枸杞"区域公用品牌在不同传播渠道的曝光率和影响力，对大力提升枸杞品牌知名度，提高枸杞国内外市场竞争力，促进现代枸杞产业高质量发展具有重要意义和作用。

一、基本情况

根据宁夏回族自治区政府促进枸杞产业健康发展专题会（宁夏回族自治区政府2017年113期专题会议纪要）要求，由宁夏回族自治区原林业厅牵头，商务厅、博览局配合，每年举办1届中国（宁夏）枸杞产业博览会。截至2024年底，已在宁夏中卫市中宁县成功举办7届枸杞产业博览会（表1），累计筹办"新闻发布会""开（闭）幕式及展览展示""道地宁夏枸杞探源溯流之旅""百家媒体宁夏枸杞行""枸杞采摘节""宁夏枸杞鲜果直销节""中宁枸杞宴""枸杞新品发布及采购商大会""高峰论坛""中国枸杞价格指数发布""《中国枸杞产业蓝皮书》发布"等各类活动95场次，组织参展企业909家，签约金额达350.97亿元，先后邀请11位知名院士就枸杞产业发展、基因组学、功效价值、科

---

[*] 祁伟，宁夏枸杞产业发展中心，二级教授，宁夏回族自治区现代枸杞产业技术体系岗位首席专家；王自新，宁夏回族自治区林业和草原局党组成员、副局长，二级教授；唐建宁，宁夏枸杞产业发展中心副主任，正高级林业工程师，宁夏回族自治区现代枸杞产业技术体系岗位副首席专家；胡学玲，宁夏枸杞产业发展中心副主任，高级林业工程师；乔彩云，宁夏枸杞产业发展中心，高级林业工程师；董婕，宁夏枸杞产业发展中心，林业工程师；姚源，宁夏枸杞产业发展中心，林业工程师；王丽琼，宁夏枸杞产业发展中心，林业工程师；李世岱，宁夏枸杞产业发展中心，林业工程师；李昱，宁夏枸杞产业发展中心，高级农艺师。

研转化等开展18场次高峰论坛（表2），累计组织590余家（次）媒体的820多名记者对枸杞产业博览会进行全方位、深层次、多维度报道。枸杞产业博览会采取"线上+线下""国内+国际"的形式，有效搭建了全国枸杞经贸合作平台，彰显了宁夏枸杞道地优势、擦亮了"中国枸杞之乡"品牌。

新华社中国经济信息社舆情监测平台不完全统计，枸杞产业博览会各类新闻稿件数量达1.2余亿篇（含部分转载）。传播途径主要有网站、视频、微信、微博、传统媒体、论坛等。传播阵地分为国内传播阵地和国外传播阵地，其中国内阵地主要有新华社客户端、新华网、新华财经、新华每日电讯、中国财富网、人民日报、人民日报客户端、人民网、央视频、央广网、中国新闻网、国际在线、经济日报、中国经济网、中国日报网、光明日报、光明网、环球网、工人日报、中工网、中国网、中国青年报、农民日报、农视网、新浪网、搜狐网、腾讯网、网易、今日头条、澎湃新闻、北青网、河北网络广播电视台、人民政协网、中国金融网、中国吉林网、齐鲁网、荆楚网、云南网、多彩贵州网、石榴云、中国贸易报、中国绿色时报、中国食品安全报、中国食品新闻网、中国经济新闻网、证券日报网、东方财富网、同花顺财经、宁夏日报、宁夏新闻网、银川日报、银川新闻网、中卫日报、中卫新闻网、云端中卫、中宁县融媒体中心、中宁网、华兴时报、新消息报、宁夏义工网、宁夏卫视、宁夏网络广播电视台、宁夏广电融媒体新闻中心等60余家。国外宣传主要以新华社、中国日报网、中国新闻网、求是网（英文版）及国际在线、CGTN、Global Times、designerwomen.co.uk、Business Wire等为主。此外，官微主要有"宁夏日报""宁夏新闻网""新消息报""贺兰融媒体中心""中新宁夏""中国绿色时报""科技苑栏目""农视网"、抖音"宁夏广电新闻中心""网观宁夏""宁夏观察""华兴时报""宁夏法治报""中宁县融媒体中心""中宁青年"、快手"宁夏观察""法治宁夏""今日宁夏""宁夏大小事"，西瓜视频、腾讯微视、哔哩哔哩等社交媒体平台也纷纷转载相关报道。

表1 枸杞产业博览会基本情况

会议名称	会议时间	会议地点	活动主题	活动数量/项	参展企业/家	签约金额/亿元	媒体数量/家	记者数量/名	新闻稿数量/篇
2018枸杞产业博览会	2018年6月26—28日	中宁县	绿色·品牌·融合	5	219	3.4	40	90	70（原创）
第二届枸杞产业博览会	2019年6月26—28日	中宁县	创新·融合·品牌·绿色	11	251	4.95	110	150	100（原创）
第三届枸杞产业（云）博览会	2020年6月30日—7月2日	中宁县	科技·创新·品牌·融合	12	—	3.68	40	—	120（原创）
第四届枸杞产业博览会	2021年6月22—24日	中宁县	绿色·创新·品牌·健康	17	106	15.35	103	114	483（原创）
第五届枸杞产业博览会	2022年6月22—24日	中宁县	杞福天下 共享健康	19	150	98.03	100	130	6 031篇（其中原创706篇）
第六届枸杞产业博览会	2023年6月22—24日	中宁县	杞福天下 共享健康	22	123	106.46	100	180	3 021篇（含转载）
第七届枸杞产业博览会	2024年6月21—22日	中宁县	杞福天下 共享健康	9	60	119.1	100	160	3 041篇（含转载）

表2 枸杞产业博览会高峰论坛情况

会议名称	院士数量/名	院士姓名	院士简介	演讲题目	演讲形式
2018枸杞产业博览会	2	许智宏	中国科学院院士，植物生理学家	我国农业发展态势和面临的挑战	线下
		苏国辉	中国科学院院士，神经解剖学家	枸杞子与眼健康	线下
第二届枸杞产业博览会	0	—	—	—	—
第三届枸杞产业（云）博览会	0	—	—	—	—
第四届枸杞产业博览会	3	苏国辉	中国科学院院士，神经解剖学家	宁夏枸杞的研究与应用	线下
		张大宁	国际欧亚科学院院士，中医肾病学奠基人	却老仙草枸杞子	线下
		段金廒	国际欧亚科学院院士，重要资源产业化专家	宁夏枸杞资源价值挖掘及产业化发展	线下
第五届枸杞产业博览会	7	尹伟伦	中国工程院院士，全国生态保护与建设专家咨询委员会主任	—	线上
		苏国辉	中国科学院院士，神经解剖学家	—	线上
		段金廒	国际欧亚科学院院士，重要资源产业化专家	—	线下
		张伯礼	中国工程院院士，心脑血管和中医药学家	—	线上
		肖伟	中国工程院院士，康缘药业董事长	中成药的解码研究的科学实践	线下
		Michael Heinrich	伦敦大学学院药学院 生物学和植物疗法中心主任，国际著名传统药物学、生物学专家	—	线上
		冯起	中国工程院院士，中国科学院兰州分院分党组书记、院长	—	线下
第六届枸杞产业博览会	3	杨正林	中国科学院院士，临床检验诊断学专家	基于基因组学的监控管理	线下
		苏国辉	中国科学院院士，神经解剖学家	枸杞科研与产业转化方向	线上
		段金廒	国际欧亚科学院院士，重要资源产业化专家	枸杞多糖医药工业原料创制及枸杞叶组方新药研发	线下
第七届枸杞产业博览会	3	苏国辉	中国科学院院士，神经解剖学家	宁夏枸杞的科研与产业转化	线下
		陈君石	中国工程院院士，中国营养与食品安全专家，中国食品毒理学学科创始人之一	食药物质的研究和产业发展	线下
		段金廒	国际欧亚科学院院士，重要资源产业化专家	"双轮驱动"助力现代枸杞产业高质量发展	线下

二、媒体报道分析

（一）"枸杞产业博览会开幕式"专题报道分析

第一至七届枸杞产业博览会分别于2018年6月26日、2019年6月26日、2020年6月30日、2021年6月22日、2022年6月22日、2023年6月22日、2024年6月21日，在"中国枸杞之乡"中宁县开幕。新华社中国经济信息社舆情监测平台数据显示，新华社、人民网、央视网、中国新闻网、中国日报网、央广网、国际在线、新浪网、网易、南海网、人民日报、云南网、中国吉林网、中国农网、农视网、香港每日电讯、广西新闻网、宁夏日报、宁夏新闻网、宁夏义工网、宁夏卫视、宁夏网络广播电视台、银川日报、中卫新闻网、中宁网等 20 余家央媒和地方媒体及微博、抖音、快手、哔哩哔哩、好看视频、西瓜视频共 6 家网络社交平台纷纷转载报道。据不完全统计，相关报道 1 600 余篇（含转载），总浏览量（点击量）约 4.23 亿人次。

（二）"枸杞产业博览会闭幕式"专题报道分析

第一至七届枸杞产业博览会分别于 2018 年 6 月 28 日、2019 年 6 月 28 日、2020 年 7 月 2 日、2021 年 6 月 24 日、2022 年 6 月 24 日、2023 年 6 月 24 日、2024 年 6 月 22 日，在"中国枸杞之乡"中宁县圆满落下帷幕。以杞会友、以杞论道、以杞扬文、以杞兴业，7 届枸杞博览会共促成购销协议 200 余个，签约金额达 350.97 亿元。监测数据显示，新华网、人民网、国际在线、上游新闻、新浪网、宁夏新闻网、同花顺财经等媒体，以及抖音、快手、哔哩哔哩、西瓜视频等网络平台进行了报道。相关报道 300 余篇（含转载），总浏览量（点击量）约 1 亿人次。

（三）"道地宁夏枸杞探源溯流之旅"专题报道分析

由宁夏回族自治区林业和草原局、北京中医药学会联合举办的"道地宁夏枸杞探源溯流之旅"活动，于 2019 年 10 月 11—13 日，在银川成功举办。活动共邀请国内 14 家知名中医院和 25 名知名中医药有关专家莅临宁夏枸杞起源地实地探寻，现场考察宁夏枸杞道地产区、发源地人文地理环境，10 余家枸杞企业代表和 10 家媒体 10 余名记者分别现场参展和报道。药师们通过对道地宁夏枸杞产业全方位亲临认知、深度了解、集中聚焦、把诊问脉等方式，充分挖掘道地宁夏枸杞的丰富内涵，从祖国中医药文化角度对目前的枸杞市场进行引领，并以此带来聚焦性效应，使宁夏现代枸杞产业发展重塑"理念自信、品质自信、市场自信、文化自信"，从而牢牢巩固宁夏枸杞产业话语权，引领中国枸杞产业未来发展新模式。

（四）"百家媒体宁夏枸杞行"专题报道分析

自 2019 年起，"百家媒体宁夏枸杞行"活动在银川已成功举办 6 次，其中 2020 年因新冠疫情，媒体规模有所减少，为 40 余家。该项活动是结合枸杞产业博览会举办的大型专题宣传活动，媒体人发挥自身独特优势，通过实地采访、专访、现场直播、网红直播，获得文字、图片和音视频等材料，全方位、多媒介、广视角宣传报道宁夏现代枸杞产业创新发展的丰硕成果和文化传承的动人故事。据不完全统计，活动共邀请全国 31 个省（自治区、直辖市）及港澳台地区的 820 余名（次）记者莅临宁夏，奔赴采访点 30 余个，开展人物专访 20 余人（次），开展直播 400 余场次，发布原创性新闻报道 2 000 余条。

（五）"《中国现代枸杞产业高质量发展报告（2023）》正式发布"专题报道分析

2023年6月24日，《中国现代枸杞产业高质量发展报告（2023）》在第六届枸杞产业博览会上发布。《报告》指出，经过各地长期探索实践，中国枸杞种植区不断优化布局。宁夏形成了以中宁县为核心、清水河流域产业带和银川平原产业带为两翼的"一核二带"产业布局。据监测，中国新闻网、东方财富网、宁夏新闻网、新浪网、搜狐网、中国食品安全报等媒体重点关注，哔哩哔哩等自媒体平台进行报道。全网相关报道约313篇（含转载），浏览量（点击量）约为6 260万人次。

（六）"中国枸杞价格指数发布"专题报道分析

在第七届枸杞产业博览会上，中国枸杞价格指数正式发布。该指数由宁夏回族自治区林业和草原局与新华社中国经济信息社共同发布。在当前特色农产品产业数字化迅猛发展的背景下，编制发布枸杞价格指数，标志着宁夏枸杞产业在高质量发展的道路上迈入全新阶段，有助于进一步筑牢宁夏在中国枸杞市场的"晴雨表"和价格"风向标"地位。新华社中国经济信息社舆情监测平台数据显示，新华社客户端、新华网、中国新闻网、中国日报网、中国绿色时报、宁夏日报、宁夏卫视、银川日报、中卫日报、华兴时报、新消息报共11家媒体重点关注，抖音、西瓜视频等自媒体平台积极报道。全网相关报道约303篇（含转载），浏览量（点击量）约为9 470万人次，近1亿人次。

（七）"枸杞产业博览会"相关报道分析

1. 央媒报道分析

根据监测数据分析，央媒报道影响力较大，仅以新华社、新华网、人民日报、人民网、中国新闻网为主进行分析。据不完全统计，仅第五、六、七届枸杞博览会全网浏览量达10.12亿人次，其中第五届枸杞博览会全网浏览量为3.8亿人次，第六届枸杞产业博览会全网浏览量为2.6亿人次，第七届枸杞产业博览会全网浏览量为3.72亿人次（图1）。

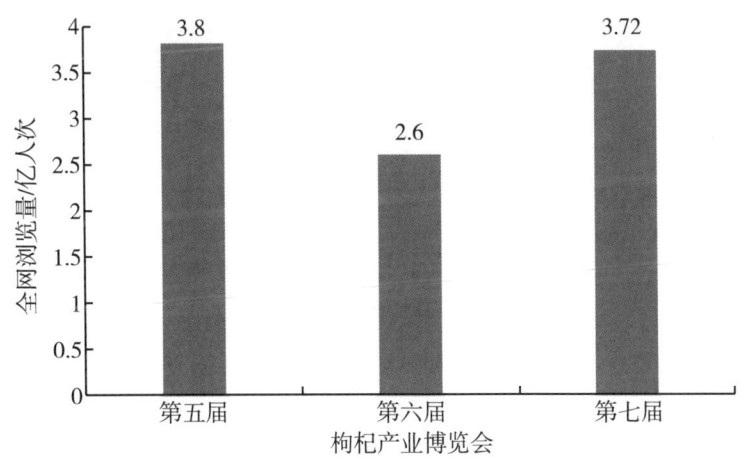

图1 央媒报道枸杞博览会全网浏览量情况对比

据不完全统计，仅第五、六、七届枸杞博览会各大央媒平台播（转）发相关稿件共计78篇，全网总点击量约为9.23亿人次。其中，第五届枸杞博览会各类平台播（转）发相关稿件共计18篇，全网总点击量约为2.02亿人次。新华社旗下的新华社客户端、新华网、新华财经等平台播发相关稿件8篇，全网总点击量约为1亿人次。人民日报旗下的人民日报客户端、人民网等平台播发相关稿件7篇，全网浏览量约为8 411万人次。中国新闻网播发相关稿件3篇，全网点击量约为1 801万人次。第六届枸杞博览会各类平台播（转）发相关稿件共计24篇，全网总点击量约为2.01亿人次。其中，新华社旗下的新华社客户端、新华网、新华财经等平台播发相关稿件10篇，全网总点击量约为1.1亿人次。人民日报旗下的人民日报客户端、人民网等平台播发相关稿件9篇，全网浏览量约为7 220万人次。中国新闻网播发相关稿件5篇，全网点击量约为1 920万人次。第七届枸杞博览会各类平台播（转）发相关稿件共计36篇，全网总点击量约为5.2亿人次（图2）。其中，新华社旗下的新华社客户端、新华网、新华财经等平台播发相关稿件8篇，转发8篇，全网总点击量约为3.56亿人次。人民日报旗下的人民日报客户端、人民网等平台播发相关稿件4篇，转发7篇，全网浏览量约为1.18亿人次。中国新闻网播发相关稿件7篇，转发2篇，全网点击量约为4 600万人次。

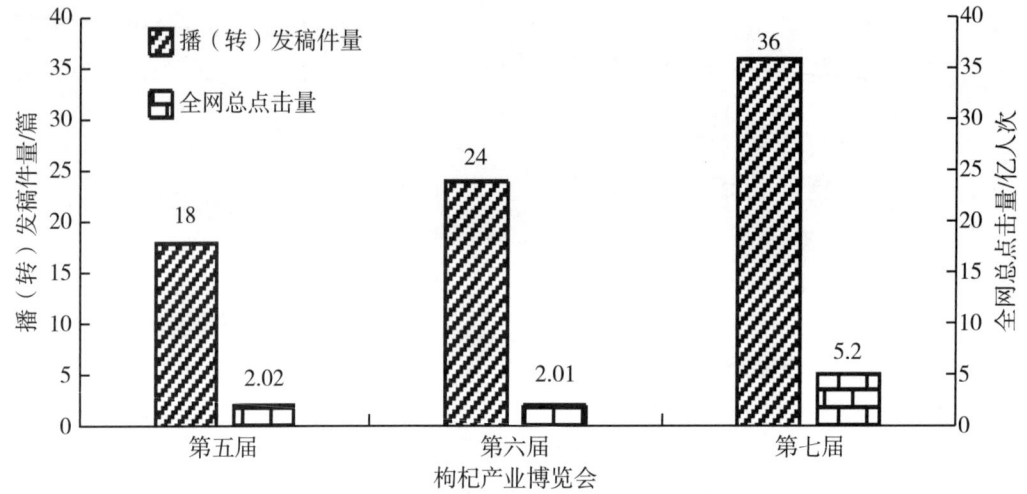

图2 第五、六、七届枸杞博览会全网稿件央媒播（转）发及点击量情况

2. 地方媒体报道分析

据监测，地方媒体报道中，以宁夏日报、宁夏新闻网报道居多。据不完全统计，仅第五、六、七届枸杞博览会各类平台播（转）发相关稿件共计160篇，全网总点击量约为4.64亿人次。其中，第五届枸杞产业博览会各类平台播（转）发相关稿件共计12篇，全网浏览量约为1.01亿人次。宁夏日报、宁夏日报客户端播发4篇，全网点击量约为951万人次；湖南卫视、宁夏新闻网、宁夏日报、银川日报、宁夏卫视、宁夏广播电视台等其他媒体发布的报道8篇，全网点击量约为9 160万人次。第六届枸杞产业博览会各类平台播（转）发相关稿件共计60篇，全网浏览量约为2.07亿人次。宁夏日报、宁夏日报客户端播发16篇，全网点击量约为3 770万人次；宁夏新闻网播发12篇，全网点击量约为

1 840万人次；青海观察客户端、红网、中国食品报网、南海网、河北新闻网、证券日报网、农民日报、广西新闻网、大皖新闻、山西日报、宁夏网络广播电视台、南方网、上游新闻、东北新闻网、科技日报、银川晚报、新消息报、东南网、消费日报、中国经济新闻网、中国食品安全报、新浪网等其他媒体发布的报道32篇，全网点击量约为1.51亿人次。第七届枸杞产业博览会各类平台播（转）发相关稿件共计88篇，全网浏览量约为1.56亿人次（图3）。宁夏日报、宁夏日报客户端播发15篇，全网点击量约为2 080万人次；宁夏新闻网播发22篇，全网点击量约为2 510万人次；新消息报、中卫新闻网、中卫日报、中宁网、银川日报、银川新闻网、华兴时报、河北网络广播电视台、宁夏网络广播电视台、宁夏广电融媒体新闻中心、中宁县融媒体中心、中宁网等其他媒体发布报道51篇，全网点击量约为1.1亿人次。

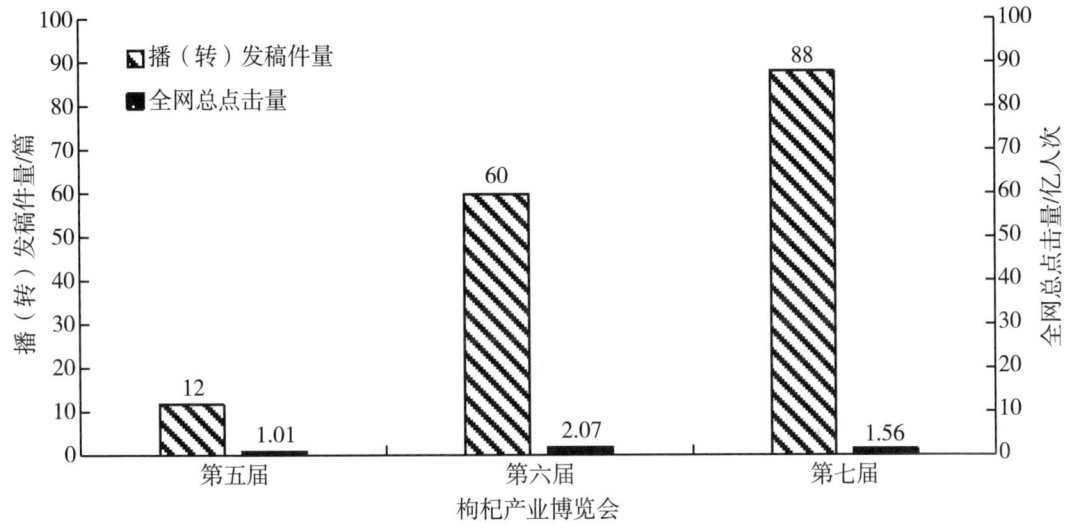

图3　第五、六、七届枸杞博览会全网稿件地方媒体播（转）发及点击量情况

（八）媒体活跃度分析

从网站平台看，不同平台对枸杞产业博览会报道信息的活跃程度略有差异。人民网是第六届枸杞产业博览会报道信息最活跃的平台，发布数量占比21.93%；其次为宁夏新闻网、宁夏日报、新华网、中国新闻网、宁夏网络广播电视台、中国经济网、光明网、央视网、中国青年网、中国农网、央广网，占比分别为17.98%、10.09%、9.65%、9.21%、8.33%、6.58%、5.70%、3.51%、3.07%、2.19%、1.75%（图4）。新华网是第七届枸杞产业博览会报道信息最活跃的平台，发布数量占比27.90%；其次为人民网、宁夏新闻网、宁夏日报、中国新闻网、中国网、中卫日报、中宁网、银川日报、宁夏网络广播电视台、华兴时报、宁夏卫视，占比分别为16.30%、14.64%、10.77%、6.35%、5.80%、3.87%、3.59%、3.31%、2.76%、2.49%、2.21%（图5）。

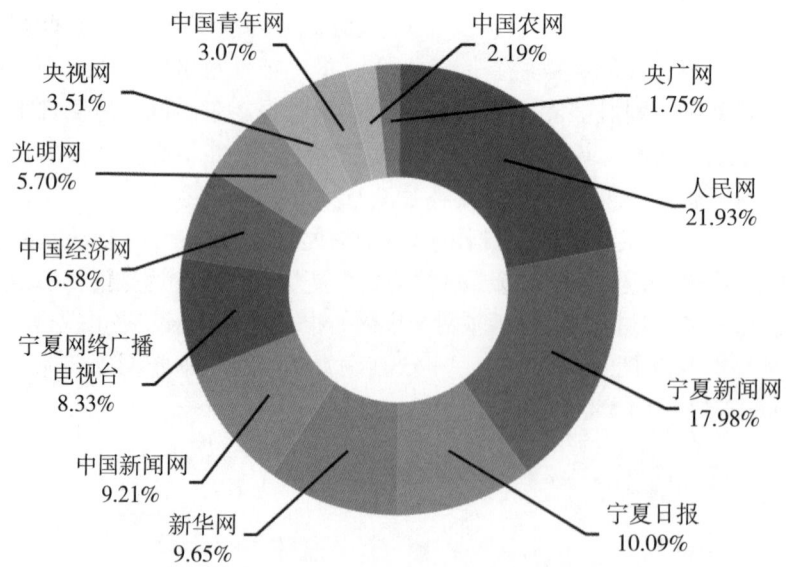

图 4　第六届枸杞产业博览会媒体活跃度分析

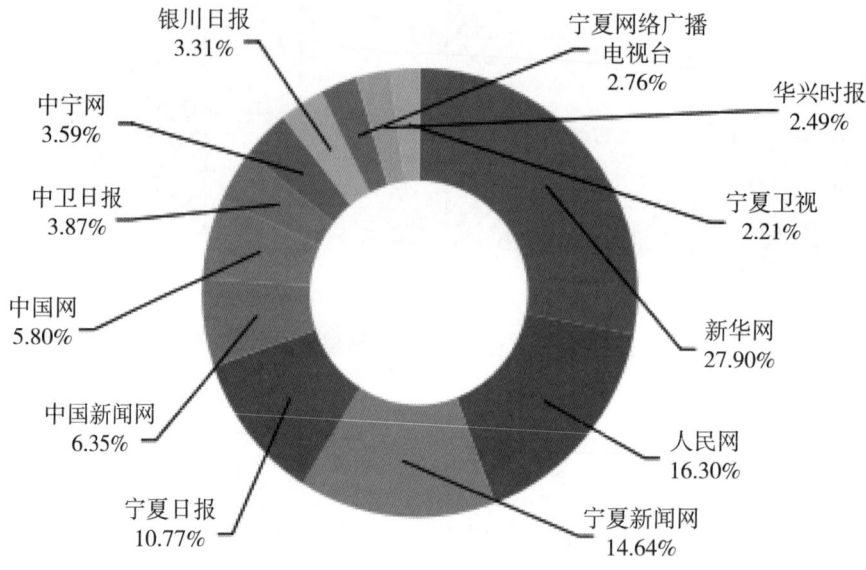

图 5　第七届枸杞产业博览会媒体活跃度分析

（九）媒体关注度分析

从媒体地域分布看，境内媒体关注度远远高于境外媒体。其中，第五届枸杞产业博览会境内媒体占比99.64%，境外媒体占比0.36%（图6）。境外媒体主要以国际在线、新华网（英文版）、CGTN、Global Times、designerwomen.co.uk、Business Wire 等为主。媒体转发稿件约为12条，其中主要报道为《宁夏回族自治区党委外事办公室助力第五届枸杞产业博览会国际化》《Goji berries enter harvest season in NW China》《Across China: Goji berries bring Ningxia desert to life》《Blue Goji to Demonstrate Embodied eSports with

Expresso, CyberCycle, Embodi Bikes and to Preview Embodied Health Services at IHRSA 2022》《Berries go international》《Global Organic Goji Berry Market Import-Export Details, Production Information 2022—2029 | Gojix, Tibetan Goji Berry, Gojoy Berries, Navitas Organics》等，据不完全统计，境外媒体关注的报道总浏览量近亿人次。第七届枸杞产业博览会境内媒体占比 99.90%，境外媒体占比 0.10%（图 7）。境外媒体主要以新华社客户端、中国日报网、中国新闻网和求是网的英文版为主。Youtube "宁夏新闻网"发布视频内容：《2024 年中宁枸杞产业博览会 | 中宁玺赞枸杞万亩庄园让荒漠披绿又生金》《2024 Zhongning Gouji Industry Expo | Zhongning Xizan the 10 000-mu manor of wolfberries to make the desert green and gold》。X 平台（原推特平台）"nxnews.net"发布与博览会相关信息，并被其他用户广泛转发，发布 49 条，转发 451 条。据不完全统计，境外媒体关注的报道总浏览量约 4 万人次。

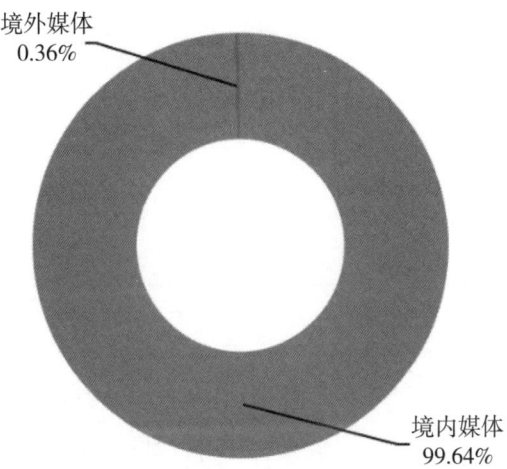

图 6　第五届枸杞产业博览会境内外媒体占比分析

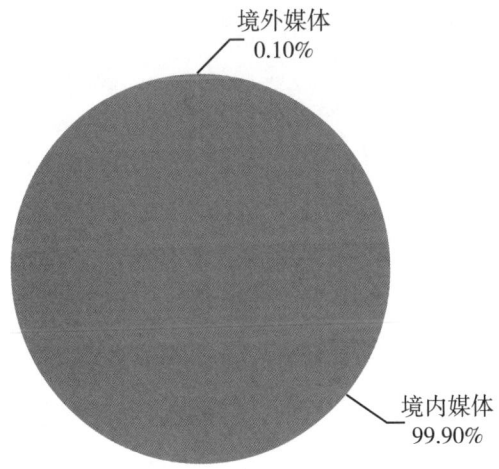

图 7　第七届枸杞产业博览会境内外媒体占比分析

三、媒体传播趋势走向

（一）第五届枸杞产业博览会媒体传播

因活动内容和活动时间不同，各届枸杞产业博览会间其报道传播趋势走向和关注内容有所差异。2022年5月26日，第五届枸杞产业博览会新闻发布会召开，媒体传播量一度走高。6月16日，第五届枸杞产业博览会召开前夕，逐渐播发相关预热报道。6月21日，开幕式相关报道受到国内外各大媒体高度关注，传播走势逐步上升。6月22日第五届枸杞产业博览会开幕式相关报道不断发酵，使舆情热度达到峰值。6月23日走势渐趋平稳。6月24日逐渐下降，但仍处在高位（图8）。

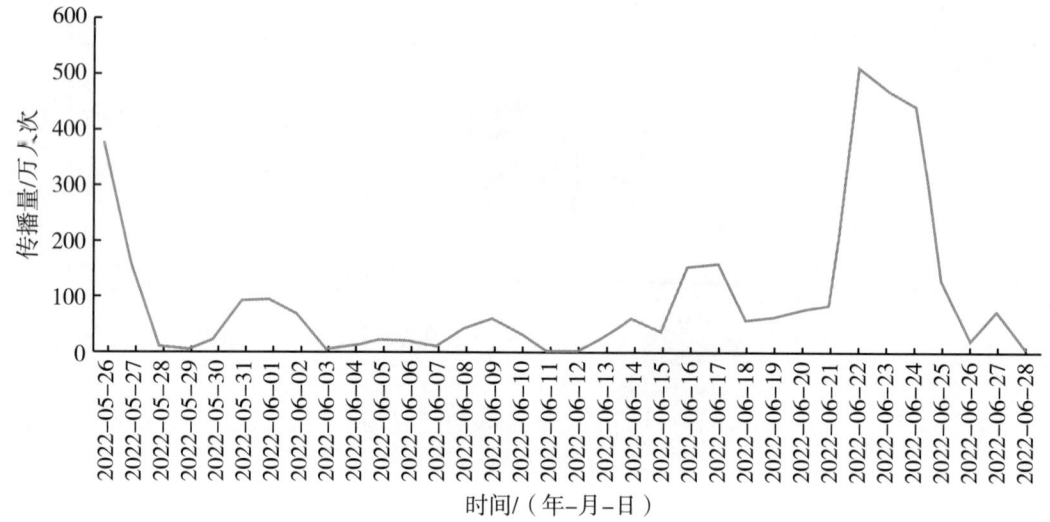

图8　第五届枸杞产业博览会相关报道全网传播走势

（二）第五届枸杞产业博览会媒体传播

2023年6月22日，各大主流媒体、地方媒体、商业媒体纷纷播发第六届枸杞产业博览会开幕，舆情热度达到峰值，该阶段媒体主要关注以下内容："一粒枸杞里的中宁故事""第六届枸杞产业博览会在宁夏中宁县开幕"。6月23—25日，媒体报道量持续高位，该阶段媒体主要关注以下内容："签约金额超百亿！第六届枸杞产业博览会圆满闭幕""第六届枸杞产业博览会枸杞新品发布会举行推出30余种枸杞新品""宁夏电信'区块链+枸杞新消费平台'助力枸杞产业高质量发展""走进中国枸杞之乡宁夏中宁：158岁枸杞树仍在挂果，七彩枸杞好吃又好看""宁夏枸杞文化创意设计大赛获奖名单出炉""宁夏青年枸杞产业联盟成立""第六届枸杞产业博览会在宁夏举行看'红果果'如何变'金果果'""宁夏枸杞产业博览会闭幕：期待早日拥有枸杞产业的头部品牌""宁夏：枸杞新品引领消费升级""百余家媒体聚焦枸杞博览会""第六届枸杞产业博览会闭幕签约金额达106.46亿元"等。随后舆情热度逐渐下降。7月10日，媒体报道量小幅攀升，内容主要围绕"科技激发小红果大能量宁夏枸杞产业向千亿产值迈进"等展开（图9）。

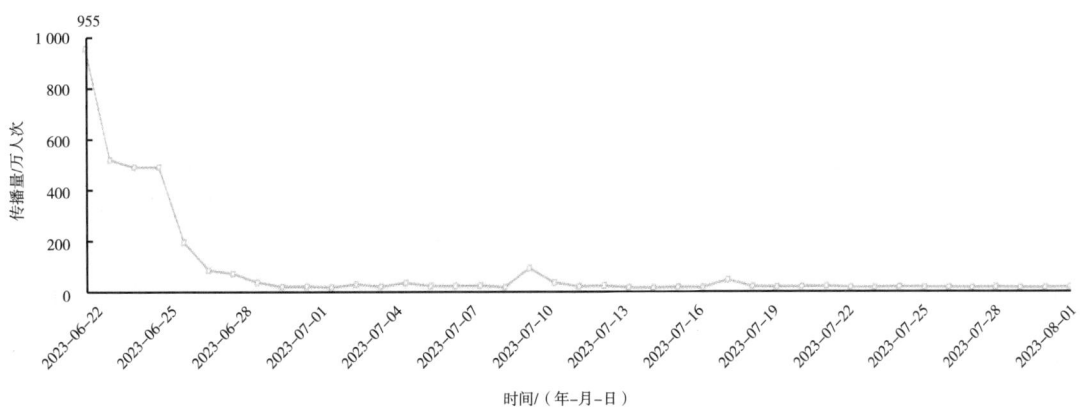

图9　第六届枸杞产业博览会相关报道全网传播走势

（三）第七届枸杞产业博览会媒体传播

2024年6月1—10日，各大媒体开始进行预热报道。6月11—13日，媒体报道量逐渐攀升，各大主流媒体、地方媒体、自媒体平台等纷纷播发"第七届枸杞产业博览会枸杞开园仪式"等，该阶段媒体主要关注"宁夏头茬枸杞迎来采摘丰收季""贺兰山下枸杞红""宁夏举办第七届枸杞产业博览会枸杞开园节"等3个内容。6月20—21日，媒体报道量迅速攀升，22日到达峰值，内容主要围绕"第七届枸杞产业博览会在宁夏中宁县开幕""中国枸杞价格指数发布"和"招商引资"等展开，该阶段媒体主要关注"第七届枸杞产业博览会在宁夏中宁县盛大开幕""宁夏'红宝'不断扩大'朋友圈'""国家枸杞产品质量检验检测中心（宁夏）正式揭牌""中国枸杞价格指数发布　打造全国枸杞交易的定价之锚""第七届枸杞产业博览会枸杞新品发布会举办""《中国枸杞产业蓝皮书——中国现代枸杞产业高质量发展报告2024》（标准版）发布""120余种枸杞产品亮相第七届枸杞产业博览会""第七届枸杞产业博览会闭幕招商引资签约额达102亿元"等内容。随后媒体报道量呈逐渐下降趋势，6月27—28日媒体报道小幅上升，主要报道第七届枸杞产业博览会圆满闭幕，该阶段媒体主要关注"共绘我国现代枸杞产业新图景""以枸杞新产品支撑枸杞产业高质量发展"等内容（图10）。

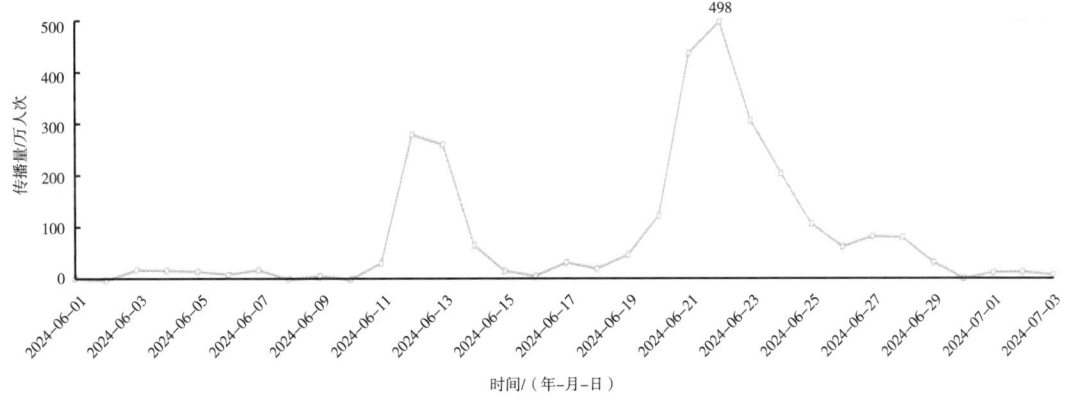

图10　第七届枸杞产业博览会相关报道全网传播走势

四、信息来源及热词分布

（一）信息来源

监测显示，客户端、网站、视频类社交网络平台是相关信息的主要策源地，其中客户端为传播报道主要渠道。第五届枸杞产业博览会期间，客户端占整体传播总量为39.82%，视频类社交网络平台占整体传播总量为25.14%，网络媒体占整体传播总量为12.42%，自媒体占整体传播总量为11.58%，微信占整体传播总量为6.02%，微博占整体传播总量为4.63%，数字报占整体传播总量为0.4%（图11）。

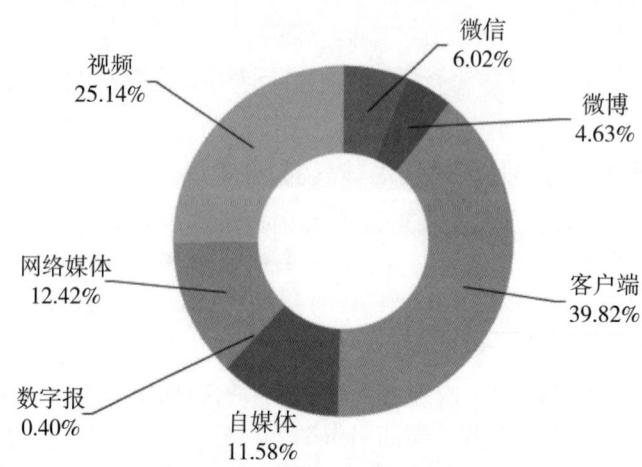

图11 第五届枸杞产业博览会信息来源分布

第六届枸杞产业博览会期间，客户端占整体传播总量为38.40%，网站占整体传播总量为29.10%、视频类社交网络平台占整体传播总量为11.72%、微博占整体传播总量为11.16%，微信占整体传播总量为7.41%，传统媒体占整体传播总量为1.32%，论坛占整体传播总量为0.89%（图12）。

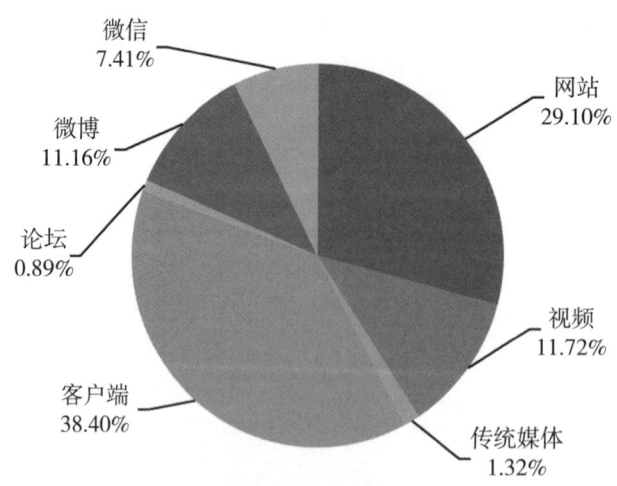

图12 第六届枸杞产业博览会信息来源分布

市场篇
枸杞产业博览会影响力传播分析报告

第七届枸杞产业博览会期间，客户端占整体传播总量为 37.72%，网站占整体传播总量为 24.46%，视频类社交网络平台占整体传播总量为 20.73%，微信占整体传播总量为 11.71%，微博占整体传播总量为 2.66%，传统媒体占整体传播总量为 2.42%，论坛占整体传播总量为 0.31%（图 13）。

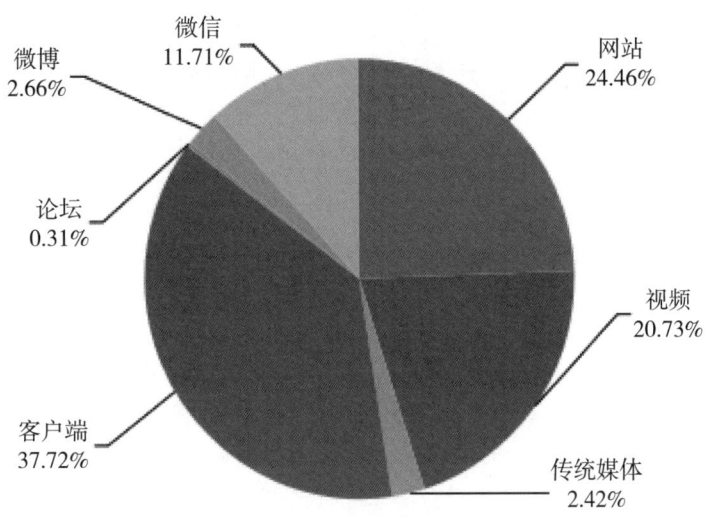

图 13　第七届枸杞产业博览会信息来源分布

（二）热词发布

监测显示，各届枸杞博览会热词分布展示博览会相关信息热点略有差异。第六届枸杞产业博览会主要展示枸杞、宁夏、中宁、线下、产业、中宁县、开幕、展示、国际、现代等（图 14）。第七届枸杞产业博览会主要展示枸杞、宁夏、中宁、产业、中宁县、博览会、采摘、中国、高质量等（图 15）。

图 14　第六届枸杞产业博览会热词分布

图 15　第七届枸杞产业博览会热词分布

小结：枸杞产业博览会通过各大央媒、地方媒体、综合门户网站、微信、政务平台、短视频平台等媒体平台，聚焦枸杞产业博览会开（闭）幕式、《中国现代枸杞产业高质量发展报告》发布、宁夏枸杞文化创意设计大赛、中国枸杞价格指数发布及招商引资签约等主题，进行全方位多角度报道，全网总浏览量（点击量）约为 33 亿人次，全面展示枸杞产业新品种、新技术、新工艺、新品类、新成果，宁夏枸杞获得了良好的口碑、海量的曝光和关注。枸杞产业博览会的成功举办进一步提升了宁夏枸杞的知名度和影响力，宁夏枸杞正以更高质量的品质，更丰富的产品形态进入国际市场，向全球展示这张靓丽的"红色名片"。

案例篇

中国枸杞产业蓝皮书
——中国现代枸杞产业高质发展报告
2025

宁夏百瑞源公司现代枸杞企业品牌培育创新实践与探索

丁雪 郝向峰*

摘　要： 百瑞源枸杞以市场需求为导向，明确"好枸杞可以贵一点"的品牌定位，聚焦高品质与功能化需求，构建多元产品矩阵；打造"五位一体"（科技研发、有机种植、生产加工、市场营销、文化旅游）全产业链生态；持续强化科技创新，以及文化赋能品牌建设。通过一系列举措，百瑞源市场影响力显著拓展、企业效益大幅增长、创新能力显著增强，并带动枸杞产业高质量发展。其品牌培育实践，为枸杞企业突破同质化竞争、实现高附加值、可持续发展提供了经验借鉴。

关键词： 百瑞源枸杞；品牌培育；全产业链；文化赋能

全球健康消费升级推动枸杞从"土特产"向"高端养生品"转型。消费者不再仅仅满足产品的基本功能，而是更加注重产品品质的卓越性，以及产品品牌所传递的价值观与情感共鸣，但传统枸杞行业曾长期深陷同质化竞争严重、产品附加值低的困境之中。面对行业痛点，百瑞源以市场需求为导向，从"低价内卷"转向"品质溢价"，从"产销分离"迈向"需求共生"，重构品牌价值体系，成为宁夏枸杞行业首个枸杞制品深加工产业链"链主"企业。

一、百瑞源枸杞品牌概况

百瑞源枸杞是百瑞源枸杞股份有限公司（以下简称"百瑞源"）旗下品牌，是中国枸杞行业领军品牌，获得"中国驰名商标"。核心产品涵盖枸杞干果系列、枸杞保健食品系列、枸杞养生饮品系列、枸杞休闲食品系列、枸杞茶系列、深加工枸杞膏方系列六大类80余款，主打高端养生场景。2003年创立的百瑞源，是专业从事枸杞科技研发、有机种植、生产加工、市场营销、文化旅游"五位一体"的全产业链国家高新技术企业，先后被农业农村部授予"农业产业化国家重点龙头企业""国家枸杞加工技术研发专业中心"；2017年，百瑞源入选金砖国家领导人厦门会晤"食材供应企业"；2023年，百瑞源入选第19届杭州亚运会官方枸杞产品供应商；2024年，百瑞源荣获中国质量领域的最高荣

---

* 丁雪，中共吴忠市委党校（吴忠市行政学院），讲师；郝向峰，百瑞源枸杞股份有限公司董事长，第三届宁夏枸杞协会会长。

誉——中国质量奖提名奖，是迄今为止中国枸杞行业、宁夏食品行业唯一入选企业。

二、百瑞源枸杞品牌培育的主要做法

（一）确立品牌战略定位

百瑞源在建设初期就确立了"百瑞源枸杞，好枸杞可以贵一点"的品牌战略定位。制定"好枸杞"的臻选标准，与阿里健康透明实验室合作，对枸杞品质进行全面系统测评，用专业数据体现"好枸杞"，让消费者吃得放心。针对消费者对健康、高品质枸杞产品的热切追求，百瑞源精心构建品类丰富的多元化产品体系，突出百瑞源枸杞的高品质和独特品牌价值，带动了整个枸杞行业的优质优价。同时，百瑞源还将枸杞养生理念贯穿始终，树立了"枸杞养生专家"的品牌形象。

（二）构建全产业链模式

百瑞源在行业内率先构建了集枸杞科技研发、有机种植、生产加工、市场营销、义化旅游"五位一体"的全产业链"百瑞源"模式。实现从源头种植到终端销售的全程质量把控，确保从田间到舌尖上的安全，提升了百瑞源枸杞的品牌知名度和美誉度。科技研发方面，与中国科学院、浙江大学、中国农业大学等多家院校建立稳固的合作关系，在枸杞新品种培育、基础研究、成果转化等领域开展科技攻关及技术创新，推动产学研用一体化。有机种植方面，在宁夏中宁、红寺堡、贺兰山东麓等核心产区建立了1.2万亩有机标准化枸杞示范种植基地。百瑞源的原生态荒漠枸杞种植基地成功通过"国家良好农业规范GAP认证""德国BCS欧盟有机食品认证"等四项国内外权威认证。生产加工方面，引进国际先进的枸杞加工生产线和检测设备，通过了ISO9001、HACCP等多项国际质量管理体系认证。建立全产业链追溯码，能够查看枸杞从种植到加工的全过程。市场营销方面，在中国枸杞行业首创品牌连锁经营模式，目前全国百瑞源品牌专卖店数量已超过百家，覆盖北京、上海、广州等主要城市，在银川的繁华街区，已开设门店超过50家。在杭州组建了专业的电商团队，专门负责多个主流电商平台的运营，抢占电商市场的制高点。文化旅游方面，依托枸杞文化，积极打造特色旅游项目，建成国家4A级旅游景区——宁夏枸杞博物馆，以及一二三产融合的农文旅综合项目——殷红子熟枸杞庄园。

（三）持续强化科技创新

百瑞源始终秉承"品质铸就品牌，科技成就未来"的发展理念，先后承担科技部科技支撑计划项目和自治区科技攻关项目等，并独家拥有全营养"锁鲜枸杞"和50多项发明专利，参与制定14项枸杞行业标准。百瑞源深加工产品"杞明星牌叶黄素软胶囊"保健食品，其功能附加值是常规枸杞的15倍。果小凡枸杞原浆逆市上场，成为线上网红产品，销量已经超越原有干果销售量的60%。产品品质稳步提升，其中1.0～6.0产品迭代创新最具有代表性，不断赢得市场前沿，客单价从2018年的50元逐步提升至2023年的200元，年均复合增长率达32%，始终占据中高端枸杞销量第一宝座。百瑞源每年将利润的 10% 投入科技研发，用于支持枸杞新品种选育、新技术研发和新产品开发等，不断提升自身的科技创新能力和核心竞争力。

（四）文化赋能品牌建设

百瑞源深知枸杞文化的深厚底蕴对于品牌构建的重要性。挖掘枸杞文化内涵，组建专业的文化研究团队，深入挖掘枸杞的历史渊源、传统种植技艺、中医应用以及民间传说等，形成系统化的文化资料库。百瑞源非物质文化遗产代表性项目"枸杞传统系列制品传统技艺"成功入选"银川市第六批市级非物质文化遗产代表性项目名录"。打造文化传播平台，2007 年起，百瑞源历时 3 年筹划建设宁夏枸杞博物馆，集文化展示、产品销售、旅游体验等多种功能于一体。先后被授予"国家级科普教育基地"等多项荣誉称号，累计接待人数 300 多万人次。开展文化体验活动，推出枸杞工业旅游项目，开放参观枸杞种植基地，让人们了解枸杞从种植到加工的全过程；与中小学、大学等合作推出"枸杞研学游"，持续举办各类以枸杞文化为主题的活动，如枸杞采摘节、枸杞养生节、枸杞养生讲座等。开发文化创意产品，推出枸杞与传统中药配伍的养生产品、开发枸杞主题的茶具、餐具等。在产品包装设计中融入枸杞文化元素，采用宁夏标志性的景观图案、民族特色的装饰纹样等，创造了"源源""瑞瑞"等枸杞 IP 形象，提升产品的视觉吸引力和文化附加值。

三、品牌培育的成效

（一）市场影响力显著拓展

百瑞源将枸杞文化深度融入品牌建设，推动品牌知名度在国内和国际市场实现飞跃式提升。2024 年，百瑞源继"中宁枸杞"之后，入选中国枸杞十大品牌榜第一位，品牌指数达 92.6，全系列 80 余款产品畅销全国。2023 年 6 月，百瑞源枸杞分析检测中心通过中国合格评定国家认可委员会（CNAS）认证（证书编号：CNAS L21127），检测报告获国际实验室认可合作组织（ILAC）100 余个成员经济体互认，大幅提升了企业产品在国内外市场的竞争力和公信力。2024 年春节，经外交部礼宾司核准，百瑞源锁鲜枸杞成为赠送外国政党领导人年礼，成功入选中共中央对外联络部礼宾局外国政党特色产品目录，登上元首外交舞台。

（二）企业效益大幅增长

在品牌赋能的推动下，百瑞源的企业效益大幅增长。2023 年百瑞源企业销售额为 37 125 万元，创历史新高。业绩同比增长达 45%，两大核心精深加工产品——锁鲜枸杞和枸杞原浆都实现了 30% 以上的增速。2023 年百瑞源销售额占宁夏枸杞深加工产品总产值的 18.7%。2023 年，经权威机构认证：百瑞源稳居高端枸杞全国销量第一；旗下子品牌果小凡，枸杞原浆全国全网销量第一。2024 年年货节百瑞源枸杞销售业绩同比增长 25%；锁鲜枸杞系列销售额同比增长 35%；线上枸杞原浆销售额稳步提升，线下枸杞原浆销售额同比增长近50%。

（三）创新能力显著增强

百瑞源的创新能力得到显著提升，品牌竞争力增强。百瑞源开创了枸杞独立小袋计量包装、12道免洗工艺等，锁鲜枸杞技术突破了传统枸杞制干工艺中的营养流失难题，实现枸杞鲜果营养成分保留率提升至95%以上，现拥有"锁鲜枸杞"等50多项技术发明专利。建成宁夏枸杞功效研究与品种选育院士工作站、国内首家智能化锁鲜枸杞生产线等精深加工项目。与中国科学院院华南植物园携手培育的百瑞源1号枸杞新品种荣获植物新品种权，成为宁夏首个以企业品牌命名的植物新品种；农业农村部批准实施的宁夏首个"以虫治虫"生物病虫害扩繁基地建设项目在百瑞源殷红子熟枸杞庄园顺利竣工，填补了宁夏天敌繁育基地建设的空白。百瑞源不断开发创新产品，如金杞力牌枸杞提取物颗粒、枸杞本宫膏、枸杞本元膏等，不断提升枸杞的品质功效。

（四）带动枸杞产业高质量发展

百瑞源品牌的实践探索为枸杞行业树立了典范，发挥了引领作用，从多方面推动产业高质量发展。百瑞源不断优化产业供应链，带动上下游42家中小企业完成了技术标准协同，实现了种植环节标准化、加工环节现代化、销售环节多元化，推动产业创新发展，丰富了产业业态。技术创新提升产业效能，攻克枸杞加工多项技术难题。营销创新拓展了产业市场边界。深入挖掘枸杞文化内涵，建设枸杞博物馆，组织编写枸杞文化相关书籍、纪录片，增强文化认同感。全产业链模式的构建为相关产业链上下游企业带来了更多的商业机会和经济效益。同时，百瑞源还积极履行企业社会责任，参与社会公益活动，在各大门店设立"学雷锋服务站"，带动职工不间断开展公益献血、关爱空巢老人和残疾儿童等形式多样的志愿服务活动。2023年，百瑞源荣获"全国五一劳动奖状"，成为宁夏唯一获此殊荣的枸杞企业。2024年，百瑞源当选自治区枸杞制品深加工产业链"链主"企业。

四、品牌发展的展望

百瑞源坚定"让中国人吃上中国好枸杞"的使命，坚持大健康大品类的发展理念，坚守"百瑞源枸杞，好枸杞可以贵一点"的品牌战略定位，矢志不移走高质量、可持续发展之路。

百瑞源将继续以全产业链质量升级、技术创新引领、产业集群协同为核心路径，推动品牌向高端化、全球化跃迁。通过全流程智能化管理，完善全链条数字化监控体系；依托跨境电商及国际合作，不断开拓国际市场；进一步推进产学研用融合，培养种植与研发人才，将企业技术专利转化为行业通用规范；推动产业集群资源整合，构建"龙头企业＋专业化服务商"的梯次生态，形成产业集群差异化协作，进而实现从传统土特产向全球高端养生品牌的跨越。

宁夏早康公司现代枸杞企业管理制度创新实践与探索

朱彦华 刘雅静 张学忠 田学霞[*]

摘　要：枸杞产业因传统家族式管理模式的束缚，面临治理结构松散、技术迭代滞后、市场响应低效、资源整合能力不足等一系列问题。早康枸杞股份有限公司作为枸杞行业的领军企业，以"去家族化、强专业化"为核心，通过治理结构规范化、组织架构扁平化、研发创新体系化、质量管理国际化、人力资源战略化、合作模式共创化六个方面启动管理革新，构建起了较为完备的现代企业管理制度，对于枸杞产业企业转型具有一定的示范与启示意义。

在当今经济全球化与市场竞争日益激烈的时代，现代企业管理制度的构建成为企业实现可持续发展的关键要素。枸杞产业作为我国特色农业产业之一，正面临着从传统经营模式向现代化、规模化、标准化转型的重要机遇与挑战。早康枸杞股份有限公司（以下简称"早康枸杞"）作为枸杞行业的领军企业，其现代企业管理制度建设显得尤为重要。

一、早康枸杞的转型契机与行业示范意义

枸杞产业作为中国特色农业的瑰宝，一直以来以其独特的营养价值和文化内涵，被誉为"红色名片"，作为中国特色农业的支柱之一，承载着乡村振兴与健康中国战略的双重使命。然而，长期以来，这一产业深受传统家族式管理模式的束缚，面临着治理结构松散、技术迭代滞后、市场响应低效、资源整合能力不足等一系列问题。这些问题不仅限制了枸杞产业的进一步发展，也影响了其在全球市场上的竞争力，面对这些挑战，枸杞产业的转型和升级势在必行。

早康枸杞作为国家级农业产业化龙头企业，自2011年起率先启动管理革新，以"去家族化、强专业化"为核心，构建了一套现代企业管理制度。这一转型不仅为早康枸杞自身带来了显著的成效，也为整个枸杞产业提供了从"经验管理驱动"到"专业规范管理"的转型范式。其核心突破，一方面在于资本结构的优化，引入社会资本，建立股东会、董事会、监事会三权分立架构，为2014年新三板上市奠定基础；另一方面，体现为战略决策的科学化，设立投资、审计、薪酬等专业委员会，以专业管理取代"一言堂"模式。

---

[*]　朱彦华，早康枸杞股份有限公司董事长，宁夏枸杞协会副会长，中宁县枸杞协会会长；刘雅静，中共宁夏区委党校（宁夏行政学院），教授；张学忠，中宁县枸杞产业发展服务中心，工程师；田学霞，中宁县枸杞产业发展服务中心，工程师。

二、早康枸杞股份有限公司基本情况

早康枸杞股份有限公司（曾用名：宁夏中宁早康枸杞开发有限公司、宁夏早康枸杞股份有限公司）始创于1998年，在上海完成品牌注册，1999年正式落户枸杞之乡宁夏中宁县成立法人实体。作为农业产业化国家重点龙头企业，公司历经三次重要发展节点：1999年完成企业法人注册、2010年12月30日实施股份制改造升级为股份有限公司、2021年成功取得中药饮片生产资质，现已发展成为集枸杞育种种植、精深加工、科技研发、全球营销于一体的全产业链现代化企业，先后荣获国家知识产权优势企业、国家全产业链标准化示范基地等认证。

早康枸杞集种植、加工、销售、研发于一体，先后在宁夏中宁县余丁、上渠、花豹湾、太阳梁建成有机枸杞示范基地10 000亩。基地实行标准化种植，科学化管理，统防统治，枸杞达到美国、欧盟有机出口产品标准。早康通过"公司+基地+合作社+农户"的方式，与枸杞种植专业合作社签订协议，通过技术合作、委托生产的合作方式，为公司产品提供了优质、可靠的原料供应保障。

早康枸杞拥有年产3 500吨枸杞干果生产线、6 000吨枸杞原浆生产线、日产15万瓶枸杞原液灌装线各一条，拥有日产15万袋枸杞原浆灌装线3套。2016年投资购置12套大型冻干设备，实现年产500吨冻干、锁鲜枸杞和年产800吨冻干鲜枣的规模化生产。

早康枸杞率先通过ISO9001:2015质量管理体系认证、ISO22000:2018食品安全管理体系及HACCP等认证，并通过了NOP（美国）有机认证、美国FDA认证、英国零售BRC全球标准食品安全认证、中国有机产品认证等认证。早康枸杞产品多次在中国国际农产品交易会上获得"畅销产品奖"，被宁夏名牌战略推进委员会授予"名牌产品"称号，并列入参选"中国名牌"产品目录。"早康"商标2015年被认定为中国驰名商标。

三、创新实践：早康枸杞构建现代企业管理制度的六大支柱

早康枸杞构建现代企业管理制度涉及治理结构、组织架构、研发创新、质量管理、人力资源和合作模式六大支柱。

（一）治理结构规范化：从"人治"到"法治"的跨越

1. 进行股份制改造与资本引入

2011年，早康枸杞完成了股份制改革，标志着企业从家族式管理向现代企业管理的转变。通过股份制改造，早康枸杞引入了社会资本，建立了股东会、董事会、监事会三权分立的治理架构。这一改革不仅实现了决策权的分散和制衡，还提高了决策的透明度和科学性，为2014年新三板上市奠定了坚实的基础。

2. 建立战略委员会机制

为了进一步提高决策的专业性和科学性，早康枸杞设立了投资、审计、薪酬等专业委员会。这些委员会以数据驱动决策，摒弃了家族式"一言堂"模式，确保了企业战略规划和重大决策的科学性和可行性。通过专业委员会的规范运作，早康枸杞在投资决策、风险

管理、人才激励等方面取得了显著成效。

（二）组织架构扁平化：效率与专业化的双引擎

1. 推行事业部制改革

为了提高市场响应效率和专业化水平，早康枸杞进行了事业部制改革。按业务板块设立营销中心、研发中心、生产中心、物流中心等事业部，并赋予事业部自主权。这一改革不仅激发了事业部的积极性和创新精神，还提高了企业的市场响应速度和运营效率。例如，子公司上海红五千专注高端品牌开发；湖南杞康深耕私域电商；银川销售公司专注于出口业务和大客户开发。这些事业部的设立使得早康枸杞能够更精准地捕捉市场需求和消费者偏好，从而推出更具竞争力的产品和服务。

2. 力推业务流程数字化

为了进一步提高运营效率和内控合规性，早康枸杞引入了ERP系统，实现了全业务流程线上化。通过ERP系统，早康实现了审批流程的自动化和数据可追溯性达100%。这不仅缩短了审批周期60%，还提高了内控合规性，获得了国际审计机构的认可。流程数字化为早康枸杞的现代化管理提供了有力支撑。

（三）研发创新体系化：开展多层次技术攻坚

1. 实行"自主研发+联合研发"创新模式

为了保持技术领先地位和创新能力，早康枸杞构建了"金字塔式"创新模式。自主研发聚焦产品迭代和工艺改进，如冻干锁鲜技术的研发和应用；联合研发攻克行业瓶颈和技术难题，如枸杞益生菌发酵工艺的研究。其中，与天津科技大学、华南理工大学等高校共同研发创新化的枸杞产品相关发明专利达8项。这一多层次技术攻坚体系为早康枸杞的产品创新和产业升级提供了有力保障。

2. 高度重视创新成果转化

通过持续的研发投入、成果转化等创新实践，早康枸杞取得了丰硕的成果，累计获得21项发明专利，会同宁夏回族自治区药品监督管理局起草制定了枸杞行业规范《鲜冻干枸杞子中药饮片炮制规范》，推出了冻干枸杞、袋装枸杞原浆等创新产品。这些创新产品不仅推动了行业包装与工艺标准化，还提高了年轻消费者的渗透率，成为早康枸杞技术创新和产业升级的重要体现。

（四）质量管理国际化：从"区域标准"到"全球认证"

1. 建立全链条认证体系

为了提升产品品质和市场竞争力，早康枸杞建立了全链条认证体系。通过ISO9001、ISO22000、HACCP、美国FDA、欧盟美国有机、英国BRC认证等12项国际认证，早康枸杞的产品品质和安全管理水平得到了国际认可。这不仅提高了产品的附加值和市场竞争力，还为早康枸杞的国际化战略奠定了坚实基础。

2. 构建全程溯源系统

为确保产品品质和消费者信任，早康枸杞建立了全程溯源系统，实现了种植、加工、流通环节数据的透明化和可追溯性，有效保障了产品的品质和安全性。通过全程溯源系统，早康枸杞的客户投诉率下降至 0.3%，进一步提升了品牌形象和消费者满意度。

（五）人力资源战略化：从"劳力依赖"到"智力驱动"

1. 积极引进高端人才

为了提升企业的核心竞争力和创新能力，早康枸杞积极引进高端人才。引入财务总监、区外技术总监等核心岗位人才，构建了一支高素质、专业化的管理团队。同时积极展开产学研一体化，与天津科技大学达成战略化企校合作，与天津科技大学教授团队共同成立枸杞及功能食品联合研发中心，为企业的战略规划和决策提供了有力支撑。

2. 建立全员赋能机制

为了激发员工的积极性和创造力，早康枸杞建立了全员赋能机制，设立学历深造奖金、技能津贴等激励措施，致力于推动现有员工的学历、专业技术水平的提升。自 2017 年起设立专项奖金与技能津贴，奖励通过学历深造与专业技术职称升级的员工，极大提振了员工自我学习的动力，近 3 年来有 30 多位员工获得了该项奖励。

3. 高度重视企业文化体系建设

早康枸杞将"只做中宁好枸杞"的理念深入每位员工内心，转化为对枸杞品质的把控，始终坚持以人为本的原则，近年来逐步建立起自己的人文体系：进行员工培训，提升员工素质与技能、建立畅通的上升渠道、落实人文关怀、定期团建、外出旅游、趣味体育活动、年度总结表彰等，增强了员工对企业的归属感与自豪，建立了稳定、忠实的员工队伍，为企业发展提供了坚实的人力资源保障。

（六）合作模式共创化：乡村振兴的"早康样本"

1. 创新"五级联动"联农带农模式

为了推动乡村振兴和产业发展，早康枸杞创新了"村党总支+龙头企业+基地+合作社+农户"的"五级联动"模式。该模式覆盖了宁夏中宁县太阳梁乡两个枸杞种植专业合作社共计 5 300 亩种植基地，通过整合政府、企业、合作社和农户等资源，实现了产业链的协同发展和共赢共享。农户年均增收 2.4 万元，有效带动了当地经济发展和农民增收。

2. 实施全产业链反哺措施

为了实现从"输血"到"造血"的可持续帮扶，早康枸杞在全产业链上实施反哺措施。按照中宁县出台的保护价政策一颗不剩地收购农户种植的枸杞，既解决了合作社种得下、卖得出的关键问题，还提供技术培训和就业吸纳等支持，仅太阳梁乡的枸杞种植基地就吸收了大量富余劳动力、贫困户、建档立卡户到基地务工，带动了约 300 户（3 000 多名）农民的增收致富。这一全产业链反哺模式，不仅体现了企业的社会责任和担当，为乡村振兴提供了有力支撑，还开创了枸杞产业合作发展的务实新模式，助力中宁县获评"国家级枸杞产业示范县"，进一步提升了当地的知名度和美誉度。

四、展望

　　早康枸杞虽然在现代企业管理制度的创新实践与价值重构方面取得了显著成效，并对整个枸杞产业产生了深远的影响。但是，在未来发展过程中仍面临诸多挑战。为了保持领先地位并实现可持续发展目标，早康枸杞将继续加强品牌建设、技术创新、市场拓展等方面的工作；积极应对国际化进程中面临的文化差异和法规限制等挑战；继续深化现代企业管理制度的构建和创新实践，以"治理规范化、生产智能化、运营数字化"为目标，推动枸杞产业从"地域特产"向"国际健康品牌"的跃迁。

宁夏沃福百瑞公司三链协同拓展国际市场创新实践与探索

脱俊卿 黄玉彩 张小梅*

摘 要: 宁夏沃福百瑞枸杞产业股份有限公司聚焦国际市场,通过全产业链创新,成为宁夏枸杞行业出口龙头企业,在北美和欧盟的枸杞市场占有率高达70%,是亚洲唯一获得美国FDA免检资质的枸杞企业。但是,企业发展也面临区域竞争加剧、人工与物流成本攀升、全球农药残留标准差异等挑战。实现枸杞产业高质量发展,要通过多元化市场布局分散贸易风险,持续巩固全球枸杞产业领军地位。

关键词: 枸杞产业;国际市场;全球贸易

海关总署的数据显示,2023年中国枸杞出口量达到1.2万吨,比2022年增加了21.2%;枸杞出口额达到12亿美元,比2022年增加了23.1%。宁夏枸杞出口量和货值分别占全国29.2%和33.8%的市场份额,持续稳居全国首位。宁夏沃福百瑞枸杞产业股份有限公司(以下简称"沃福百瑞")始终聚焦国际市场战略目标,通过延伸产业链、优化供应链、加大创新链,提升价值链等全产业链模式,取得了良好的市场反响。企业实践探索值得行业学习和思考。

一、沃福百瑞的实践探索

沃福百瑞成立于1998年,是一家专业从事枸杞深加工产品研发、有机枸杞生产、加工、销售、文化建设的全产业链民营企业,先后被授予"国家农业产业化重点龙头企业""十大出口农产品品牌"等荣誉称号。沃福百瑞深耕枸杞领域,凭借前瞻性产业布局,充分利用高新技术,通过"三链协同"发展战略——提升价值链、延伸产业链、优化供应链,以"技术"和"国际标准"为指南,以卓越品质塑造品牌,更好地满足市场和客户的需求。

(一)全产业链推动产品创新

在全球大健康产业蓬勃发展的浪潮下,中国枸杞产业正经历从原料输出到精深加工的

---

* 脱俊卿,中共银川市委党校(银川行政学院)校务委员、副校长、副教授;黄玉彩,中共银川市委党校(银川行政学院),讲师;张小梅,宁夏沃福百瑞枸杞产业股份有限公司外贸总监。

深刻变革。沃福百瑞通过枸杞产品精深加工、标准化生产等举措，不断拓宽海外高质量枸杞产品市场，推动枸杞从初级干果向深加工产品转型。

1. 产品精深加工

沃福百瑞成立了宁夏枸杞工程院、农业农村部枸杞功能产品创制重点实验室、宁夏枸杞深加工工程技术研究中心等创新平台，与高校科研院所合作，先后攻克枸杞原汁常温保鲜、冻干工艺等关键技术，研发枸杞深加工产品达七大类50多个品种，主要涵盖枸杞原汁、枸杞浓缩汁、枸杞籽油、枸杞粉、益生菌含片、复合饮料等功能性产品。同时，将积淀的枸杞深加工技术优势延伸至化妆品和保健品领域，如枸杞精油面膜、枸杞籽油亚麻籽油软胶囊等产品。

2. 标准化生产

沃福百瑞通过构建十四道标准化工艺体系、三重清洗和三重杀菌技术，产品真正实现了从田间到舌尖的安全、卫生、无污染，开袋即食，成功打造符合欧盟食品安全标准的枸杞深加工产品。在日常管理中，沃福百瑞结合枸杞产品工艺特点，量身定制一系列食品安全管控体系，把内控制度落实到日常管理工作中，经过多年总结的"5、4、3、3、14"模式、"四级质量管理体系"确保产品品质达标。

3. 差异化包装

随着消费者生活水平的不断提高，沃福百瑞为不同包装需求的客户提供个性化的定制化产品。例如，沃福百瑞向美国和加拿大的大型超市COSTCO稳定供应小包装（50~200克）有机枸杞干果系列，满足日常消费的便捷性需求；同时，还向德国、美国、澳大利亚等国的大型经销商供应每箱20千克或者40磅的有机枸杞系列产品，满足企业生产需求。

（二）量价协同的销售回款策略

为了进一步扩大国际市场，沃福百瑞构建了以市场导向为核心的立体化价格管理体系，通过差异化的定价机制与风险共担机制形成市场竞争优势。在定价策略上，公司创新实施"量价动态联动"机制，针对不同的交易量，为客户提供阶梯形报价方案，对于交易量较少的订单，采取一个月收款的方式，而针对交易量多的订单，则实行两个月收款的政策。这种阶梯式弹性定价体系既保持了价格体系的稳定性，又赋予大客户深层价值获得感。此外，建立质量承诺保障体系，所有出口产品若经过专业机构检测，发现产品农药残留不达标，公司将承担全部费用；若农药残留达标，第一个月先付定金，第二个月再将剩余货款付清。这种"双阶段付款保障"即将付款节点与质量认证挂钩的创新模式，极大地提升了国际市场对沃福百瑞枸杞的认可度和美誉度，使沃福百瑞在激烈的市场竞争中脱颖而出。

（三）严格执行STP营销战略

在全球化战略实施过程中，沃福百瑞基于对国外市场消费者消费习惯和市场经济的深入分析，构建"核心市场深耕+潜力市场培育+数据驱动决策"的三维拓展体系。

1. 深耕核心市场

基于对国际消费市场的深度研判，沃福百瑞始终将北美市场确立为战略核心，通过构建"线上线下融合＋本土化运营"的双轮驱动模式，成功打入高端消费市场。其产品不仅进驻Costco、Whole Foods等美国主流商超的有机食品专区，还在美国设立了分公司和海外仓，订单响应时间大大缩短，极大地提高了货运效率。在数字化渠道建设方面，企业针对北美用户碎片化消费特征，搭建Amazon品牌旗舰店与e-Bay等国际平台进行线上销售，增加客户复购率，以此锁住零散客户。

2. 培育潜力市场

在稳定北美市场的同时，大力开辟欧洲市场。面对欧洲市场差异化需求，沃福百瑞创造性地推行"柔性供应链＋区域枢纽"解决方案。2017年与德国经销商达成战略合作，在本地建立海外仓，处理来自欧盟国家的零散订单，契合欧洲B2B客户"多频次、小批量"的采购特点，使中小客户订单交付周期大大缩短，客户满意度大幅提升，实现了欧洲市场的拓展。

3. 数据驱动决策

沃福百瑞充分利用大数据，根据中国海关总署进出口数据库，对枸杞品类出口动态进行监测。通过对历年中国枸杞出口的具体情况以及全球主要市场消费数据深入分析，提前合理布局海外市场。例如，海关数据表明，中国出口枸杞量最大的3个地区分别是：亚洲（51%）、欧洲（34%）、北美洲（9%），出口额前3的地区也是亚洲（44%）、欧洲（37%）、北美洲（12%）。北美市场以9%的出口量贡献了12%的出口额，坚定了沃福百瑞将美国作为核心市场的举措。此外，根据数据分析，沃福百瑞提前转战欧洲市场，并逐渐开辟东南亚和港澳台等市场，大大降低中美贸易摩擦风险带来的市场冲击。

（四）构建全方位市场促销体系

沃福百瑞通过构建线上线下协同的立体化营销网络以及构建客户关系深度绑定机制，形成了全方位的市场促销体系。

1. 线上线下客户群搭建

利用数字化营销模式，依托Google等国际搜索引擎优化技术，构建多语言独立站群矩阵，精准触达全球采购商。同时，利用国际会展营销体系，年均参展频次保持在10场以上，重点布局德国BioFach有机食品展、美国的植物提取物展会、日本的Foodex展会、新加坡食品展等全球知名行业展会。通过线下国际展会模式，形成"会前精准邀约—会中深度洽谈—会后持续跟进"的标准化参展流程，单次展会客户转化率大幅提升。

2. 构建客户关系深度绑定机制

同客户建立1~5年中长期战略合作协议框架，涵盖联合研发、产能预定、价格锁定等全价值链合作。这使得客户不仅在价格上能够享受一定的优惠，同时在产品品质的稳定性以及产品创新方面也无须担忧，极大地增强了客户黏性。此外，利用裂变营销模式，构建"以老带新"的客户推荐激励机制，对于一些老客户转介绍的客户，沃福百瑞在产品供应、产品开发以及产品价格方面，给予新客户、老客户重点客户的优先待遇，增加了客户对品牌的信任度和认可度。

二、沃福百瑞的实践效果

（一）沃福百瑞取得的成就

1. 出口规模大幅增长

沃福百瑞的枸杞深加工产品在北美和欧盟的市场占有率高达70%，在国际市场上拥有定价权。2024年，其出口额突破2亿元，产品畅销27个国家和地区。

2. 市场覆盖范围进一步扩大

沃福百瑞精心打造七大类产品，凭借其卓越的品质，一路畅销至美国、德国、英国、荷兰、法国、比利时、加拿大、捷克、土耳其、瑞士、日本、韩国、泰国、印度等，以及中国台湾和中国香港，共计27个国家和地区。

3. 品牌溢价不断提升

沃福百瑞成为国内首家获得全球食品安全双认证的枸杞企业，其产品以"同线同标同质"标准供应国内外市场，提升了品牌溢价能力。通过参与国际展会与海外客户长期合作，以及通过媒体宣传提升品牌曝光度，逐步塑造"高品质枸杞"的国际形象。

（二）沃福百瑞高质量发展面临的挑战

沃福百瑞作为宁夏枸杞深加工领域进军国际市场的领军企业取得了令人瞩目的成就，但是也面临一些问题，如区域竞争越来越激烈，人工成本越来越昂贵，食品检验标准不断提高且不统一，同时还存在国际化专业营销人员匮乏以及营业收入过度依赖海外市场等问题。

1. 区域竞争格局加剧的挑战

作为宁夏枸杞产业出口代表，沃福百瑞正面临"产区替"代与"技术追赶"的双重夹击。宁夏虽然是传统枸杞之乡，但青海、甘肃、新疆等新兴产区已形成星火燎原之势。例如，青海产区生产的枸杞，不仅有个大、味美的红枸杞，而且在特殊地理环境下，也特产素有"花青素之王"美称的黑枸杞，其价格甚至一度飙升到每500克1 000元以上。根据青海省科技厅公布的信息，青海企业通过"超临界CO_2萃取"技术实现黑枸杞花青素提取率大于87%，开发出黑果枸杞发酵饮料、黑果枸杞片、黑果枸杞玫瑰果膏等系列产品。青海枸杞产业的后发优势逐渐显露，具备了相应的高端产品竞争优势，对沃福百瑞出口市场造成很大的压力。

2. 出口成本逐年攀升的挑战

枸杞生产属劳动密集型产业，枸杞果实小，生长季节需要多次人工采摘，而采摘费时费力，目前尚未实现机械化采收。根据沃福百瑞测算，枸杞产品人工成本占生产成本的30%，且包装、物流、检测费用不断上涨。沃福百瑞出口到欧美地区的枸杞，运输距离较远，运输成本较高，尤其在运输旺季，运输成本直线上升。自2024年6月以来，本已持续走强的海运价格再次迎来了新一轮上涨。马士基、达飞、赫伯罗特等头部轮船公司，接连发布了最新征收旺季附加费和涨价的通知，涉及欧洲、非洲、中东等线路。

3. 全球食品检验标准提高的挑战

枸杞作为食药两用产品，在出口时需进行境外监管部门的认证、检验检疫等流程，同时不同国家也有不同的产品标准及其对包装、标签的规定，这种产品标准的技术性贸易壁垒，对沃福百瑞枸杞出口造成一定的贸易障碍。此外，欧盟等国农药残留要求愈加苛刻，欧盟对农药残留要求共计476余项，美国有87项，但没有区分枸杞干果与鲜果的农药残留要求标准，即枸杞鲜果和干果适用同样的农药残留标准。

4. 全球化营销要素短缺的挑战

在激烈的国际市场竞争中，国际化枸杞专业营销人员在市场开拓、品牌宣传等环节扮演着重要的角色。由于缺乏国际性专业营销和管理人员，致使其在国际市场的营销力度不够、文化传播效能不足，造成国际市场开拓及品牌建设进度较为缓慢。

三、打造百年沃福百瑞品牌的发展举措

面对全球市场复杂多变的局势，沃福百瑞在国际市场的新征程中，始终秉持创新发展的核心理念，以创新为驱动、人才为支撑，结合政策支持与市场导向，通过外树形象、内修强功的双轮驱动策略，不断提升全球竞争力。

（一）守正创新：全方位提升企业创新力

1. 创新理念：品牌年轻化与价值重塑

一是迎合健康潮流趋势，开发"枸杞+"功能性产品（如护眼饮品、抗疲劳能量棒），结合代餐、健身场景，融入胶原蛋白、益生菌等成分；推广"轻养生"概念，推出即食冻干枸杞、便携原浆等，适应年轻人快节奏生活。二是进行文化跨界融合。联名国潮IP或新锐设计师，打造高颜值包装（如盲盒、迷你罐），契合社交媒体传播。三是利用动漫、短视频等形式，通过小红书、哔哩哔哩等内容种草渠道传递枸杞文化，如邀请健身博主测评"枸杞代餐包"、美食UP主创作枸杞创意食谱等。

2. 创新管理：组织优化与数据驱动

抓住AI发展历史机遇，通过枸杞产业大数据平台建设，实现枸杞种植、生产、销售的数据整合，实现精准决策与资源优化配置；尝试利用AI算法分析全球消费趋势，构建用户数据库，分析"Z世代"消费偏好，动态调整产品线；利用社交媒体舆情监测工具实时捕捉热点，快速响应市场变化动态，调整产品结构与营销策略。

（二）内修强功：提升全产业链竞争力

1. 丰富产品，提升产品附加值

持续走创新发展之路。不断加大研发投入，突破枸杞精深加工技术，开发更具高附加值的枸杞产品，如枸杞护眼胶囊、枸杞抗疲劳饮品等；提升生产线智能化水平，如无菌灌装系统，提升生产效率和产品品质。

2. 优化标准，提升产品品质

继续发挥"研发在外、孵化在内"的创新模式，与全球顶尖科研机构合作，共同研发

符合国际市场需求的枸杞产品。提升枸杞产品质量安全与标准化管理水平。针对枸杞原材料标准不统一的问题，进一步加强原材料质量安全与标准化管理，完善"从田间到餐桌"的一体化安全可追溯质量体系，做到种植、加工、包装、物流等环节的数据透明化。

3. 文化赋能，提升国际知名度

充分发挥沃福百瑞宁夏枸杞馆文化宣传作用，强化文化赋能产业可持续发展。深入挖掘枸杞历史文化内涵，将其融入产品设计与品牌传播，实现"展、学、研、产、销、品"一体化，形成"枸杞+文旅+国际"的创新传播形式，进一步提升枸杞产品国际知名度。

（三）外树形象：打造国际化品牌与市场拓展

1. 巩固优势市场，拓展新市场

继续深耕北美和欧洲等传统优势市场，通过不断提升产品品质、优化服务体系，巩固并扩大在这些成熟市场的领先地位，同时大力进军亚洲和澳大利亚市场。在巩固原有国际认证基础上，积极申请更多区域性认证（如欧盟有机认证、日本 JAS 认证），确保产品符合全球主要市场的准入标准。

2. 多元化宣传方式，提高知名度

继续开展并扩大参与国际高端展会，提升沃福百瑞枸杞深加工产品知名度，树立中国枸杞高端品牌形象。进一步完善全球化营销网络，深化"跨境电商+海外仓"模式，在北美、欧洲、东南亚等重点市场建立区域性仓储中心，缩短物流时效，降低运输成本。在国内市场，充分利用"宁夏枸杞""中宁枸杞"地理标志的优势，结合企业品牌"沃福百瑞"，打造"区域+企业+产品"三位一体的品牌体系，提升品牌知名度。充分利用各类社交渠道（如 TikTok）开展精准营销，推广枸杞健康功效，吸引年轻消费群体。

3. 多元化市场布局，分散市场风险

面对越来越严峻的贸易壁垒以及地缘政治所带来的市场风险，应继续以全球化视野和灵活策略应对复杂多变的市场环境。实时跟踪主要出口国的政策变化（如美国 FDA、欧盟 EFSA 法规），提前调整产品配方与包装设计。在北美设立研发中心，开发符合当地消费习惯的产品（如枸杞功能性饮料、零食），降低市场进入门槛。积极拓展亚洲和澳大利亚等新兴市场，通过多元化市场布局，分散地缘政治风险，避免过度依赖单一市场。

宁夏全通公司枸杞全产业链发展创新实践与探索

张国清　雍跃文　王中加　汪晓虹　韩惠芳　吴海霞[*]

摘　要： 宁夏全通枸杞供应链管理股份有限公司是自治区农业产业龙头企业，国家级农业产业化重点龙头企业。全通枸杞凭借全产业链发展，提供多样化的产品，持续不断的科技研发和产品创新取得了显著成效。未来全通枸杞将深化供应链整合，加大科技创新力度，提升产品附加值；加强线上线下融合，拓展国内外市场；积极探索枸杞在大健康领域的应用，开发更多功能性产品，以满足消费者日益增长的健康需求，推动公司向更高层次发展。

关键词： 全产业链；供应链管理；品牌建设

一、全通公司概况

宁夏全通枸杞供应链管理股份有限公司（以下简称"全通枸杞"）成立于2007年，坐落在宁夏中宁县国家高新技术园区，工厂占地面积120亩。自成立以来，公司始终秉承"绿色、健康、创新"的发展理念，坚持创新驱动发展战略，紧盯"枸杞全要素、康养通万家"的发展目标，逐步成长为一家枸杞全产业链及全要素开发生产加工的国家级龙头企业。先后被认定为国家科技型中小企业、自治区科技"小巨人"企业和第七批农业产业化国家重点龙头企业，入选第四批国家林业重点龙头企业名单。

产品涵盖枸杞干果、枸杞饮品、枸杞酒、枸杞健康膳食四大类。成立了枸杞功能食品创新技术研发机构及博士后工作站，获批宁夏回族自治区生物制品工程技术研究中心和宁夏枸杞功能食品工程研究中心。

二、实践探索

依托"中宁枸杞"道地药材及种质基地资源优势，全通枸杞在政府利好政策的支持下，以市场为导向，在枸杞全产业链发展方面不断探索，从枸杞加工贸易企业发展成为集基地种植、生产加工、科技研发、市场营销、文化旅游"五位一体"的现代企业。

---

[*] 张国清，中共宁夏区委党校（宁夏行政学院）创新驱动发展研究中心秘书长，经济学副教授，博士；雍跃文，宁夏全通枸杞供应链管理股份有限公司董事长；王中加，中共银川市委党校学报编辑，法学硕士；汪晓虹，国能宁夏供热有限公司四级主管，高级经济师；韩惠芳，灵武市委党校（灵武行政学院）专技教师，助教，法学硕士；吴海霞，中卫市委党校教研部副主任，讲师，法学硕士。

（一）发挥枸杞核心产区优势，打造"道地珍品中宁果、粒粒甄选好枸杞"靓丽市场名片

中宁是世界枸杞的发源地和正宗原产地，古老的黄河及其支流清水河在中宁热情相拥，冲积出土质肥美的扇形平原，土壤肥沃、光照充足、昼夜温差大，培育出甘美异于他处的珍果上品。全通公司在充分挖掘"中宁枸杞"的基础上，整合GAP枸杞基地1万余亩，有机枸杞基地2万余亩，联营合作枸杞基地6万亩。采取"公司＋农户"的合作模式，将枸杞修剪过程中产生的枝条及加工废料进行资源化利用，制作成香菇种植菌棒，用于香菇种植。实现了枸杞香菇的规模化、标准化生产。种植产生的菌棒又可作为有机肥料，重新应用于枸杞种植生产中，形成了完整的循环利用体系，不仅解决了枸杞种植户和加工企业的废料处理问题，还开辟了新的利润增长点。

（二）树立全产业链发展理念，丰富产品种类提高生产能力，为市场需求提供多种选择

全通枸杞充分利用现有的枸杞种植资源、采购渠道、技术和管理优势，构建了一个集种植、采购、加工、销售于一体的产业链资源整合系统，致力于提供一站式的枸杞产业供应链管理和服务。全通枸杞先后建立枸杞GMP生产线、果汁生产线、枸杞喷雾制剂线、全自动封闭发酵提取生产线、超滤膜提取工艺线、亚临界萃取生产线、特殊膳食生产线、明目制品生产线、解酒护肝功能食品生产线等20条现代化生产线，生产十四大类产品系列100余款枸杞产品。通过大型全自动高科技设备产线链接组合，实现枸杞原液酒、枸杞黄酮、玉米黄质、枸杞多糖、枸杞肽、枸杞精蛋白、胡萝卜素等枸杞全要素提取利用。枸杞酒、枸杞原浆发酵酒、枸杞蒸馏酒、68度基酒（酒精含量68%）年产量分别达到10 000吨、1 000吨、1 000吨、5 000吨，枸杞粉、枸杞汁、多品种中药饮片、道地药材年产量分别达到1 000吨、9 000吨、3 000吨、5 000吨[*]；同时公司还具备压片糖果、特殊膳食食品、生物发酵饮品等深加工产品的大批量生产条件，具备靶向功能性大健康产品压片糖果200万片的生产能力和日产粉剂8万包、日产10万瓶与日产10万袋汁的灌装生产能力，可满足枸杞干果、颗粒剂、粉剂、胶囊、片剂、茶剂、口服液、酒类、饮料等制剂的开发和生产。全通枸杞正在新建全球最大的枸杞提取物生产车间，建成后将达到5 000吨枸杞提取物加工能力。

（三）以市场为导向，根据客户需求消费者喜好实现订单式服务

全通枸杞根据客户所需的服务特性划分客户群，依据需求和企业盈利情况设计网络系统，了解市场需求信息以设计更贴近客户的产品，策略性地确定货源和采购形式，并与上下游供应商建立双赢的合作关系。

一是建立严格的质量控制体系。全通枸杞确保从种植到加工的每一个环节都达到高标准，从而提升产品的整体质量，为消费者提供值得信赖的放心产品，公司先后通过

---

[*] 全通公司将枸杞"吃干榨净"［EB/OL］.（2023-09-08）.https://www.znzf.gov.cn/zzb/xwdt_71164/202309/t20230908_4256369.html.

ISO9001质量管理体系认证，HACCP食品安全管理体系认证，KIWA-BCS国际认证公司EEC（欧盟）与NOP（美国）有机产品认证，美国FDA认证，德国BRC食品技术标准（BRC Food Technical Standard）认证，"道地珍品中宁果，粒粒优选好枸杞"是全通为市场客户提供产品的初心。

二是拓展国际市场，对接优质客户。全通枸杞与全球五大洲多个国家和地区的客户建立了长期紧密的合作关系，建立了稳定的国际贸易网络，为山姆会员、沃尔玛等大型国际联超专供枸杞干果、枸杞保健茶等定制产品；为多个知名品牌代工生产了50余款产品。公司产品已出口至全球57个国家和地区，覆盖美国、英国、德国、法国、澳大利亚、新西兰、南非等，以及中国香港，具有深厚的行业积淀与广泛的国际市场影响力，提升了全通枸杞的国际知名度，为在全球市场树立了良好的品牌形象。

三是深耕国内市场，与家门客户结亲。全通枸杞与国药集团、同方药业、同仁堂健康等大型药业集团以及立健、海王星辰医品连锁机构建立合作机制，提供优质可溯源的药用枸杞产品；同时与中石化易捷、永辉超市、物美、华润万家、中粮集团等大型超市连锁购物集团提供订单式产品。

四是线上线下相结合提升品牌影响力。全通枸杞构建了"线上+线下立体化"的销售渠道。线上，通过自建电商平台拓宽销售渠道，入驻京东、天猫、东方甄选、惠买集团等第三方平台，不断提升产品知名度和销售量；线下与海底捞餐饮连锁、枸杞养生专卖店、中医药养生馆等特产店合作，设立专柜进行营销推广，同时举办枸杞节等线下活动，多渠道营销推广提升了品牌知名度。

此外，全通枸杞还致力于建立和完善枸杞全产业链大数据系统和评价反馈体系。通过大数据系统反馈信息，及时了解市场动态、消费者需求、产品销售数据等情况，为全通枸杞决策提供数据支持；评价反馈体系还有助于对产业链各环节的质量、效率等进行评估和改进，不断优化产品和服务，适应市场变化和发展需求。

（四）加强科技创新，通过延伸产业链进一步拓宽市场渠道

全通枸杞积极与中国科学院天津工业生物技术研究所、中国药科大学、中国科学院微生物研究所等顶级科研院所深入开展产学研合作，先后引进了多名创新型技术人才36人，院士2人，博士研究生16人，硕士研究生8人，成立了"枸杞功能食品创新技术研发中心"及博士后工作站，依托"中宁枸杞"道地药材及种质基地资源优势，以"枸杞新吃法""枸杞食品功能化"为战略导向。运用现代生物发酵技术、膜分离技术、亚临界（或超临界）萃取技术等先进技术，开发的"任爽"系列枸杞酒，涵盖枸杞白兰地、非遗枸杞酱酒、枸杞发酵酒以及枸杞花果酒等多款产品，推动宁夏枸杞产业多元化发展。

（五）深化科研成果转化，开发特殊膳食等功能产品，提升产品竞争力和附加值

全通枸杞利用生物技术开发枸杞药品、保健食品，枸杞特膳食品，利用专利技术提取、分离枸杞功能分子物，形成枸杞肽、枸杞多糖、玉米黄质、枸杞黄酮等多种功能性食

品，在减肥、明目、改善微循环、抗肿瘤等方面广泛应用[*]。开发出全通粉、代餐粉、枸杞蛋白粉、枸杞糖肽粉、枸杞小分子肽粉、枸杞多糖粉、枸杞解酒片、护肝片、明目片、枸杞硒片、枸杞减肥片等具有高科技、高优势、高水平的产品。针对特殊人群开发符合市场需求的健康营养靶向型功能食品，成功推出枸杞饮品、复合枸杞粉、枸杞休闲食品、枸杞芽茶、醒酒护肝特殊膳食、减肥特殊膳食、壮阳滋阴特殊膳食、明目特殊膳食等八大系列共49种枸杞产品。

三、实践效果

全通枸杞凭借全产业链发展，提供多样化的产品，执行差异化的定价策略，持续不断地进行科技研发和产品创新，取得了显著的成效。

（一）品牌影响力显著提升

全通枸杞围绕枸杞深加工，构建了全方位、多层次、多领域的业务体系。从产品、价格、渠道、促销四个方面综合发力，全面推动市场效率提升。通过深化产品优势与拓宽品类赛道，产品范围已涵盖十大类共计60余种产品，赢得了广泛的品牌关注度。成功培育"益杞美""天杞园""任爽""田趣""健商堂""杞果小圣"等多个自主知名品牌。其中，"健商堂"品牌荣获宁夏第十届著名商标称号。凭借在品牌建设、产品种类、品质认证及国际市场拓展等方面的综合优势，全通枸杞成功在枸杞行业中脱颖而出，实现了品牌知名度与市场竞争力显著提升。

（二）研发能力持续增强

2021年全通枸杞投资2 000万元成立宁夏全通枸杞创新研究院，配备了高效液相色谱仪、气相色谱仪、原子吸收仪、血细胞分析仪等分析测试仪器，可完成食品、中药材、酒保健品等检测分析，可同时满足颗粒剂、粉剂、胶囊、片剂、茶剂等制剂的开发和中试需求。在研发合作方面，先后与中国科学院天津工业生物技术研究所、中国科学院西安分院共建枸杞功能食品技术研发中心、天津科技大学合建枸杞明目制剂工程技术研究中心，组建宁夏枸杞复合酵素（中宁）创新中心，成立宁夏全通院士工作站等。不仅提升了企业的研发能力，也推动了企业向高新技术企业的转型。在人才培养方面，全通枸杞设立"周学义技能大师工作室"，先后获批成立"宁夏枸杞功能食品研发中心""宁夏生物制品工程技术研究中心"两个省级研发平台。2024年10月全通枸杞被认证为国家高新技术企业。

（三）销售业绩稳步增长

得益于上述市场销售策略的有效实施，全通枸杞销售业绩实现稳步增长。全通枸杞凭借多样化的产品组合，精准的市场细分与产品定位，成功触及并满足不同消费群体的需

---

[*] 全通枸杞酒引领中宁枸杞升值"出圈"［EB/OL］.（2023-08-11）.http://nxlyt.isenlin.cn/coohome/coserver.aspx?uid=F4B3D80B9A1A426BAF6FB4B98B2F0466&aid=2E73423C4EDC46858788E9BE3525B320&t=29.

求，从而吸引大量潜在客户，扩大了市场份额。线上线下相结合的全方位营销策略，不仅提高了产品的市场覆盖率，还极大地方便了消费者的购买方式，使产品能够触及更广泛的消费群体。品牌影响力的持续提升、销售渠道的不断拓展、产品创新和多样化的持续推进，共同推动了全通枸杞销售额和市场份额稳步增长，带来了可观的经济效益和社会效益。

四、发展展望

未来，全通枸杞将持续深化供应链整合，优化定价策略，强化品牌建设，加大科技创新力度，进一步拓宽产品线，提升产品附加值。同时，加强线上线下融合，拓展国内外市场。加强精细化管理降低成本、提升运营效率，增强市场竞争力，开发更多功能性产品，以满足消费者日益增长的健康需求。

一是实现原产地溯源。作为中宁枸杞的龙头企业，积极配合当地政府推进现代枸杞产业建设，健全产业标准、绿色防控、质量检测、产品溯源四大体系，提升枸杞产业的整体质量和市场竞争力，大力拓展中医药渠道，提升产品附加值。

二是提升研发能力。积极开展枸杞功效物质成分进入国家新资源食品原料目录攻关研究，突破枸杞产业向现代化、精细化、功能化发展的制约。加快科技成果转化应用力度，促进枸杞产业向新兴战略大健康产业转型升级，形成新产能，延长产业增值链条，因地制宜发展新质生产力。

三是加强品牌建设。加大力度培育具有自主知识产权和核心竞争力的产品品牌，注重中宁枸杞特色、特质、特点、标识；开发杞博士老树枸杞系列产品，对立醒枸杞红素醒酒片等健康膳食品，策划更新产品包装，开发更多便于携带、辨识度高、直观反映产品功效的包装物，充分展现枸杞特色文化，迎合各年龄段人群喜好，满足不同消费者的差异化需求，提高顾客品牌忠诚度。

四是深挖枸杞文化价值。致力于通过技术创新，强化枸杞产业国际交流和品牌价值深挖，以"AI赋能+文化传播"为核心，探索构建宁夏枸杞产业高效国际传播体系的新路径，深度挖掘"宁夏枸杞""中宁枸杞"民俗历史故事，围绕枸杞文化元素，宣传和推广枸杞地域文化，提高公众对枸杞养生文化的认知度，培育新兴文化旅游特色产业，全面助力现代枸杞产业转型升级与国际化拓展。

宁夏杞鑫公司枸杞现代种业体系建设的创新实践与探索

朱金忠　郝爱华　邢学武*

摘　要：宁夏杞鑫种业有限公司（以下简称"杞鑫种业"）通过育繁推一体化现代枸杞种业体系建设，不仅振兴了枸杞良种产业，也为宁夏枸杞产业高质量发展注入了活力。杞鑫种业依托丰富的种质资源和先进的良种繁育技术，建立了完善的枸杞良种繁育体系，收集保护了大量种质资源，并通过社会化服务体系推广新技术，培养了大量行业技术人员。未来，杞鑫公司将继续专注于枸杞种质资源的收集与保护、新品种和新技术的研发，推动宁夏枸杞产业向高端化、绿色化、智能化、机械化、融合化方向高质量发展。

关键词：现代种业体系；育繁推；杞鑫

一、企业概况

宁夏杞鑫种业有限公司（以下简称"杞鑫种业"），依托丰富的种质资源和良种繁育技术。经过十余年发展，现已建立 300 亩保护库，收集 200 余份种质资源。建设 3 000 余亩良种快繁基地，组建育苗队伍，累计社会化服务面积 40 余万亩，带动就业 50 余万人。成立了职业技能培训学校和实训基地，培养 2 万余名行业技术人员。打造超过 8 000 亩的中宁地道枸杞示范种植区。培育出 9 个枸杞新品种获国家林业和草原局植物新品种保护，获得 14 项实用新型专利和 1 项发明专利，为宁夏枸杞产业高质量发展注入活力。

二、实践探索

（一）加强优新品种培育，提高核心竞争力

建设的杞鑫枸杞苗木快繁基地，自主培育了杞鑫 1 号枸杞新品种（宁杞 10 号）（宁R-SC-LB-001-2017），获自治区良种审定；杞鑫 3 号（20180349）等 9 个新品种获国家林业和草原局植物新品种保护证书。杞鑫枸杞是宁杞 5 号（宁 S-SC-LB-001-2009）和宁杞 7 号（宁 S-SC-LB-009-2010）的授权良种繁育单位。起草制定《枸杞周年扦插育苗技术规程》（DB64/T 1209—2016）地方标准，编制了《枸杞标准化种质实用技术手册》。

---

* 朱金忠，宁夏杞鑫种业有限公司董事长，高级园林工程师；郝爱华，宁夏杞鑫种业有限公司常务副总经理，高级农业经济师；邢学武，宁夏杞鑫种业有限公司企划部部长，全媒体运营师。

（二）建立良种繁育体系

建立了 1 200 余亩的枸杞良种采穗圃，大幅提升枸杞良种苗木品质，所繁育的宁杞 1 号、宁杞 5 号、宁杞 7 号、宁杞 10 号（杞鑫 1 号）等枸杞种苗纯度保持在 95% 以上，提升果实优果率 30% 以上，所繁育种苗全部保证在三代以内。提高枸杞良种基地供种率和良种使用率，充分发挥良种基地的示范推广、辐射带动作用，最大程度满足枸杞产业发展对良种苗木的需求。

（三）保护古树老品种

自 2016 年起，杞鑫种业对枸杞古树进行抢救性保护。陆续抢救 73 株 50 年以上树龄的老树，5 株 100 年以上古树，以及 2 000 余株 30 年树龄的人工栽植老树。同时，建立枸杞古树种质资源收集保护区 50 余亩，授予"自治区第三批林木种质资源收集保护库"。

（四）健全社会化服务体系 推广品种新技术新模式

杞鑫种业组建了一支一流的种植专业技术服务团队，为枸杞种植基地提供建园规划、精细修剪、水肥一体化、耕作机械化等一系列田间管理技术解决方案，让枸杞种植变得简单、高效。公司制定了"良农、良机、良种、良方、良资、良品"的高效种植六大措施，积极推进"产业基础人才培养、联合试验示范站打造、技术示范推广"的发展模式，在中宁核心产区、清水河流域产业带、银川平原产业带建设多个集丰产稳产标准化样板基地、枸杞新品种新技术试验示范基地、栽培技术专业实训基地，并在宁夏，新疆阿勒泰、博尔塔拉蒙古自治州，青海格尔木等枸杞产区相继建立联合试验示范站，以点带面、以面带片，使广大枸杞种植户与企业看有实物、学有方法、种有技术。

（五）产业技术人才培养，青年基础人才储备

杞鑫种业通过建设科技示范基地、实施新技术研发、科技小院建设、建立专项职业技能培训学校等举措，强化高校与本地人才培养。坚持实行"以工代训"的工人培养模式，从中宁县及周边乡镇雇佣工人，枸杞生产季节用工人数达 200 人/天，春夏两季用工高峰期达到 500 人/天，培训育种、种植技术工人 300 余人。已有 100 多人获得专业资质成为技术工人。

三、实践效果

（一）枸杞种质资源收集保护与开发利用

杞鑫种业成立了中宁县枸杞种质资源保护与研发中心，建成自治区级枸杞种质资源保护库，共收集保护枸杞种质资源材料 200 余份，收集保护 30 年树龄以上的枸杞老树 4 000 余棵，50 年树龄以上的枸杞老树 100 余棵，100 年以上树龄枸杞古树 5 棵。优选培育出红、黄、紫、黑、白、棕、橘七种颜色各具特色的"七彩枸杞"，收集繁育材料和宁杞系列优势单株和杞鑫系列优势单株 30 000 余株。杞鑫 1 号（宁杞 10 号）在全国推广累计销

售超过 1 000 万株，服务面积超过 10 万亩。

（二）打造枸杞种植品牌，道地枸杞标品原材料供应平台

在中宁鸣沙地区建设 8 000 亩集成示范推广枸杞良种、两季采收、篱架栽培、量化修剪、水肥一体化，提高枸杞的产量和品质。该基地盛果期鲜果亩产量达到 1 500 千克左右，亩均收益增加 3 000 元以上，比传统种植模式产量效益提升 30%～50%，优果率提升 30% 以上，真正实现产业生态化、生态产业化的发展理念，既发展了绿水青山，又带来了金山银山。

四、下一步发展

今后，杞鑫种业将继续围绕枸杞种质资源收集保护与新品种新技术研发、枸杞良种苗木繁育、高效栽培技术推广社会化专业服务，以现有的枸杞种植示范基地、枸杞良种快繁基地、枸杞良种采穗圃、枸杞种质资源保护库为基础，持续加大社会化、专业化技术服务力度，以"育、繁、推、服、训、供、销"为核心的发展新业态，激发枸杞产业发展新动能，进一步推动宁夏枸杞产业向"高端化、绿色化、智能化、机械化、融合化"方向高质量发展。

青海亿林枸杞公司枸杞种植生产传承创新实践与探索

李素丽　赵海东*

摘　要：青海亿林枸杞科技开发有限公司传承古法炮制阴干工艺，利用高原特有的气候特征优势，通过有机种植—人工采摘—清洗—破蜡—自动摊果—古法炮制阴干工艺—低温烘干—自然晾晒等工艺流程，在技术创新过程中打造品牌效应，取得了良好的生态效益与社会效益，获得国际市场的认可。

关键词：古法炮制；传承创新；实践探索

一、企业概况

青海亿林枸杞科技开发有限公司（以下简称"亿林公司"）成立于2007年，秉持"保护生态环境，发展有机农业"的理念，致力于高品质有机枸杞种植、加工和销售，通过可持续的农业生产促进生态平衡与环境保护。现自有有机枸杞种植基地10 000亩，年产2 000多吨有机枸杞鲜果，产品的80%出口欧洲。

二、实践探索

亿林公司采用古法炮制阴干工艺，利用高原特有的气候特征——自然流通的干燥空气（空气含水量低于20%）带走枸杞鲜果本身的水分，使枸杞自然脱水又不至于变质。在阴凉处利用干燥的空气缓慢脱水的过程中，既使枸杞的颜色和形状更加美观，又保持了枸杞干果良好的口感。工艺流程：有机种植—人工采摘—清洗—破蜡—自动摊果—古法炮制阴干工艺—低温烘干—自然晾晒。在加工生产车间，枸杞加工和包装各环节科学规范，枸杞清洗、烘焙、筛选、除尘、杀菌等严格按照标准执行，全程质量管控，确保每一粒枸杞的优良品质。

（一）有机种植

亿林公司严格按照有机种植标准，遵循自然规律和生态学原理进行农业生产。亿林公司基地平均海拔3 000米，气候干燥，平均日照时间高达3 358小时，昼夜温差大。基地

---

* 李素丽，中共宁夏区委党校（宁夏行政学院），副教授；赵海东，青海亿林枸杞科技开发有限公司董事长。

土地亿万年来从未被开垦过,没有任何种植历史,没有任何污染;灌溉水来自昆仑山雪融水,经荒漠地表自然径流至基地,无任何二次污染。为了改良土壤,亿林公司坚持使用自制有机肥。有机肥来自中国四大牧区之一的青海牧区草原散养羊粪,羊粪经过一年的堆放发酵后施用于枸杞树,成功种植有机枸杞,获得了中国质量认证中心有机认证证书。

(二)人工采摘

采摘坚持采用人工采摘方式,在采摘季节要根据天气变化及时采摘。坚持从源头控制采摘质量。在采摘过程中,严禁一把撸下,必须逐颗采摘,以此避免鲜果受损,同时规定采摘时鲜果中叶所占比例不超过2%。

(三)清洗

采摘后的枸杞鲜果,使用大量自来水进行清洗。为了将水源引入基地,亿林公司投入巨大的人力、物力、财力修建了13千米引水渠;为了避免每年开园时雪山水还未融化的情况,公司修建了5个储水量3万米^{3}的蓄水池。枸杞清洗标准为每吨鲜果用水量为8吨,彻底冲去枸杞表面附着沙尘和个别破损枸杞渗出的糖分,从而保证后续制干环节后,枸杞干果出现粘连现象。

(四)破蜡

鲜果清洗后需要及时进行破蜡处理。利用2.5%食用碱溶液,对枸杞鲜果进行喷淋,使食用碱溶液均匀地包裹在每粒鲜果上。

(五)自动摊果

喷淋食用碱溶液的枸杞鲜果静置30分钟后,用自动摊果机将枸杞鲜果平铺于果栈子(竹帘子)上,每个果栈子铺放10千克鲜果。

(六)古法炮制阴干

将果栈子放置于晾晒推车上,每辆推车可放置18个上下间距8厘米果栈子,确保间距均匀,保证风能穿过每个果栈子,随后推至晾晒棚下,进行4~6天的自然阴干(图1)。通过这一遵循古法炮制工艺的处理方式,在晾晒推车上放置18个果栈子的设计,提高了空间利用率,确保风匀速通过,提高通透性,同时也便于大量枸杞鲜果同时在晾晒棚下进行自然阴干。这种阴干工艺虽然增加了人工搬运的工作量,增加了人力成本和设备成本,但是相较于一些完全依赖人工加热等复杂设备的干燥方式,不仅提高了枸杞的品质,而且节约了能源的消耗。枸杞脱去水分50%左右时,进入热烘干房,缓慢脱水后的枸杞干果口感软糯,更加有嚼劲。

图 1 阴干

（七）低温烘干

枸杞鲜果在遮阴晾晒棚阴干 4~6 天以后进入低温热风烘干房内，烘干热风出口温度为 55℃，时长约 6 小时，这一步可使枸杞脱水达 90% 左右。枸杞鲜果通过阴干、低温烘干缓慢脱水收缩，制干后的枸杞干果纹理清晰、色泽漂亮，即使产品销售到沿海地区，也能保证短期内在潮湿的环境下不粘连。

（八）阳光房自然晾晒

低温烘干后，将果栈子从推车上抬下移入阳光房中，阳光房顶部为采光板，四周离地 1 米为纱网，从而防止蚊虫进入，并且可通风，四周其余部分均为采光板，开始进行 1 天左右的自然晾晒（图 2）。经过这一系列步骤，枸杞最终达到成品标准，水分含量小于 13%。

图 2 自然晾晒

亿林公司枸杞干果制干工艺遵循中药材炮制理念，能最大限度地发挥枸杞的药性，使其药用价值更好地保留和提升。自然阴干，逐渐脱水，整个过程相对温和，有助于保护枸杞内部的有效成分，为后续进一步干燥和保证成品品质奠定了良好基础，最大限度保留了枸杞的营养价值。

三、实践效果

（一）创新技术应用与推广，打造品牌效应

一是亿林公司获得全国首批"三无一全"药材品牌基地称号，"三无一全"即中药材无硫加工、无黄曲霉毒素、无公害、全过程可追溯。二是荣获"柴达木枸杞"使用权。三是获评"十四五"国家重点研发计划项目"高品质中药材——有机枸杞生态调控栽培技术成果"。该技术不仅提升了枸杞病虫害防治效率和种植品质，也为中药材产业注入了新的发展动力，通过有机枸杞生态调控栽培技术，从源头控制农药在枸杞种植中的使用，积极推行枸杞病虫害早防早治，大力推行物理防治的方法和技术，保障产品品质优良，其丰富的科研经验和先进的技术手段为种植有机枸杞基地植保提供了坚实的后盾。

（二）生态效益与社会效益相结合

一是荒漠变绿洲的生态修复，亿林公司枸杞种植基地曾是一片荒漠，经过十几年的枸杞种植，不仅获得了经济效益，也改善了当地的生态环境，吸引了野生动物栖息，形成"枸杞红了、基地绿了、动物来了"的良性循环。二是带动农户增收，公司通过合作社模式，带动周边农户种植有机枸杞，每户年均收入达 12 万~20 万元，显著提高了当地农民的生活水平。三是采用低碳环保的生产模式，阴干工艺能耗仅为烘干工艺的 5%，碳排放减少 94.7%，符合绿色可持续发展的要求。

（三）获得国际市场认可

亿林公司有机枸杞产品通过中国、欧盟、美国、加拿大等多项有机认证，产品 80% 出口法国、德国、比利时等欧洲国家，连续 12 年枸杞出口额位列青海省第一，占全省枸杞出口总额的 50% 以上。在品牌价值提升方面，亿林公司依托"柴达木枸杞"区域公用品牌，打造"青藏优品"等高端品牌，进一步提升了产品的市场竞争力。亿林公司以"保护生态环境，发展有机农业"为理念，年生产优质有机枸杞鲜果 2 000 多吨。亿林公司开发了枸杞原浆、枸杞叶茶、枸杞全粉等深加工产品，延长了产业链，提高了产品附加值。

四、下一步发展

亿林公司通过有机种植与古法炮制阴干工艺相结合，还原枸杞的健康功效，真正做成安全、有效的药食同源好产品，其成功经验也为传统农业的现代化转型提供了重要借鉴。未来，亿林公司将持续通过创新技术，深化科研合作，做精做细有机枸杞产品，推动中国

中药材产业向高质量发展迈进。

一是技术研发与创新，继续深化与科研机构的合作，推动枸杞种植和加工技术创新。2024年，亿林公司与中国医学科学院药用植物研究所签订了枸杞病虫草害有机防控技术研究与示范项目协议，双方合作建立一套符合枸杞生产实际要求的经济、高效枸杞病虫害有机防控技术体系，加快推进枸杞病虫草害有机防控关键技术规模化。

二是推动品牌国际化。亿林公司始终以"保护生态环境、发展有机农业"为理念，立志做细、做精、做强枸杞行业。其绿色有机枸杞产品在国际市场上销售量稳步增长，市场潜力较大。下一步，亿林公司将积极通过参加国际展会和推广活动，进一步提升"柴达木枸杞"在全球市场的知名度和影响力。

三是持续关注生态与经济效益。亿林公司在扩大种植规模的同时，注重生态保护，探索枸杞产业与生态旅游结合的可持续发展模式；将继续对农户进行理论培训、田间实地技术指导以及加强与农户的合作力度，带动农户增收，提高农户收入，发展循环经济。

宁夏厚生记枸杞功能性饮品科技创新实践与探索

丁文强　姜绍静　徐如明　王迪　朱蓉　陈欣　阮世忠　谭勇*

摘　要： 宁夏厚生记利用枸杞补肾养肝、润肺明目功效，通过产品功能创新和加工技术升级，围绕功能性饮品市场，开发具有增强免疫力和缓解视疲劳的"杞动力"枸杞保健饮料，"杞效"能量型枸杞维生素饮料和最新推出的"杞视力"枸杞复合汁（汽水），实现了枸杞饮品的"三步走"迭代升级，满足了不同消费者的多元化需求，成为枸杞饮品行业的典范企业。

关键词： 功能性饮品；枸杞产业；产品创新

一、企业概况

宁夏厚生记枸杞饮品股份有限公司（以下简称"厚生记"）是一家以当地优势特色农产品为主要原料，专业化从事休闲食品和枸杞饮品研发、生产、销售的现代化食品加工企业，专注特色产品加工24年，是宁夏厚生记食品有限公司的控股子公司。厚生记获批国家发展和改革委员会枸杞饮料加工技术国家地方联合工程实验室等多个创新平台。取得枸杞复合饮料及其制备方法，枸杞植物能量饮料及其生产方法等多项自主知识产权和核心技术发明专利。

二、创新实践与探索

（一）产品创新与多样化

宁夏枸杞是我国传统的名贵中药材，具有补肾养肝、润肺明目等功效。厚生记敏锐地捕捉到了这一市场趋势，积极投入研发，不断推出符合消费者需求的新产品，实现了枸杞饮品的"三步走"迭代升级。从最初的"杞动力"枸杞保健饮料，到后续的"杞效"能量型枸杞维生素饮料，再到最新推出的"杞视力"枸杞复合汁（汽水），厚生记的产品线日益丰富，满足了不同消费者的多元化需求。

---

* 丁文强、姜绍静、徐如明、王迪、朱蓉、陈欣，中共宁夏区委党校（宁夏行政学院），副教授；阮世忠，宁夏厚生记枸杞饮品股份有限公司董事长；谭勇，宁夏厚生记枸杞饮品股份有限公司副总经理，枸杞饮料加工技术国家地方联合工程实验室主任，高级工程师。

科学研究指出,人体的免疫力功能在30岁左右就开始衰退。2019年中国网络视听发展研究报告指出,中国消费者每天观看手机等视频信息的时长超过5小时,尤其是"95后"更是高达8.33小时。厚生记针对当下人群免疫力低下和视疲劳两大痛点,结合公司产品定位和开发经验,不断改良产品配方,融合宁夏枸杞鲜果原汁及多种草本提取物,科学研制升级产品,开发出具有增强免疫力和缓解视疲劳双重保健功能的枸杞饮品,有效发挥宁夏枸杞药食同源的价值,被国家市场监督管理总局认定为保健食品,开启了枸杞保健饮品新时代。

传统功能性饮料具有能量供给、保护心肌、加速代谢的功效。厚生记打破传统,创新配方,综合传统能量饮料中含有牛磺酸、B族维生素等多种元素,配合宁夏枸杞鲜果精华,构建"双效"抗疲劳矩阵,注重能量补充与健康调理相结合,推出"提神不伤身",更适合国人体质的新型能量型枸杞维生素饮料"杞效"。

厚生记开发的"杞视力"枸杞复合汁(汽水)是专门针对看手机人群推出的一款高科技时尚饮品。国家卫生健康委员会公布的调查数据显示,中国近视患者人数已经达到了6亿人,尤其是我国儿童青少年总体近视率为52.7%,近视已经成为国民健康的重大挑战。宁夏枸杞中的玉米黄素对视网膜具有保护作用,叶黄素酯能有效过滤蓝光,屏蔽各类辐射对眼睛的伤害。为了更好地发挥枸杞药食同源的价值,厚生记选用宁夏优质枸杞鲜果,取其精华与蓝莓精华融合,研发的"杞视力"枸杞复合汁(汽水)注入二氧化碳气泡,主张"糖分在减少,快乐在升高"的轻食理念,成为厚生记在产品创新的又一力作。厚生记"杞视力"将视力表注册为商品,饮品外包装以视力表为图案,醒目地提示消费者注重视力保护,正因为其卓越的产品品质和创新能力,"杞视力"荣获了全国饮料行业"明星新品"奖。

(二)技术创新与升级

厚生记研发的"一种枸杞复合饮料及其制备方法",通过浸提萃取技术和生物分离技术,最大程度地获得枸杞有效成分和营养价值,不仅通过组方配伍、异味脱除与修饰等技术赋予枸杞饮料更多功效,而且保留了原料中天然的风味特性,提高了产品的科技含量和附加值,打造了我国首款枸杞保健饮料产品,拓展了宁夏枸杞深加工领域,极大地促进了枸杞深加工技术提升。

厚生记还开发应用一种不添加防腐剂,不用冷冻处理,投资和生产成本较低的枸杞原汁常温保鲜工艺技术。该技术将枸杞鲜果先浸泡于含高锰酸钾和有机酸的溶液,然后用流水漂洗干净后杀菌,此后再浸泡于配制有二氧化硫的水溶液中,捞出后冲洗干净进入打浆机,破碎后用螺旋榨汁机榨汁,榨出的汁进入胶体磨中进一步破碎,进行杀菌并趁热装入无菌复合袋。该工艺技术既能去除原料中的农药残留,又保持了原汁的纯天然性,保留了各种营养成分,其保质期一般达到12~18个月。

(三)质量控制与安全管理

1. 质量控制体系

厚生记建立了完善的质量控制体系,从原料采购、生产加工、产品检测到成品出厂,每一个环节都严格把关,确保产品质量符合国家标准和消费者期望。

原料采购环节,厚生记精选宁夏优质枸杞作为原料,确保每颗枸杞无杂质、无病虫害,且富含营养成分。生产加工环节,采用先进的生产技术和设备,确保枸杞饮品的营养成分得以充分保留和发挥。同时,厚生记建立了严格的生产操作规程,对生产过程中的温度、时间、压力等关键参数进行精确控制,确保产品质量的稳定性和一致性。产品检测环节,厚生记配备了先进的检测设备和专业的检测团队,严格检测理化指标、微生物指标、营养成分等,确保产品符合国家标准和消费者需求。

2. 安全管理体系

厚生记建立了严谨的安全管理体系,确保生产过程的安全性和产品的安全性。食品安全方面,公司始终将食品安全放在首位,建立了完善的食品安全管理制度和应急预案。在原料采购、生产加工、产品检测、成品出厂等各个环节,都严格遵守国家食品安全法律法规和各项标准,确保产品的安全性、合规性。同时,公司还加强对供应商的管理和监督,确保原料的质量和安全。风险管理方面,公司建立了完善的风险管理制度、机制,对生产过程中可能出现的风险进行识别、评估,并制订有效的应对措施和预案。通过风险管理和控制,能够有效地降低生产过程中的风险,确保产品的质量和安全。

(四)品牌建设与市场营销

注重品牌建设,厚生记累计注册取得各类商标146件(其中国外商标5件),且"厚生记"和"杞动力"为"中国驰名商标"。2020年,与泰国天丝集团合作建立"红牛"西北生产基地,提升了宁夏制造的知名度。2023年,"杞视力"获"明星新品"奖,为宁夏枸杞领域首次获此殊荣。同年,厚生记与王老吉合作,共同推广中医药文化,深化枸杞饮料品牌合作。2024年,厚生记在全国春季糖酒会上的展区面积再创新高,与近30家经销商建立合作,提升枸杞饮料行业影响力;成功承办宁夏枸杞浙江推介会,邀请300多名企业家,有效宣传宁夏枸杞品牌。此外,"枸效"和"杞视力"广告片在省级广播电视媒体全面上线,进一步提高消费者对枸杞饮料的认知。形成独特的市场营销网络和体系。厚生记"杞动力"枸杞饮品通过药店、养生渠道和礼盒市场销售;"杞效"通过运动、娱乐、交通和物流渠道销售;"杞视力"主要在学校、写字楼、医院等场所销售。

三、实践效果

(一)枸杞饮料市场占有率情况

"杞动力"产品自2014年上市后,通过在CCTV-5、《东方航空》杂志、《青年时讯》等媒体推广,邀请国际网球明星李娜担任品牌形象代言人,组建宁夏首支职业足球队"宁夏杞动力足球队"等举措,品牌知名度和影响力显著提升。同时,新推出的"杞效"和"杞视力"产品进一步丰富了厚生记的产品线,更赢得了市场广泛好评,提高了公司在健康养生领域的市场份额和创新形象。

（二）加工技术改造升级情况

厚生记引入智能化控制系统和设备，使企业生产工艺技术达到了工业3.0的水平，同时全套引进德国先进生产线设备，实现每分钟智能化灌装枸杞饮料600罐，增强了产品质量稳定性。建立以技术进步为导向的清洁低碳能源技术创新机制，与产学研用深度融合。通过创新和集成应用绿色制造技术，解决枸杞饮料行业关键工艺流程和工序环节绿色化程度不高等问题，制定一批绿色生产关键标准。通过降低资源损耗和控制生产过程能耗，进一步实现产品效益的最大化和污染的最小化，推动产业链绿色化发展。

（三）产品质量情况

在产品生产过程中，公司重点加强过程管控，实行严格的产品质量检验制度，切实做到不合格的原料不进厂，不合格的半成品不流入下道工序，不合格的产品不出厂，获批宁夏枸杞地理标志证明商标准用证。公司结合产品特征，按照高于国家标准的企业标准组织产品检验，产品食品安全抽检合格率达100%。

（四）经济社会效益情况

2022—2024年，厚生记取得了显著的经营成果，实现产品销售收入分别为33 213.15万元、33 925.56万元、34 210.15万元；利润总额分别为1 937.39万元、1 950.98万元、1 769.96万元；缴纳税金分别为291.66万元、982.43万元、1 610.29万元。为推动地方农业产业发展和乡村振兴发挥了重要作用。

宁夏正山堂公司枸杞红茶新品类科技创新与实践探索

江浩 马进花 马金超 祁伟[*]

摘 要： 闽宁协作是习近平总书记在福建工作期间亲自部署、亲自推动的重要战略决策。产业协作，一直是闽宁协作的重头戏。枸杞产业和茶产业，作为宁夏和福建的传统优势、绿色富民产业，不仅有着生态优先、绿色发展的内在要求，也是乡村振兴、产业兴农的重要支柱特色产业。2025年闽宁协作已进入第29年，践行总书记指示精神，在闽宁产业协作、山海共同发展的背景下，"宁夏枸杞"与"正山堂"创新合作模式，将骏眉红茶工艺用于宁夏道地枸杞叶茶研发，"二片叶子"高度融合，"绿叶"变"金叶"，宁夏枸杞红茶，发挥出了"1+1>2"的社会经济效应。

关键词： 宁夏枸杞红茶；正山小种；科技创新；产业协作

一、宁夏枸杞叶与枸杞叶代用茶

宁夏枸杞叶在汉代《名医别录》即有药用记载，后世称其为"天精草"，并多载其具有"益人，除风明目，止消渴"的功效。宁夏枸杞叶作为代茶饮自古有之：有文献记载宋元时期，枸杞嫩芽、嫩叶作为茶叶（煮之饮用）和蔬菜（药膳食用）；到明清时期，李时珍在《本草纲目》中记载"夏采叶为天精草"。其"味苦甘而气凉""做饮代茶，止渴，消热烦，益阳事解面毒。汁注目中，去风障赤膜昏痛。去上焦心肺客热"。现代《中药大词典》记载枸杞叶"苦、甘，凉"，"归肝、脾、肾经补虚益精、清热止渴、去风明目，治虚劳发热、烦渴、目赤昏痛、障翳夜盲、崩漏带下、热毒疮肿"。《中华本草》亦同其说。叶橘泉在《食物中药与便方》中描述枸杞叶"清血解热，利尿，健胃"。随时代发展，到20世纪80年代宁夏已经开始研发选育专用的宁夏叶用枸杞品种。

2024年6月，习近平总书记视察宁夏时指出，宁夏地理环境和资源禀赋独特，要走特色化、差异化的产业发展路子，构建体现宁夏优势、具有较强竞争力的现代化产业体系。宁夏的枸杞等特色产业，要精耕细作、持续发展。强化科技创新和产业创新融合，加大科技成果转化应用力度，促进传统产业转型升级，培育战略性新兴产业，因地制宜发展新质生产力。

为深入践行习近平总书记指示精神，近年来，宁夏坚持果、叶、茎"三业"并举，全

---

[*] 江浩，福建正山堂茶业有限责任公司总经理；马进花，宁夏正山堂生物科技有限公司研发专员；马金超，宁夏正山堂生物科技有限责任公司总经理，宁夏正山堂枸杞叶茶研究院院长；祁伟，宁夏枸杞产业发展中心，二级教授，宁夏回族自治区现代枸杞产业技术体系岗位首席专家。

面推进现代枸杞产业优化升级，在枸杞叶用品种、预制菜、机械装备、代用茶、调配茶、食品添加剂、植物饲料开发等领域取得了丰硕的研究成果和实践探索，其中宁夏枸杞红茶的研发及推广就是实践探索最典型的代表。

二、中国红茶与正山小种红茶

茶原产于我国，作为一种传统饮品，不仅能生津止渴、提神益思；除脂解腻，促进消化；预防龋齿，去除口臭；还具有利尿排毒，预防辐射等作用。

武夷山作为世界自然与文化双遗产地、世界红茶和乌龙茶发源地，以及古代"万里茶道"的起点。2021年3月，习近平总书记在福建燕子窠生态茶园考察时指出，"武夷山这个地方物华天宝，茶文化历史久远，气候适宜、茶资源优势明显，又有科技支撑，形成了生机勃勃的茶产业"。习近平总书记关于统筹做好茶文化、茶产业、茶科技这篇大文章的"三茶统筹"重要指示，为我国茶产业发展指明了新方向。

福建正山堂江氏先祖于我国明朝中后期（约公元1568年），始创的正山小种，在中国武夷山桐木诞生，开创了世界红茶之源，被公认为红茶鼻祖。迄今正山小种已有400余年的文化历史与技艺传承。2017年，正山小种红茶制作技艺被列入非物质文化遗产名录。2005年，正山小种第24代传承人江元勋先生，采用武夷山国家级自然保护区桐木村内高山茶树芽头为原料，在传承四百余年的正山小种红茶文化与制作技艺基础上，带领团队通过创新融合，研发出金骏眉红茶，于2008年上市，填补了我国高端红茶空白。自骏眉工艺技术创新以来，福建正山堂以正山堂品牌作为背书，甄选河南信阳、浙江绍兴、四川广元、贵州普安、湖南古丈、湖北巴东、山东诸城（最北的产区）、云南凤庆、安徽黄山、福建武夷山、西藏林芝（海拔最高的产区）、海南白沙、广西隆林以及宁夏等全国原生态14大经典优质茶产区和枸杞道地产区，投入大量生产试验人员和科研攻关力量，结合不同产地的土壤、气候、降水、海拔、品种等差异情况，输出骏眉工艺，优化技术标准和工艺流程，建设红茶行业的现代农业基地和服务体系，创新中国高端红茶生产加工技术，打造骏眉中国红茶产业体系。开发出了信阳红、会稽红、普安红、巴东红、广元红、古丈红、超然红、宁夏枸杞红茶等具有地方特色的红茶系列产品，助力各大名优茶产区红茶产业升级。骏眉工艺从武夷山产生到走向全国打造骏眉中国知名品牌，带动各省红茶产区的蓬勃发展，助力精准扶贫和生态经济，把金骏眉带动桐木关茶产业发展、带动桐木关茶农致富的经验带到全国各大茶区，为贫困茶区的致富贡献力量，给中国红茶带来飞跃性的发展，距今仅仅20年时间。

骏眉中国品牌打造，推动了中国红茶标准化，绿色化和生态经济发展，结束了中国红茶"墙内开花墙外香"的局面；还掀起中国清饮红茶的热潮，树立了典范，带动了国内红茶产业的复兴与发展。

三、宁夏枸杞红茶

宁夏枸杞红茶产生的背景有以下两方面。

（一）闽宁协作

"闽宁对口扶贫协作"是1996年习近平总书记在福建工作期间，根据中国政府东西扶贫协作亲自部署、亲自推动的战略决策，将位于东海之滨的福建省与地处西北之源的宁夏回族自治区建立起对口协作关系。20多年来，福建省和宁夏回族自治区遵循"优势互补、互惠互利、长期协作、共同发展"的方针，不断创新协作方式，优化协作机制，逐渐将单向扶贫拓展到两省区经济社会建设全方位、多层次、全领域、广覆盖的深度协作，创造了中国特色反贫困治理的生动实践。

（二）两片"绿叶"变"金叶"

茶叶和枸杞是福建省和宁夏回族自治区最具有地方特色优势的农产品，其产业也是振兴经济、增加农民收入的主导产业和支柱产业。福建作为"中国茶叶第一大省"，宁夏作为枸杞原产地和道地产区，在茶业界和枸杞行业中的传奇、领军地位不言而喻。这"两片叶子"，有着相似的性质、相似的作用，自然也可以有着相通的目的、相通的情怀和共同的愿望，更是落实闽宁协作的又一最佳载体。茶叶、枸杞叶，通过福建正山堂和宁夏智慧宫强强联合，共同打造出宁夏枸杞红茶，也是"闽宁协作"的珍贵产物。宁夏枸杞红茶选择宁夏地区枸杞叶与福建地区红茶制作工艺相结合，用两片叶子再次书写"闽宁协作"新篇章、开启新征程，推进宁闽两地合作新方向的典型案例。

四、宁夏枸杞红茶的创新实践

宁夏枸杞叶通过红茶工艺生产出的枸杞叶红茶与福建正山堂体系红茶调配生产出的宁夏枸杞红茶，在确保"最道地的枸杞产区"+"最正宗的红茶产区"的原材料优势的前提下，既有红茶的温润、甘醇和养生保健功效，又有枸杞叶的降脂消渴、养生滋补、入口风味适合大多数人的功能性药茶饮特质，比一般的药茶更好喝，以食为药的个性化特征更突出、更精准、更丰富。

（一）产学研机制创新

为促进产学研深度融合，宁夏枸杞产业发展中心、宁夏农林科学院（以下简称"农科院"）和宁夏正山堂公司共同发起成立宁夏正山堂枸杞红茶研究院（以下简称"研究院"），协同推进院企科学研究、成果转化和科技创新服务。研究院致力于枸杞叶茶的基础研究、枸杞叶茶的深度开发、枸杞叶茶的产品研发、茶用枸杞的选育及栽培、枸杞叶调味茶的研究等，做好枸杞叶茶的研究、展示与推广。积极传播和弘扬红茶国饮文化、中华红茶文化以及宁夏枸杞文化，将宁夏枸杞红茶融入国人的生活中，将宁夏枸杞红茶传播到海外，通过宁夏枸杞叶与正山小种茶文化相融合创造出的宁夏枸杞红茶，引领新的生活方式，在向全世界展现中国茶与茶文化独特魅力的同时，也充分展示了属于中国的文化自信。

（二）技术创新

古人云"进门七件事，柴米油盐酱醋茶"。在当今这个快速变化的时代，功能食品、药食同源以及特膳特医等大健康食品领域正迎来前所未有的发展机遇。2022年5月，福建正山堂公司派技术人员深入宁夏，现场采集不同季节、不同区域、不同品种、不同茨龄的枸杞叶，经过精心挑选与科学配比，对枸杞叶进行代用茶加工试验，研发枸杞红茶样品。2023年5月，自治区政协主席、现代枸杞产业高质量发展省级包抓领导陈雍同志带领考察组深入推介交流，促成正山堂红茶与枸杞芽茶"两片叶子"达成千里合作，双方签订合作协议，建立长期稳定的战略合作关系。同年10月，正山堂共采集宁夏8县、15个品种、春夏秋3季枸杞叶，约70批次进行研发。2024年在宁夏银川建立宁夏枸杞红茶生产工厂和宁夏枸杞红茶文化展馆，成立宁夏正山堂公司和枸杞叶茶研究院。枸杞叶性凉，红茶性温，以骏眉工艺为基础，探究枸杞红茶加工技术，两相结合产生"1+1>2"的功效。宁夏枸杞红茶以道地宁夏枸杞树的芽或嫩叶为原料，通过初制工序（鲜叶—萎凋—揉捻—发酵—干燥—毛茶）和精制工序（毛茶—复火—归堆—拣剔—补火—匀堆—包装装箱—成品）加工而成。枸杞叶经红茶发酵工艺，多酚类物质进一步氧化，刺激性成分减少，寒性骤减，冲泡既有枸杞叶的清香，又有红茶甘醇，口感醇厚饱满，特色鲜明，是具有滋阴助阳、阴阳互补作用的养生茶有补肝肾，壮筋骨，益心气，除烦热，温脾胃、润肌肤的养生功效。宁夏枸杞红茶不是两片叶子的简单叠加，而是深化"宁夏枸杞+红茶"创新融合、践行"三茶统筹"理念，以科技赋能、文化赋魂，代表着养生茶新时代的快速发展。

（三）产品品类创新

目前宁夏枸杞红茶已开发出七款产品，涵盖了代用茶与调配茶两大类。其中一款"杞"，是以纯枸杞叶精制，纯粹自然的宁夏枸杞红茶（表1）。其余六款（馥、璞、锦、粟、正、青）则巧妙融合代用红茶"杞"与骏眉工艺红茶，调和出层次分明的调味茶，每一款风味交融，甘滑醇厚，是味觉与健康的双重献礼。从研发到品鉴，都尽显匠心独运，兼具枸杞叶的养生功效与红茶的温雅柔和，宁夏枸杞红茶是骏眉中国红茶体系发展的第十四大产业。

表1 宁夏枸杞红茶产品品类的品质特征

产品	外形	汤色	香气	滋味
杞	褐绿相间，乌润；干茶带果蜜香，枸杞叶香	橙黄	清香	清甜、醇和，喉感甜
璞	乌褐润，略带绿；干茶带果蜜香	橙黄较亮	甜香，果香	甜醇
粟	乌褐润；干茶带果蜜香	橙红较亮	花蜜香、薯甜香，带枸杞叶香	甜醇，有回甘；水中带香
馥	乌褐润，略带绿；干茶带果香	浅橙红，较明亮	花果香馥郁、持久，带甜香	花香入水，较醇爽、有回味
青	褐绿、乌润；干茶带花香	浅黄较亮	清幽（兰）花香高扬、持久	花香入水，醇厚、有回甘，回味持久
锦	乌褐润，略带金毫	橙红较亮	薯甜香，稍带花香	醇和、有甜香，较绵柔
正	乌褐润，略带绿；干茶带松烟香	橙黄	松烟香显	甜醇；桂圆汤味明；水中带松烟香

（四）营销策略创新

1. 迈入国际外交舞台

2020年5月21日是首个"国际茶日"。联合国设立"国际茶日"体现了国际社会对茶叶价值的认可与重视，对振兴茶产业、弘扬茶文化很有意义。在全球化时代，贸易与文化的相互联系日益紧密，文化传播对贸易的影响越来越大。宁夏枸杞红茶借助宁夏智慧宫在沙特的商贸平台，在沙特利雅得中文学院和书院开展中国文化宣传推广，建设宁夏枸杞红茶产品展示厅，宣传宁夏枸杞红茶产业，提升宁夏枸杞红茶的品牌影响力，以宁夏枸杞红茶为先锋产业，完成复兴中国红茶的使命。同时，建立中沙两地关于产品、产业、文化和地域的交流平台，打造中沙两地的品牌桥梁，为推动中沙友谊和宁夏向外输出的合作，实现品牌和经济的双向输入发挥作用。

2. 借力中国红茶文化平台

借助宁夏枸杞家喻户晓的品牌知名度、正山堂完善的市场营销体系和北京茶文化品鉴中心（正山堂书画院）平台。以书法、楹联、诗词等形式，通过与全国茶业博览会、孔子学院等，合作举办茶艺品鉴会、书画展等，向世界传播中国红茶文化，宁夏枸杞文化，把宁夏枸杞红茶文化新风尚传向世界。

3. 创建宁夏枸杞红茶融合发展平台

在宁夏建成集红茶历史文化发展、宁夏枸杞历史文化、闽宁两地地域特色、科技创新、消费教育、文化互动为一体的综合性宁夏枸杞红茶融合发展宣传体验馆，运用数字化技术与互联网平台，融合智能科技，提升消费体验。借助福建正山堂电商平台，构建线上销售服务体系，将宁夏枸杞红茶作为"六新六特六优"产业中的特色新品类，为消费者提供更便捷、个性化的购茶体验。在通过移动应用、电商平台、社交媒体等渠道，实现产品信息透明化、购买流程智能化，并提供定制化养生方案、在线茶艺教学等增值服务的同时，利用大数据分析洞察市场需求，精准研发符合消费者口味与健康需求的新产品、新品类，进一步激发宁夏枸杞红茶品牌在市场中的竞争力与影响力。

五、实践效果

宁夏枸杞道地产区、原产地与正山小种红茶发源地、始创者结缘，枸杞领军品牌与红茶领军品牌结缘，宁夏枸杞"本经上品"与正山小种红茶"万病之药"配伍，是宁夏与福建践行总书记指示精神，在闽宁产业协作、山海共同发展的背景下，"宁夏枸杞"与正山堂创新合作模式，将骏眉红茶工艺与宁夏道地枸杞叶结合，研发出宁夏枸杞叶代用红茶，"两片叶子"高度融合，"绿叶"变"金叶"，发挥出了"1+1>2"的社会效益和经济效益。

（一）技术成效

1. 创新性方面

宁夏枸杞红茶以枸杞新梢的芽或嫩叶为原料，采用正山堂红茶工艺制作而成，攻克了枸杞叶草腥味重的难题，通过红茶的萎凋—揉捻—发酵—干燥等工艺，完好地将枸杞叶和红茶融合，形成独特风味，填补了枸杞叶茶行业空白，增加了代用茶和调配茶的产品种类，扩大枸杞叶的利用途径，是枸杞叶的一种创新产品。

2. 实用性方面

宁夏枸杞红茶通过源自自然的珍品佳木的融合，开辟了新的养生赛道，满足了大健康养生市场多样化、新品类、新产品消费需求。长期饮用宁夏枸杞红茶对亚健康状态有一定程度调理作用，通过补益脏腑，改善体内的血液循环等途径，从而缓解久坐办公室人员、长时间使用手机和电脑等人员以及户外特殊工作环境下工作人员的身体不适及疲劳反应等。用不经意间的一撮茶、一杯水既放松了心情，舒缓了紧张情绪，又有效地呵护了人们的健康，可为食疗养生殊途同归，一举多得。

（二）技术成果

制定并发布《枸杞红茶（代用茶）》（Q/NXZS 0001S—2024）企业标准和《枸杞叶调味茶》（Q/NXZS 0002S—2024）企业标准。

"一种红茶发酵用茶叶发酵机的红茶加工设备"获得专利。

制定并发布《枸杞红茶（代用茶）》（T/NXFSA 075—2024、T/ZNGQXH 006—2024）团体标准；起草制定并发布《枸杞叶调味茶》（T/NXFSA 076—2024、T/ZNGQXH 007—2024）团体标准。

（三）宁夏枸杞红茶系列延展

1. 持续推进宁夏枸杞红茶新产品研发

创新是新质生产力发展宁夏枸杞产业永恒的话题。近期，宁夏枸杞红茶在初始的七款产品的基础上，与贵州普安红茶、四川广元红茶等进行联合，持续进行新产品新品类的研发，以纯宁夏枸杞叶红茶与十四大产区红茶为原料进行调配，南北融合，既有枸杞的风味又兼具红茶的香醇，丰富了枸杞与茶的特点；东西合璧，融汇红茶的厚重茶味又兼具宁夏枸杞叶滋味醇和、口感清爽，甜香特质，别具一格。目前，产品已通过评审，预计不久即可面市销售。

2. 持续推进宁夏枸杞红茶新品类创新

宁夏枸杞红茶随着原叶茶品类的增多，研发枸杞红茶新品类工作也在如火如荼地展开中。茶粉行业作为茶叶产业的一个重要细分领域，近年来已呈现出市场规模持续扩大、产品种类丰富多样、产业链结构完整、竞争格局多元化以及应用领域广泛等特点。宁夏枸杞红茶粉通过选料、浸提、过滤、浓缩、干燥等工艺，可最大限度地保持茶叶原有的色泽、营养、浓郁的口感以及药理成分，不含任何化学添加剂，保证其品质和稳定性，通过将品牌目标延伸至品牌塑造、渠道拓展、消费者体验等多个维度。宁夏枸杞红茶粉搭乘"一带一路"倡议的"顺风车"积极开拓枸杞红茶粉海外市场。如通过参加国际展会、建立海外销售渠道等方式，提高宁夏枸杞红茶粉品牌的国际知名度和影响力，将宁夏枸杞红茶粉畅销共建"一带一路"国家和地区，为红茶粉行业带来更多的发展机遇和市场空间，也为宁夏"一带一路"书写新篇章。

3. 持续推进健康养生新茶饮创新

随着健康意识的提高，未来饮料将会更加注重健康化，研发低糖、低脂、无添加的茶饮，以及具有特定保健功能的茶饮将成为趋势。宁夏枸杞红茶经研究含有丰富的甜菜碱、总黄酮、枸杞多糖和多种微量元素等成分，在抗氧化、抗疲劳、降血糖和保护肝肾等方面都有一定的功效。将其开发成枸杞红茶饮，兼顾枸杞叶和红茶的有效成分，是养生、保健、养颜的方便茶饮。同时，根据消费者的口感和需求，开发具有地域特色、民族特色和文化特色的茶饮，为茶饮市场的发展注入新活力。

六、下一步发展

宁夏枸杞红茶的实践探索证明：道地正宗原材料 + 好配方（好工艺）= 好产品、好产品 + 好渠道 = 好品牌、好品牌 + 标志性企业 = 好生态闭环。下一步，宁夏正山堂生物科技有限责任公司将"以食为药""以茶为媒"，大力培育"宁夏枸杞红茶"战略性新兴产业，因地制宜发展新质生产力，推动宁夏枸杞红茶率先步入大健康赛道，做强做大"宁夏枸杞红茶"品牌。

（一）深耕国际国内二个市场，定义宁夏枸杞红茶高端产品

1. 国际市场

2024年，面对中国红茶在世界市场份额越来越少的情况，正山堂公司代表中国红茶企业首先在法国巴黎设立了中国茶文化中心。2025年福建正山堂总公司将携宁夏正山堂科技有限公司借助宁夏智慧宫设立在阿拉伯国家的中国文化传播平台，共同在阿拉伯国家设立中国茶文化中心（宁夏枸杞红茶文化交流中心）。我们将研发具有养生特色的宁夏枸杞红茶以阿拉伯国家品饮红茶的方式融入当地老百姓的生活中，再将我们中国茶文化在当地进行融入传播，以宁夏枸杞红茶为载体和所有的中国红茶共同去复兴中国红茶在世界的地位。

2. 国内市场

宁夏枸杞红茶系出名门，一经诞生，就填补了国内市场养生红茶的空白。今后，将联合正山堂骏眉中国十三大产区以及其余五大茶类产业，针对不同地域开发不同口感的高品质新产品、新品类，丰富大健康养生市场茶品类。我们将致力于打造中国养生红茶第一品类，组建一支专业的营销队伍和培训师团队，持续在线上线下推广销售宁夏枸杞红茶；到正山堂在全国设立的3 000余家门店进行科普培训和宣传推介。同时，借助宁夏东西部合作模式，将宁夏枸杞红茶作为宁"味"特产和宁夏文旅特色产品，推介到东部省份，并寻求与国内外其他地区茶产业、茶品牌、茶企业的合作，开拓国内外养生红茶产业新赛道。

（二）加强宣传推介，打造中国养生红茶知名品牌

1. 打造宁夏枸杞红茶地域标识

宁夏，作为丝绸之路经济带的"丝路宁夏战略支点"，在茶产业搭载"一带一路"倡议实现快速发展的过程中，起着重要的桥梁和纽带作用，具有得天独厚的优势。同时，古老的黄河文明，神秘的西夏历史，浓郁的民族风情，雄浑的大漠风光，构成了宁夏独一无二、多姿多彩的旅游资源。未来，宁夏枸杞红茶产业将积极与旅游、文化、健康等产业的

融合发展，传承宁夏枸杞文化，以宁夏历史文化、风俗习惯、地理环境等特色，以及正山小种红茶文化元素、融入产品形象的设计等，打造宁夏枸杞红茶产业重走丝绸之路陆上经济带的文化旅游线路，实现产业间的资源共享和优势互补，为消费者提供更加丰富、多元的消费体验。

2. 加强品牌宣传

正山堂宁夏枸杞红茶品牌的建立与推广非一日之功，宁夏正山堂做好了长期持续的宣传推广攻坚战略，以达成目标。具体为在全国各省份一二线城市高速路口、机场火车站、广场商业中心等地方投放广告，通过在机场、高速公路、景区、商业体等地方投放具有辨识度、记忆度的广告宣传，让人们在短时间内认知并记住"宁夏枸杞红茶"。通过线上如抖音、淘宝、微信视频号等社交媒体上加大养生红茶知识传播力度，加强宁夏枸杞红茶的品牌维护和保护措施宣传，以大众喜闻乐见的形式，提高宁夏枸杞红茶知名度和影响力，保持其良好的状态和形象。

3. 合作共赢，深化产业协作

联合国内科研机构、高校、行业协会等，开展高峰论坛，推动枸杞红茶产业的技术进步和标准制定，共同探索宁夏枸杞红茶的发展之路。以宁夏枸杞红茶为公用品牌，深化企业间的合作。积极寻求与各地茶企通过资源共享、技术交流与市场联动等，实现产业链上下游的深度融合与协同发展，为所有参与者创造共享价值，构建和谐共生的红茶产业生态系统。

4. 加大培训力度，实行走店模式

宁夏正山堂目前已有多名培训师，但仅在宁夏区域内开展品牌文化、茶知识和技能、接待及销售技能的培训。今后，公司将进一步统一宁夏枸杞红茶产品销售的规范性，如产品的特性、卖点、冲泡技能及推销话术等，实行培训师走店模式，不断扩大培训范围，前往正山堂乃至其他品牌全国各地实体店铺进行推销宣传，以此增强实体店铺和客户黏性，提高品牌宣传影响力。

（三）强化人才的培养和引进

1. 加强与区外高等院校茶学专业的合作

深化产教融合、校企合作。深入推进产教融合、协同育人，不断探索新的人才培养机制和模式，培养具有创新能力、符合产业要求的复合型、创新型人才，打破高校与企业间的人才培养"边界"，为新旧动能的转换提供人才支撑。宁夏正山堂作为茶企，将积极与国内茶学专业的高等院校开展合作，共同探究宁夏枸杞红茶的功效、特性和新产品、新品类的研发，以科研带动人才培养，共享合作过程中产生的资源和成果，实现互利共赢。

2. 加强与区内高等院校食品专业的合作

宁夏正山堂枸杞红茶研究院，将积极与区内高校合作，进行人才定向、定点技能培训，并设立毕业生实习基地，提高学生就业能力，能增强研究院的科研水平。同时，正山堂将主动吸纳各相关专业的毕业生，主动担当社会责任，为研究院的持续发展提供强大的人才保障和智力支持，实现公司的可持续发展。

（四）加强质量安全生命线把控

品质和安全是任何产品或服务不可或缺的基石、保命底线。作为茶企，只有对产品品质的精准把控和对安全的严格保障，才能确保消费者的信赖与忠诚度。宁夏正山堂将加快建立完善的质量监管体系、加强枸杞红茶生产管理、加强产品检测和抽检、建立投诉举报机制等措施，保障枸杞红茶产品的质量安全，增强消费者对枸杞红茶这一新产品的信心和认可度，促进宁夏枸杞红茶产业的健康发展。

（五）加快构建宁夏枸杞红茶标准体系

建立健全宁夏枸杞红茶标准体系，推动宁夏枸杞红茶标准化的普及宣传与执行，将枸杞红茶标准细分至各个环节，如种植基地、生产车间、储藏运输、市场流通等，让更多生产者、消费者了解宁夏枸杞红茶标准并积极参与到标准执行和保护中。积极申请全程质量控制体系（GMP、GAP、HACCP）认证，做好茶、放心茶。积极推动宁夏枸杞红茶全产业链、各个环节标准的制定、评价、实施和监督，以标准化要求统一技术与产品质量，推动枸杞红茶产品质量溯源全覆盖。

从福建，到宁夏；从武夷山，到贺兰山。未来，正山堂·骏眉中国将持续立足"标准为本，铸就标杆"这一理念，助推宁夏枸杞产业升级，助力乡村振兴，让宁夏枸杞红茶香飘万里，走向全国，走向全球，为惠及全人类大健康尽绵薄之力。

宁夏绿色世纪公司枸杞预制菜新业态创新实践与探索

王宁 张红岩 李园 张国清[*]

摘　要： 宁夏绿色世纪农业科技发展有限公司立足叶用枸杞特色资源，以叶用枸杞种植和加工销售为主，把发展叶用枸杞预制菜产业作为实施乡村振兴战略的切入点和发力点，抢占全国叶用枸杞产业预制菜发展制高点。在预制菜、饮品零食、跨界融合等领域不断创新，助力宁夏枸杞产业高质量发展。

关键词： 预制菜；叶用枸杞；产业创新；跨界融合

一、企业概况

宁夏绿色世纪农业科技发展有限公司（以下简称"绿色世纪公司"）成立于2020年，是一家村企合作精准扶贫项目企业。绿色世纪公司以叶用枸杞种植和加工销售为主，建设宁夏枸杞滩羊肉制品生产、加工、销售服务一条龙模式，实现宁夏枸杞和宁夏滩羊特色优势产业及特色优势品牌的强强组合，打造从"菜篮子"到"菜盘子"的全产业链发展模式，构建了枸杞嫩叶、嫩茎、嫩芽做菜，老叶做红茶，茎秆做生物饲料养羊，根做中药材地骨皮，羊粪返田增加种植基地肥力的新型组合型生物种养闭环，成为宁夏枸杞产业叶用枸杞领域的一道绿色"新名片"。目前，主要生产销售枸杞芽菜预制成品、枸杞叶粉（作为主食着色剂）半成品和灵武长枣冰鲜枣、枸杞羊肉预制食材以及枸杞生物饲料、中药材地骨皮、枸杞根切片清炖羊肉调料包等七大类20余款产品。

二、叶用枸杞预制菜新业态创新实践与探索

（一）盘活资产，整合集聚资源

绿色世纪公司投资3 500万元对贺兰县洪广镇移民村2 200亩闲置房产和土地进行了全面盘活，在居民区旧址建立原预制菜加工制作车间厂房、冷库等，在撂荒重度盐碱地种植叶用枸杞，建立原材料供应基地。建有2 500米^{2}冷鲜肉分割加工车间、2 000吨低温储

---

[*] 王宁，宁夏绿色世纪农业科技发展有限公司董事长，中国饭店宁夏饭店协会副会长，高级技师；张红岩，宁夏绿色世纪农业科技发展有限公司技术部部长；李园，中共宁夏区委党校（宁夏行政学院），教授；张国清，中共宁夏区委党校（宁夏行政学院）创新驱动发展研究中心秘书长，经济学副教授，博士。

藏库、2 500 米² 预制菜加工车间、枸杞滩羊肉制品加工车间、标准化制冷车间、枸杞秸秆生物饲料发酵生产车间等五大车间及预制成品库、产品检测中心、研发实验室和展示大厅，配套安装叶用枸杞预制菜制品生产线、肉制品分割生产线、枸杞面食加工生产线、枸杞包子（饺子）馅等4条生产线，建设设施宁夏滩羊标准化养殖场4座，存栏量可达6万只，建设叶用枸杞日光温室10座7 000 米²，可实现枸杞叶菜周年供应。2024年公司总销售额3 600万元，其中枸杞芽冰鲜菜产量达到1 200吨，产值达到1 800万元。

（二）改造加工设备，创新加工工艺

传统的枸杞芽菜通常使用周期只有1个月，在运输储存、制作过程中很难控制产品的稳定性和口感，导致枸杞芽菜营养流失，颜色发黑发苦，难以实现长途运输，不能满足市场需求和稳定性。公司研发设计枸杞芽菜漂烫装置，应用先进的智能设备，通过精确控制水温、时间、加工工艺，将水温漂烫控制在95℃左右，漂烫时间约2分钟，使枸杞芽菜在适宜的高温环境中快速漂烫迅速冷却，最大程度地保留了枸杞芽菜中的维生素C、B族维生素、类黄酮、枸杞多糖等营养成分和生物活性物质，使枸杞芽菜的色泽更加鲜绿、质地更加脆嫩、口感清爽。改造后的漂烫设备和自动化生产线，实现了枸杞芽菜漂烫过程的连续化、自动化操作，大大提高了生产效率，降低了人工成本和劳动强度，实现了规模工业化生产。

（三）瞄准餐桌所需，差异化开发创新产品

1. 枸杞芽冰鲜菜

速冻枸杞芽菜。枸杞嫩芽作为枸杞植株上鲜嫩的芽尖部分，富含多种维生素、矿物质与膳食纤维，具有极高的营养价值与独特的风味。然而，其鲜品的保存期限短，且受季节和地域限制，难以实现广泛的市场供应。科研人员经过多年努力，深入探索枸杞芽菜预制菜加工技术，并研发制定了一套精细的生产流程：当枸杞芽菜生长至6～8厘米时，是最为鲜嫩、品质最佳的状态，经验丰富的采摘工人在清晨时分，将芽菜从枸杞植株上采下。采摘过程中，避免对芽菜造成损伤，以确保其完整与新鲜度。采摘完成后，枸杞芽菜被迅速送往生产车间。在生产车间，通过人工分拣后，在2～3小时内完成清洗—漂烫—过凉—称重—真空包装—速冻—进入冷库等环节，这样能够在最短时间内，最大程度地保持芽菜的新鲜度、适口性，锁住营养成分，更便于进行长期储存与运输。

枸杞芽鲜菜。在原料处理环节，优化枸杞芽菜的种植与采摘标准，确保原料的新鲜度、嫩度和安全性。通过建立标准化的种植基地，严格控制农药和化肥的使用，为预制菜生产提供优质稳定的原料来源。在加工工艺方面。通过采用低温真空包装气调等科技手段，有效延长枸杞芽菜鲜菜的保质期。针对不同的消费需求和市场定位，绿色世纪公司开发了多种口味和形式的预制菜产品，如枸杞芽菜沙拉、枸杞芽菜炖品、枸杞芽菜春卷、清炒枸杞芽菜预制菜、枸杞芽菜凉拌预制菜、枸杞芽菜与其他食材搭配的复合预制菜等。这些产品只需简单加热或凉拌即可食用，方便快捷，满足了现代人快节奏生活对健康美食的需求。

2. 枸杞面点制品

枸杞叶粉是以枸杞鲜嫩叶为原料，经过快速低温冻干后，精细加工研磨而成。在加工

过程中，采用先进的低温干燥与超微粉碎技术，最大程度地保留了枸杞叶中的维生素、矿物质、氨基酸以及多种抗氧化物质等营养成分，其细腻的粉质易于溶解和吸收，可广泛应用于食品、保健品等领域。目前，将枸杞叶粉添加到烘焙食品中，赋予其独特的营养风味，开发出的面食产品有枸杞花馍、枸杞花卷、枸杞芽菜面条、枸杞芽菜烧麦、枸杞芽菜春卷、枸杞芽菜水饺、枸杞芽菜小笼包、枸杞芽菜薄饼、枸杞挂面、枸杞月饼、枸杞点心等。

3. 枸杞叶芽馅制品

将采摘的新鲜枸杞叶巧妙地制作成各种馅料，带来独特的自然风味。例如，鲜嫩的枸杞叶与各种肉馅相互搭配，不仅在视觉上给人以清新之感，其淡淡的草本香味更是中和了肉馅的油腻，使馅料的口感更加清爽宜人、鲜美多汁。这种将枸杞鲜叶应用于包子馅、饺子馅、肉饼馅、菜饼馅等馅用产品的创新实践，不仅丰富了各类馅制品的口味、种类，满足了不同消费者的口味需求、食材需求，也将枸杞叶这一滋养生补食材，以一种新颖的方式融入人们的日常饮食中，为推广健康养生饮食理念提供了新的途径和启发，为枸杞产品的多元化开发拓展了新市场。

4. 枸杞茎秆生物饲料

为深度挖掘宁夏叶用枸杞的全部价值，使其叶、茎、根等都能"吃干榨尽"。公司运用生物发酵技术，把枸杞茎秆粉碎后与特定的混合菌种一同发酵。将纤维素等大分子降解为动物更易吸收的小分子营养物。发酵后的枸杞茎秆饲料蛋白质、氨基酸和维生素含量丰富，口感好且易被消化。

5. 枸杞羊肉

宁夏绿色世纪农业科技发展有限公司引进3万只品种纯正的盐池滩羊，每天定时定量为羊群投喂精心配制的枸杞茎秆饲料。在枸杞茎秆饲料的滋养下，这些羊健康成长、品质优良，其肉质鲜嫩多汁、纹理清晰、膻味减少、风味独特、口感鲜嫩。生产的羊排、羊蝎子、羊肉馅、红柳枝羊肉串等半成品的优良品质受到众多高端消费者的认可和青睐。这一创新，不仅为公司带来了丰厚的经济回报，也为当地的畜牧业发展注入了新的活力，开创了一条特色养殖的致富之路。

6. 枸杞根

枸杞的根皮是名贵中药材又称地骨皮，具有清热凉血、滋阴补肾等药用价值，用于烹饪具有去腥的作用。

三、实践效果

（一）为实现宁夏枸杞产业特色化、差异化、多元化发展树立了典型

绿色世纪公司作为宁夏枸杞预制菜的推动者，在惠农、固原、中宁以及兴庆区等地，以"你种我收"订单收购的方式建立5 000余亩的叶用枸杞种植生产基地。同时，积极发展设施种植，实现周年供应。利用温室设施开展栽培，通过精准调控温湿度、光照等条件，为叶用枸杞营造适宜生长发育的小气候、小环境，确保四季有新鲜枸杞芽菜供应上市，既满足市场消费者需求，又稳定种植户收益。目前，绿色世纪公司生产的鲜食枸杞芽菜保鲜时间可达15~20天，日产能达到40吨，冷库储存量达到2 800吨，产品已进入

西贝连锁餐饮、大美西北百家连锁餐饮，建立了全国20多个城市批发市场经销点。

（二）为特色优势产业助力乡村振兴提供了新思维新模式

公司精准聚焦餐饮行业，细分宁夏枸杞产业功能性食品赛道，致力于叶用枸杞地方特色优势品牌（产品）+滋补养生预制菜食品多元品类市场化创新、叶用枸杞地方特色优势品牌（产品）+宁夏滩羊市场热门单品以及枸杞花馍、花卷等多元化、个性化新品定制，将药食同源理念融入健康营养菜、面食、烤串等日常食品中。

（三）"秸""茎"所能，枸杞茎秆等废弃物饲料转化为生物驱动循环农业增收

公司运用先进加工技术和科学配方，将枸杞茎秆通过粉碎和发酵等精细工序，使其成为优质饲料原料，既解决了特色养殖饲料资源短缺问题，又降低了特色养殖的成本。特色养殖粪便作为有机肥料滋养枸杞田，既提高了土壤肥力，减少了化肥依赖，又降低了叶用枸杞种植成本，实现资源零浪费与高效利用，提升了整体利润空间。各环节紧密相连，形成循环农业生态系统闭环，是循环农业理念的生动实践。

四、宁夏叶用枸杞预制菜新业态新产品的机遇与挑战

枸杞叶（芽）预制菜作为宁夏叶用枸杞产业产品开发的典型代表，在枸杞产业新业态及未来食品中占据较为重要地位。随着现代食品科技元素的高度运用和健康消费需求升级，叶用枸杞产业的发展应积极顺应现代社会快节奏、大健康养生需求不断提升的时代特点，紧紧围绕种植模式的创新变革、深加工领域的深度拓展、循环农业的资源高效利用，积极探索多元化发展路径。

（一）机遇

1. 健康消费不断升级

枸杞叶富含黄酮类、多糖、甜菜碱等活性成分，具有抗氧化、降血糖、增强免疫等功效。随着消费者对功能性食品需求的增长，枸杞叶作为优质健康原料，可满足低糖、低脂、高纤维等健康饮食趋势，尤其在养生保健人群、亚健康群体中具有吸引力。

2. 预制菜市场爆发式增长

2023年中国预制菜市场规模已达5 165亿元，预计到2026年将突破万亿。消费者对便捷与营养滋补的双重需求，将推动预制菜向功能化、高端化、健康化转型，枸杞叶（芽）可作为特色养生滋补食材融入即烹、即热类产品，如低热、低糖、低油脂养生滋补类汤品、面点、茶饮以及特殊医学食品、饮品等。

3. 产业政策与产业链支持

全国25个省份已出台预制菜产业扶持政策。宁夏作为枸杞道地产区、原产地，更是将枸杞产业列为最具地方特色优势的产业重点发展。高起点谋划设计、高位布局推动枸杞叶及其他资源的利用及发展，较为成熟和完善的现代枸杞产业体系、生产体系和经营体系

为叶用枸杞新业态基地建设、产品开发、市场拓展提供了体制机制和政策保障。

（二）挑战

1. 消费者对枸杞芽菜的认知较弱

枸杞叶的知名度低于枸杞子，消费者对其营养价值及食用方法也不甚了解，可通过文化营销（如历史典故、中医背书）和体验式推广（试吃、茶饮品鉴、食品展会）提升其知名度和市场接受度。通过宁夏枸杞产业的知名度将枸杞芽菜推入市场，同时加强对枸杞芽菜及营养价值、食用方法的普及、宣传、教育，进一步带动消费者对枸杞芽菜的认知、喜爱。

2. 枸杞芽菜的标准不健全

当前预制菜行业标准尚不完善，需联合科研机构制定枸杞芽菜行业标准，确保食品安全与营养成分稳定。通过宣传宁夏枸杞品牌和药食同源养生滋补文化，借势大健康产业蓬勃发展的东风，对叶用枸杞开发出的多元化产品、个性定制化产品赋能，构建完善叶用枸杞产业链标准。还可以建立"种植—加工—冷链—销售"一体化产业链，如宁夏可打造枸杞叶专属种植基地，打造枸杞芽菜地标名片与预制菜企业合作开发地域品牌。

（三）叶用枸杞产品品类创新方向

1. 成品与半成品预制菜领域

即热即烹养生菜品：开发枸杞叶搭配药膳食材的预制养生滋补汤包（如枸杞叶炖鸡汤、枸杞叶猪肝汤、枸杞叶莲子汤等），满足家庭便捷烹饪需求。

轻食与素食预制菜：利用枸杞叶低热、低糖、高纤维特性，在枸杞叶鲜凉拌菜和冰鲜菜的基础上，瞄准都市白领和健身人群，推出枸杞叶沙拉等即食产品。

地域特色食品创新：结合江浙"枸杞头"传统，推出油盐炒枸杞芽等预制菜礼盒，融入文化 IP（如《红楼梦》联名款），提升溢价空间。同时，针对喜食面食的人群，积极开发以枸杞叶粉、芽粉、嫩茎粉等为配料或食品添加剂的面产食品。例如，枸杞芽灌汤包、枸杞芽烧麦、枸杞芽小笼包、枸杞芽水饺、枸杞糕点等。

2. 饮品与代餐零食开发

枸杞叶茶饮：在宁夏枸杞红茶、绿茶、调配茶等茶饮基础上，开发冷泡茶、药茶及混合花果茶（如枸杞叶＋菊花）等，主打明目、护肝功效。

特殊膳食饮：提取枸杞叶多糖、黄酮等成分，面向亚健康人群，研制抗疲劳、降血糖、降血脂等的液态饮品或冲剂。

代餐与零食：开发枸杞叶粉+N 的颗粒剂冲剂代餐、烘焙食品（如枸杞叶饼干），或冻干枸杞叶脆片，兼具营养、养生滋补与便捷性。

3. 跨界融合与科技赋能

生物技术提取：通过超临界萃取等技术保留活性成分，开发枸杞叶提取物胶囊、口服液等保健食品。

3D 打印食品：适应未来食品的定制化趋势，将枸杞叶浆与植物蛋白结合，制作个性化营养餐食。

宁夏东永固村三产融合促进乡村振兴创新实践与探索

李小云　徐如明　马心怡　张　健　张丽萍*

摘　要：宁夏东永固村持续推动枸杞产业融合发展。积极与浙江鲁家村结对共建，联合韶山村等成立"百村联盟"，实现抱团发展；以"枸杞产业+乡村旅游"为路径，不断夯实产业发展基础让乡村经济"富"起来、加快旅游基础提档升级让乡村旅游"活"起来、稳步推进乡村建设行动让乡村特色"亮"起来、挖掘创新群众活动载体让乡村文化"强"起来，绘就了一幅"村美民富"的乡村振兴新蓝图。

关键词：乡村振兴；枸杞产业；乡村旅游；融合发展

一、宁夏东永固村基本情况

东永固村位于石嘴山市惠农区庙台乡最南端，辖8个村民小组422户1 371人，党员47名，村党支部为五星级基层党组织。2024年村集体经营性收入1 021万元，农民人均可支配收入达到2.49万元。近年来，东永固村以"杞梦田园"综合体建设为目标，拓展枸杞种植、加工、销售、科普研学及乡村观光旅游等功能，推进"农文旅"融合发展，以农促旅、以旅强农、以文创促产品销售，着力强化"农旅结合、文旅互动"，蹚出了一条"枸杞产业+乡村旅游"融合发展新路径。先后荣获全国"一村一品"示范村、中国美丽休闲乡村、全国乡村产业振兴和文化产业发展典型案例、中国村歌大赛三等奖、宁夏特色旅游村、自治区农村产业融合发展示范园等荣誉。

二、主要做法

（一）不断夯实产业发展基础，让乡村经济"富"起来

东永固村立足自然资源优势，大力发展枸杞产业，以打造"杞梦田园"综合体为目标，通过建基地、促融合、拓服务，探索出一条以枸杞为主导的产业融合发展路径。围绕"永固红"自创品牌，累计投资3 600多万元建成宁杞1号标准化枸杞基地1 700亩，枸杞

---

* 李小云，中共宁夏区委党校（宁夏行政学院），讲师；徐如明，中共宁夏区委党校（宁夏行政学院），副教授；马心怡，中共宁夏区委党校（宁夏行政学院），编辑；张健，宁夏石嘴山市惠农区庙台乡党委副书记、庙台乡东永固村党支部书记、宁夏石嘴山市惠农区兴惠产业发展有限公司董事长；张丽萍，宁夏石嘴山市惠农区自然资源局（惠农区林业和草原局），林业工程师。

绿色工坊 3 500 米²、干果枸杞、锁鲜枸杞及枸杞饮料生产线各 1 条，配备 100 吨和 200 吨枸杞保鲜冷库各一座，并完善枸杞实验室和电商展销中心等配套设施。积极加强与科研院所合作，先后承担自治区人才项目 1 个、科技项目 4 个、研发项目 1 个，获批国家发明专利 1 项，实用新型专利 4 项，村党支部书记被聘为全国林草乡土专家，荣获全国乡村文化和旅游带头人、全国新时代百姓学习之星、自治区五一劳动奖章等荣誉，引进大专以上学历人才 14 人，进一步夯实了枸杞产业发展动能。2024 年，全村经营性收入从 2018 年的 8.4 万元增加到 1 021 万元，增长了 119 倍，经营性资产达到 3 024 万元，增长 57 倍，带动就业 5 000 多人次，年发放工资 200 多万元，真正让村集体"腰杆子"挺起来了，农民"钱袋子"鼓起来了。

（二）不断加快旅游基础设施的提档升级，让乡村旅游"活"起来

东永固村以"杞梦田园"综合体建设为支撑，建成全国首家枸杞无动力主题儿童乐 6 000 米²、杞宝戏水乐园 2 000 米²、枸杞基地核心区观光小火车 2 千米、枸杞主题研学培训中心 1 200 米²，同时配套完成五彩枸杞采摘园、停车场、旅游厕所、景观龙门、会务中心、生态餐厅等基础设施，为孩子打造了一个枸杞梦幻王国，实现寓教于乐、欢乐同行的目标。

2018 年，东永固村积极加强与浙江省鲁家村结对共建，联合发起成立"百村联盟"，实现抱团发展。2021 年，两山（中国）旅游商品联盟宁夏站成功落户东永固，实现优质农产品直供"百村联盟"。2024 年，东永固村进一步完善提升旅游服务功能，串珠成线，建成功能齐全、业态丰富的"大景区"。同时，引进社会力量参与管理运营，通过"政府＋企业＋村集体＋农户"的方式，盘活了资源，丰富了旅游业态，实现了共赢，全年接待游客 11.2 万人次，"枸杞产业＋乡村旅游"成为东永固村乡村振兴的新引擎。

（三）稳步推进乡村公共基础设施建设，让乡村特色"亮"起来

以枸杞为媒，整村推动道路交通、厕所革命、绿化美化等基础设施建设，新建枸杞产业路 3 千米、栽植各类树木及花卉 5 万多棵（株）、打造惠农区级以上美丽庭院 21 户、线路入地敷设 3 千米。积极开展垃圾分类及资源化利用项目，大力发展循环农业，并推动门前"三包"融入"巷长制"，广泛开展积分智能化管理，实现管理网格细化、巷道功能优化、人居环境美化，提升村庄整体基础设施服务水平，留住乡愁，传承文脉，拓展乡村旅游"增长极"。

（四）不断挖掘创新群众活动载体，让乡村产业文化"强"起来

面对文化氛围相对匮乏的困境，东永固村积极挖掘创新群众文化活动载体。一是借助东永固村入选古地名文化遗产名录的契机，凝练提升村历史文化，融合枸杞文化，并通过文化墙、彩绘、接待讲解等方式深入人心；中央电视台《远方的家》《天下黄河富宁夏》《乡村振兴中国行》等栏目走进东永固村，连续 3 年入选全国秋季村晚展示示范点。二是创作原创村歌《幸福东永固》，2020 年成为宁夏唯一一首入围全国村歌大赛总决赛歌曲，入选全国"百佳村歌"，并获得全国三等奖。现在无论是在游乐场玩耍、绿色工坊购物，

还是坐在小火车上、走在田间地头，随处都能听到村民哼唱着这首歌的旋律，以村歌治村的效果初现。三是连续策划举办五届惠农区"千年丝绸路·一品永固红"枸杞文化旅游节，人民网、新华社等全国主流媒体进行了报道，进一步提升了枸杞产业的生态休闲、旅游观光、文化传承、科技教育等功能，实现文化与产业的深度融合。

三、经验成效

东永固村坚持以党建引领乡村振兴为总抓手，探索了"1314"村集体发展模式，即以党支部为核心，以做好乡村3件事（谋产业、争项目、做内容）、服务乡村3类人（原乡人、返乡人、新乡人）、掘好乡村3桶金（收租金、挣薪金、分股金）为抓手；以共同富裕为目标，推进乡村4个实现（农业产业化、农村庄园化、农民职业化、组织专业化）。党支部作为核心，引领和推动三个抓手的具体实施，最终实现共同富裕的目标，并通过农业产业化、农村庄园化、农民职业化和组织专业化，将乡村振兴战略落到实处。"1314"村集体发展模式是一个有机整体，各个部分相互关联，该模式将乡村振兴战略转化为理论武装的行动自觉、担当实干的工作作风、奋勇争先的精神状态，有效解决不想干的问题，破除不敢干的陋习，走出不会干的困局。

"1"，一个核心，即以党支部引领为核心。东永固村党支部坚持以铸牢中华民族共同体意识为主线，打造"田园党建"，深入开展"组织建在田间、党课上在田间、活动放在田间、成绩亮在田间"活动，通过建强基层组织堡垒、激活乡村人才引擎、打造特色农业品牌等方式，深入推进基层党建与乡村振兴深度融合，以组织振兴引领产业振兴、人才振兴、文化振兴、生态振兴。同时，强化梯次培育，着重吸纳返乡创业能人、本土大学生作为后备干部，从中选优育优，为乡村振兴提供人才支撑。

"3"，三个抓手，即以做好乡村三件事（谋产业、争项目、促融合）、服务乡村三类人（原乡人、返乡人、新乡人）和掘好乡村三桶金（收租金、挣薪金、分股金）为抓手。一是做好乡村三件事。东永固村以"杞梦田园"综合体建设项目为支撑，统筹整合惠农项目、扶持资金、优惠政策等资源，集中打捆使用，推进枸杞产业融合发展。围绕枸杞基地实施人才驿站二期、民宿二期及6条研学步道等业态项目，进一步提升枸杞产业的生态休闲、旅游观光、文化传承、科技教育等功能，促进一二三产深入融合，入选宁夏100个特色旅游村镇名录。二是服务乡村三个人。成立股份经济合作社，让农户持有股份，所得收益按股分红；实施农村人居环境整治提升五年行动，人居环境由点到面实现华丽蜕变，美了"原乡人"。推动枸杞产业融合发展，促进农区变景区、田园变公园、劳动变运动、农产品变商品，引导有志之士加入乡村振兴，支持农民工返乡创业，留住"返乡人"。投资30万元打造惠农区乡村振兴人才驿站，建有办公服务、生活休闲、成果展示和创业创新四大人才服务功能区，引来"新乡人"。三是掘好乡村三桶金。鼓励农户将土地流转给股份经济合作社，解决家庭承包经营土地零星分散、效益不高、市场信息不灵等问题，提高土地利用率。带动农户参与集体经济建设，让农户在家门口务工，实行按劳分配，挣得薪金。完成农村集体产权制度改革，实现资源变资产、资金变股金、村民变股民，使股民真正享受乡村振兴的红利，分到股金。

"1",一个目标,即以共同富裕为目标。聚力支部领办合作社,打造乡村振兴新引擎,大力发展集农业种植、休闲旅游、农产品加工、电商运营于一体的农业生态产业链。积极探索农户持股共富模式,加强村集体经济组织与农户的利益联结,走出一条适合东永固村的共同富裕之路。形成村集体主导,企业和社会共同参与的格局,并建立健全利益联结机制,充分调动各方力量。目前,东永固村与农户建立了"土地流转+保底收益+优先雇佣+二次分红"的利益联结机制;成立强村公司,并与引进人才和企业建立了"资金入股+人才技术入股+特别董事"机制,实现利益共享。

"4",四个实现,即实现农业产业化、农民职业化、农村庄园化、组织专业化。一是以打造"杞梦田园"综合体为目标,大力发展枸杞优势特色产业,枸杞产业融合发展示范庄园初具规模。依托宁夏农林科学院、宁夏大学等科研院所,在枸杞优质丰产栽培、水肥药一体化、叶用枸杞、农机农艺融合及绿色防控等多个领域开展研究与示范推广。二是整合本村能工巧匠和乡土人才,组建用好劳务团队及社会化服务团队,提供社会化服务和农作物托管;积极创建自治区农村创业创新基地,开展技术输出和培训。为本村村民及海燕村生态移民提供固定用工岗位57个,临时用工岗位600余人次,累计发放工资400多万元。三是以环境美、村庄美、田园美、庭院美为目标,实施人居环境整村推进项目,更新二代林网2千米,新栽香花槐等4 500株,砌护渠道1.5千米,硬化道路3 500米^2,翻新路面3.5千米,新建枸杞产业路1千米,通信线路入地敷设2千米,电线入地敷设500米。推动门前"三包"融入"巷长制",广泛开展积分智能化管理,实现管理网格细化、巷道功能优化、人居环境美化,以"四治融合"打开基层治理新格局。四是重视村规民约的修订和普法宣传,成立红白理事会,推动移风易俗,树立文明新风。在第五届宁夏农村创业创新项目创意大赛决赛中,东永固村的项目"以枸杞为媒,探索村集体经济发展新模式"获得二等奖,并代表宁夏参加第六届全国创业创新大赛。五是枸杞与电商融合。大力发展集农业种植、休闲旅游、农产品加工、电商运营于一体的农业生态产业链,并完善枸杞实验室和电商展销中心等配套设施,依托新农创电商平台,定期开展电商培训,借助"惠农好物""网上年货节"等电商活动代购代销,鼓励和引导新型农业经营主体线上销售。村党支部积极探索"产业联盟党委+电商直播+特色产业"联合发展新模式,直播带货助力枸杞等特色农产品"出圈"。

四、存在主要问题

(一)融合发展深度和广度不够

枸杞产业融合发展尚处在初级阶段,融合程度不够,与消费者的黏性不强。主要体现在:一是在枸杞精深加工方面没有新突破,产品不够丰富;枸杞干果产业"独打天下"局面仍然存在,深加工转化率低,高附加值精深加工主导产品较少。二是基础设施配套存在短板,目前只能满足80人左右的住宿,就餐日均最大接待量为300人,处于消费中低端水平,无法满足高端群体的消费需求。

（二）联农带农增收途径不广

以枸杞产业为基础，通过产业创新与发展，深化联农、带农、富农机制，采取"土地入股+保底收益+优先雇佣+分红"利益联结方式。但是，目前村民主要的利益链接点为工资性收入和土地流转收入，分红收入占比很小。村常住人口主要为年龄较大人员，年轻人少，导致思想保守，不愿意在服务业方面进行投入，大部分仍然以工资性保障为主，主动投入产业融合发展的尝试和探索不够。

（三）发展资金来源单一

东永固村的发展，主导力量以村集体为主，资金主要来源为政府类投资项目、奖补资金和村集体资金，社会资本介入不多，导致投入资金有限，项目建设周期长，难以快速形成规模效应。

（四）政策保障有待优化

随着乡村振兴工作的深入推进，意味着乡村振兴战略实施进入了新阶段。已出台的利好政策和投入的大量资金，增强了新型农村集体经济带动脱贫群众增收致富的能力，然而也面临着项目资金的监管和考核等问题，特别是乡村振兴领域对资金支付进度要求高，行政化干预多，存在的共性和个性问题影响了干部敢闯敢干的劲头。

五、促进枸杞与农工文旅融合发展的对策建议

东永固村以枸杞产业为主导的融合发展路径正在持续引领村庄前行。为进一步做好今后的产业融合、辐射发展，落实好乡村振兴战略，进一步推动枸杞产业高质量发展，提出以下对策建议。

（一）有针对性地加强政府引导

随着甘肃、青海、新疆等周边省份枸杞种植面积扩大，干果产量增加，在有限的市场容量下，易出现企业竞相降低生产成本或打价格战等获取竞争优势现象。对此，政府在枸杞与农工通过文旅融合发展方面要积极引导，破解产品初级化、同质化恶性竞争问题，避免形成遍地开花局面，按照区域重点支持几个有基础、有潜力的枸杞产业融合发展示范庄点。例如，组织开展"枸杞采摘节""枸杞文化旅游节"等活动，不断提升产品附加值，打响东永固村乡村旅游品牌，通过政策扶持和企业带动助推村庄高质量发展。

（二）进一步加强政策支持

一是鼓励支持有条件的行政村走村集体经济组织公司化运营之路。鼓励村干部大胆尝试、勇于创新。要综合各级部门的意见出台实施办法，建立包容试错免责机制，为干事创业者提供宽松敢闯敢干的发展环境。二是加强乡村产业融合发展政策性用地保障，落实中央"大食物"产业发展政策，不机械教条地"一刀切"，解决乡村振兴只有资金、项目，无储备用地的窘境。

（三）发挥纾困帮扶资金作用

枸杞产业前期投资大，加之近两年市场消费疲软，导致枸杞基地大部分处于亏损运营状态。需通过产业融合发展，提高枸杞的附加值，在贷款、资金扶持方面给予大力支持，建议采取"一企一策"方式确定帮扶方案，为产业发展解决融资难问题，拓展产业融资渠道，加快产业发展步伐，确保帮扶资金"给得足、还得上"，助力企业"送上马、扶一程"。

（四）高度重视人才培养

一是农村相对城市在人才引进方面存在短板弱项，因此需要在引才、育才、留才等方面给予政策倾斜，包括人才驿站建设、科研经费投入、人才待遇保障等；二是加强枸杞产业专业技术人才培养，在充分挖掘当地"土专家""田秀才"的同时，大力引进村外、乡外、县外枸杞专业人才资源，通过专业培训、技术交流、外培学习等方式，解决无产业链后端专技人才缺乏的问题。同时，营造大有可为的创业就业环境，积极引导专业人才到农村创业、就业。

（五）更好发挥企业主导作用

在枸杞产业融合发展方面，需要尊重农村、尊重农民的主体地位；充分发挥市场在资源配置中的决定性作用，助力企业和产业成长壮大。继续发挥好龙头企业的示范引领作用，积极引导社会资本、工商资本参股入股。

（六）加大招商引资力度

通过引进、培育枸杞精深加工企业，扶持本地资金实力雄厚、营销网络健全的企业，补齐枸杞深加工短板，以点带面推动东永固村枸杞产业可持续发展。

（七）加强品牌创建与培育

久久为功做好东永固村优势特色产业，大力培育经营主体、强化品牌创建，助力枸杞品牌美誉度和影响力提升，促进枸杞产业链条有效延伸，推进"枸杞产业+旅游"融合发展，走出一条独具特色的旅游高质量发展道路。

（八）进一步完善联农带农机制

一是鼓励企业及社会资本发挥联农带农的作用，特别是对弱势困难群体的帮扶，要充分发挥农民合作社的组织优势和制度优势，通过"经营性收入""工资性收入""财产性收入"联农带农方式，健全联农带农机制。二是在就业政策方面对农村特殊群体给予倾斜。目前农村劳动力大部分以50岁以上人群为主，这些群体不能解决社保等方面的待遇，因此企业在用工方面应提升农村中老年员工薪酬水平、保障中老年员工各项权益。

记事篇

中国枸杞产业蓝皮书
——中国现代枸杞产业高质发展报告
2025

2024年全国枸杞产业大事记

唐建宁　李嘉欣[*]

一月

3 日　宁夏食品安全协会颁布《枸杞病虫害防治农药安全使用规范》（T/NXFSA 065—2024），2024年1月3日起实施。

6 日　福建正山堂茶叶有限公司在福建武夷山召开枸杞红茶品质鉴定会，宁夏现代枸杞产业技术体系岗位首席专家祁伟应邀参加并分享宁夏枸杞物质功效及产业发展现状。

9 日　宁夏林业和草原局二级巡视员郭宏玲带领宁夏厚生记枸杞饮品股份有限公司董事长阮世忠一行赴中国石油河南分公司洽谈合作，促成厚生记与中油淮海销售有限公司签订销售枸杞饮品合作意向。

15 日　广东中山市个体劳动者私营企业协会颁布《香山之品枸杞（鲜）》（T/ZSGTS 207—2024），2024年1月15日起实施。

23 日　第四届中国国际传媒年大会在河北省廊坊市召开，在权威推介环节，来自宁夏的枸杞、山西运城的苹果、内蒙古二连浩特的文创、江西泰和的乌鸡等地理标志产品现场推介。

25 日　宁夏林业和草原局联合新消息报社举办宁夏"小枸杞"勇闯哈尔滨研学活动，10名"小枸杞"赴黑龙江省哈尔滨市多地研学，并向哈尔滨市民赠送宁夏枸杞干果、枸杞原浆、吉祥物"杞宝"等伴手礼。

二月

4 日　宁夏市场监督管理厅颁布《枸杞春季花期霜冻气象指标》（DB64/T 1980—2024），2024年5月4日起实施。

---

[*] 唐建宁，宁夏枸杞产业发展中心副主任，正高级林业工程师，宁夏回族自治区现代枸杞产业技术岗位副首席专家；李嘉欣，宁夏枸杞产业发展中心，农业经济师。

6日		宁夏林业和草原局印发《2024年全区枸杞质量安全风险监测方案》，进一步加强枸杞种植、制干环节及"宁夏枸杞""中宁枸杞"地理标志证明商标产品质量安全监管。
同日		宁夏林业和草原局联合自治区市场监督管理厅、农业农村厅、商务厅、银川海关共同印发《宁夏枸杞产品质量安全溯源体系建设实施方案（试行）》。
21日		宁夏现代枸杞产业企业家座谈会在银川召开。宁夏回族自治区政协主席、现代枸杞产业高质量发展省级包抓领导陈雍出席会议并讲话，宁夏回族自治区人大常委会副主任、省级包抓领导董玲主持会议并作总结，宁夏回族自治区政协副主席、省级包抓领导刘可为传达相关会议精神。宁夏回族自治区党委宣传部、科技厅、工业和信息化厅、财政厅、林业和草原局等相关部门及银川市、中卫市等主产市、县负责同志，38家重点枸杞企业和专业合作社代表参加会议。
23日		宁夏科学技术厅联合自治区工业和信息化厅公布2023年度"三个100"企业名单，厚生记、源乡、杞乡生物、杞鑫种业、天山红宝珠、杞玉等多家枸杞企业入选。
25—29日		2024博鳌健康食品科学大会暨博览会（简称"FHE2024大会"）在海南博鳌亚洲论坛国际会议中心举办。宁夏林业和草原局党组成员、副局长王自新作题为《道地药材宁夏枸杞传承创新与高质量发展》的主旨演讲。
27日		宁夏枸杞产业发展中心、宁夏药品检验研究院、宁夏枸杞协会与中国香港标准及检定中心（STC）召开线上座谈会，共同商讨推动国家枸杞产品质量检验检测中心（宁夏）与香港STC检测结果互认、挂牌成立"香港STC宁夏实验室"、香港STC为宁夏枸杞企业授予香港优质"正"印认证等事宜。
29日		宁夏回族自治区党委书记、人大常委会主任梁言顺赴中宁县调研春耕备耕、乡村振兴工作。调研期间，深入早康枸杞股份有限公司，调研枸杞文化馆和产品生产线，详细了解企业基地建设、产品研发、精深加工、品牌打造、市场销售等情况。

三月

8日	宁夏林业和草原局印发《2024年自治区现代枸杞产业工作要点》《2024年自治区现代枸杞产业高质量发展重点工作任务分工表》《2024年全区现代枸杞产业十件大事》。
8—10日	甘肃省白银市农业技术服务中心组织技术专家在白银市靖远县五合镇刘寨柯村开展枸杞栽培技术培训，针对枸杞生产中存在的品种选择、种苗繁育、病虫害综合防治等突出问题进行系统讲解。

8—13 日	新疆博尔塔拉蒙古自治州林业和草原局组成专班赴四川、广东开展第一次枸杞产业等外出招商活动，拜访企业、商会 12 家，与 10 家企业达成合作意向。
9 日	宁夏日报刊发《陈道明受邀担任"宁夏枸杞"公益形象大使》的报道后，引起社会各界广泛关注和热烈反响。
15 日	投资 1.2 亿元的枸杞深加工项目在甘肃省白银市平川区成功落户，项目可实现年产枸杞原浆 3 000 吨，产值达 2.1 亿元。
16 日	新疆大学、中国科学院、厦门大学在新疆精河县召开"枸杞全产业链创新发展"研讨会，进一步深化在枸杞精深加工与高附加值产品开发、枸杞特征功效成分挖掘与营养健康评价等方面的合作。
18 日	甘肃省白银市农业农村局枸杞首席专家针对当前枸杞种植中存在的品种选择、种苗繁育、病虫害综合防治等突出问题开展技术培训讲座，帮助农户解决生产中遇到的技术问题。
18—19 日	宁夏林业和草原局、宁夏总工会联合主办的"第三届全区现代枸杞产业茨农技能大赛"在中宁县成功举办。来自全区 12 个县（区）代表队、19 个企业代表队和 29 名个人共 180 余名技术能手参赛。
20 日	新疆科学技术厅召开自治区枸杞产业科技创新发展研讨会，分析精河枸杞产业链技术发展现状、面临的重大技术问题和重大科技项目需求。博尔塔拉蒙古自治州科技局，精河县委，枸杞龙头企业代表及中国农业大学、宁夏农林科学院、新疆农业科学院等院所院校相关专家 20 余人参加。
20—22 日	宁夏林业和草原局联合宁夏贸易促进委员会共同组织区内 17 家知名枸杞企业参加第 110 届全国糖酒商品交易会。
21 日	宁夏林业和草原局党组书记、局长戴培吉深入厚生记枸杞饮品股份有限公司、宁夏一杯作物食品科技有限公司、宁夏枸杞文化馆调研新质生产力推动现代枸杞产业高质量发展有关情况，研究解决产业发展难点堵点问题。

四月

8 日	青海省市场监督管理局颁布《枸杞产业标准体系》（DB63/T 2274—2024），2024 年 6 月 15 日起实施。
15 日	新疆精河县邀请宁夏枸杞专家在托里镇吾夏克巴依西村开展"枸杞抹芽、封头、春季病虫害防治现场培训会议"。
22 日	宁夏现代枸杞产业高质量发展第五次推进会在银川召开。宁夏回族自治区政协主席、现代枸杞产业高质量发展省级包抓领导陈雍出席会议并讲话，宁夏回族自治区政协副主席、省级包抓领导刘可为主持会议，包抓机制各成员单位、有关部门负责同志及业务处（室）负责人，主产市、县（区）人民政府负责同志及枸杞产业主管部门负责人，"宁夏枸杞""中宁枸杞"授标企业和部分规上企业、专业合作社代表参加会议。

同日	青海省海西蒙古族藏族自治州印发《海西州扶持枸杞产业高质量发展若干措施》，从夯实产业基础、提升加工转化、强化物流流通、强化品牌建设4个方面明确枸杞产业扶持重点，涵盖16项具体内容。
同日	宁夏大学林业与草业学院与百瑞源枸杞股份有限公司签订《框架合作协议》，启动枸杞科技小院共建工作。
25日	新疆精河县市场监督管理局组织开展"精河枸杞"地理标志宣传活动，通过"看标、识标"等方式，引导群众规范使用"精河枸杞"地理标志，营造公平的市场环境。
27日	新疆精河县召开新疆维吾尔自治区重点研发计划项目"新疆枸杞绿色高效加工关键技术研发与示范应用"启动会暨实施方案论证工作会议。
同日	2024年全国五一劳动奖和全国工人先锋号评选结果揭晓，宁夏杞里香枸杞有限责任公司直播部入选全国工人先锋号。

五月

1日	位于G30连霍高速精河服务区内，占地面积12.85万米^{2}的新疆精河枸杞小镇投入运营。这是集旅游体验、特色餐饮、枸杞产业、高速服务、仓储物流、电商服务等功能于一体的枸杞产业集聚中心。
8日	北京京东健康有限公司公共事务部区域负责人褚峥一行3人考察宁夏现代枸杞产业，走访枸杞企业并进行座谈。
9日	宁夏回族自治区人大常委会副主任、现代枸杞产业高质量发展省级包抓领导董玲召开第七届枸杞产业博览会暨现代枸杞产业专题座谈会。宁夏回族自治区党委宣传部、文化和旅游厅、林业和草原局、中宁县人民政府相关负责同志，有关枸杞企业负责人参加会议。
10日	百瑞源枸杞股份有限公司在中国品牌日活动中荣获中国质量奖提名奖。
10—12日	新华社、中国品牌建设促进会、中国国家品牌网等机构，在浙江举办2024世界品牌莫干山大会等品牌日系列活动。在"2024《中国品牌十年路》发展报告发布会"活动上，"中宁枸杞"入围"2024我喜爱的中国品牌"。
11日	宁夏回族自治区政府副主席刘军赴银川市西夏区调研现代枸杞产业高质量发展情况，宁夏林业和草原局、宁夏农林科学院相关负责同志及宁夏枸杞协会、沃福百瑞主要负责人陪同调研。
15日	宁夏回族自治区政协主席、现代枸杞产业高质量发展省级包抓领导陈雍带领宁夏林业和草原局、彭阳县相关负责同志等，赴浙江省杭州市宣传推介宁夏枸杞、彭阳红梅杏，浙江省政协、宁夏回族自治区人民政府驻上海办事处，以及来自浙江省的100余名商协会企业和销售商代表参加推介会。
16日	宁夏科学技术厅党组书记、厅长徐龙调研枸杞产业科技创新工作，银川市人大常委会副主任、贺兰县委书记丁炜及相关处室负责人陪同调研。

20 日	"宁杞 1 号"作为宁夏林木良种通过宁夏林木品种审定委员会审定。
23—25 日	北京同仁堂集团党委常委、副总经理顾海鸥一行 9 人，来宁夏考察宁夏现代枸杞产业、深度对接洽谈合作事宜。宁夏林业和草原局负责同志及相关人员陪同调研并座谈。
23—27 日	宁夏林业和草原局联合宁夏贸易促进委员会组织 13 家枸杞企业参加深圳文博会并举行枸杞专场推介会。玺赞、宁安堡、玺小杞等 5 家枸杞企业分别与深圳、湖北、北京等省（直辖市）的 10 家企业签约，总签约金额达 643 万元。
24 日	宁夏回族自治区人大常委会副主任、现代枸杞产业省级包抓领导董玲带队赴中宁县调研现代枸杞产业发展情况，并主持召开第七届枸杞产业博览会组委会会议。
27 日	为期 5 天的第二十届中国（深圳）国际文化产业博览交易会闭幕。宁夏代表团参展的非遗玉雕作品《枸杞熟了》在"中国工艺美术文化创意大赛"评选中荣获银奖。
29 日	宁夏现代枸杞产业高质量发展省级领导包抓机制举办第七届枸杞产业博览会新闻发布会。宁夏林业和草原局介绍现代枸杞产业高质量发展推进情况和第七届枸杞产业博览会总体活动安排，宁夏科学技术厅介绍现代枸杞产业科技研发及培育新质生产力情况，宁夏工业和信息化厅介绍现代枸杞产业龙头企业、上市企业培育和招商引资情况，中宁县政府介绍第七届枸杞产业博览会筹备情况。
同日	宁夏现代枸杞产业企业家座谈会暨工作推进会在宁夏银川召开，银川市委常委、副市长王向豫主持会议，市政协主席魏和清、市人大常委会副主任袁科出席会议并讲话。

六月

6 日	宁夏回族自治区政协主席、现代枸杞产业高质量发展省级包抓领导陈雍带领自治区政协办公厅、林业和草原局相关负责同志，以及沃福百瑞、玺赞、杞鑫、全通、厚生记、杞滋堂等枸杞企业代表，分别赴北京同仁堂（集团）有限公司和京东集团股份有限公司洽谈宁夏枸杞合作事宜。北京同仁堂（集团）有限公司党委书记、董事长王贵平及相关负责人参加洽谈；京东集团副总裁、京东健康 CEO 金恩林、京东集团执行副总裁贾晓波、京东集团副总裁王良兰等参加洽谈。
7 日	中国经济林协会枸杞分会、宁夏枸杞协会、中宁枸杞产业协会联合开展全国枸杞行业电商净网行动。

12 日	宁夏林业和草原局主办，银川市政府、中卫市政府承办的第七届枸杞产业博览会开园仪式在银川市贺兰县百瑞源殷红子熟枸杞庄园和中卫市中宁县玺赞生态枸杞庄园同时启动。宁夏林业和草原局党组书记、局长戴培吉，党组成员、副局长王自新，宁夏回族自治区相关部门、有关市县领导和嘉宾分别参加百瑞源殷红子熟枸杞庄园和玺赞生态枸杞庄园开园仪式。
19 日	宁夏枸杞产业发展中心、西夏区政府主办，宁夏枸杞协会、宁夏诗词学会、宁夏林学会承办的"诗咏宁夏枸杞"全国诗词创作大赛获奖作品展在宁夏枸杞文化馆举行，对获奖的29首诗词作品进行表彰和展示。
21—22 日	第七届枸杞产业博览会在宁夏中宁县成功举办。国家林业和草原局副局长唐芳林应邀出席开幕式并致辞，宁夏现代枸杞产业高质量发展省级包抓领导陈雍、董玲、刘军、刘可为出席并参加相关活动。
21 日	第七届枸杞产业博览会开幕式上，宁夏市场监督管理厅、药品监督管理局为国家枸杞产品质量检验检测中心（宁夏）揭牌。中国香港标准及检定中心（STC）、国家枸杞产品质量检验检测中心（宁夏）负责人为"香港STC宁夏实验室"揭牌。
同日	在第七届枸杞产业博览会开幕式上，新华社中国经济信息社发布了中国枸杞价格指数。宁夏林业和草原局党组书记、局长戴培吉发布了《中国枸杞产业蓝皮书——中国现代枸杞产业高质量发展报告2024》（标准版）。
同日	第七届甘肃·靖远乡村振兴枸杞采摘活动新闻发布会在甘肃白银市靖远县举行。本次枸杞采摘活动以"相约黄河明珠·杞航美好未来"为主题，将于7月中下旬在枸杞主产区举行。
26 日	甘肃省玉门市气象局开展枸杞采摘期气象服务。根据种植户需求，玉门市气象局发布枸杞采摘期专题气象服务，并通过电话、电子邮件、短信、微信群等渠道，为农场、新型农业经营主体等及时提供精细化气象服务和灾害性天气预警信息。

七月

1 日	中国合格评定国家认可委员会（CNAS）为百瑞源枸杞分析检测中心颁发实验室认可证书。
5 日	宁夏石嘴山市惠农区林业和草原局联合石嘴山市林草中心举办叶用枸杞专业技术人员培训班，邀请宁夏农林科学院植保所、宁夏枸杞产业发展服务中心多名专家，讲授叶用枸杞植保、品种选育及栽培技术等知识。
7 日	2024年院士专家甘肃科技产业发展调研组在甘肃省白银市调研，并召开白银市文冠果枸杞产业发展咨询研讨会议。白银市委书记杨建武主持咨询研讨会并致辞，各位院士专家提出对策建议。

同日	新疆·精河2024年第七届枸杞产业发展论坛暨枸杞产业链科技成果路演在精河县举办，来自全国各地的枸杞研究领域专家、学者共同聚焦枸杞产业的发展机遇与挑战，为精河枸杞产业高质量发展建言献策。
同日	新疆·精河第七届枸杞产业发展系列文商旅活动枸杞贸易洽谈签约仪式在精河迎宾馆举行。累计签约项目7个，签约金额6 269万元。
同日	中国梦·劳动美·新疆好"一杞精采"精河枸杞鲜果采摘大赛在托里镇吾夏克巴依西村拉开帷幕。10支参赛代表队、60名选手参加比赛。
9日	"杞发未来"新疆·精河2024年第七届枸杞产业发展系列文商旅活动盛大开幕。
同日	宁夏总工会在吴忠市同心县河西镇菊花台村菊花台枸杞庄园举办"提升劳动技能 助力乡村振兴"枸杞采摘技能竞赛，100名当地群众参加竞赛，角逐一二三等奖，共计奖励现金2万元。
9—10日	新疆博尔塔拉蒙古自治州党委常委、组织部部长燕伟带领相关枸杞产业分管负责人及科技、林草行业负责人考察宁夏现代枸杞产业。宁夏林业和草原局党组成员、副局长王自新及相关人员陪同调研。
10日	新疆精河枸杞文化发展交流会在北京举办，会议由中欧地理标志文化贸易馆、中国商业文化研究会乡村振兴工作委员会、精河县枸杞产业发展中心联合主办。中国医学科学院研究员张本刚全面介绍了枸杞种类及药食同源价值。
同日	宁夏回族自治区党委副书记庄严赴中卫市中宁县调研现代枸杞产业高质量发展、联农带农等情况。宁夏林业和草原局、中宁县负责同志陪同调研。
同日	参加第三届教育部市场营销专业虚拟教研室年会暨商学院院长论坛的国内市场营销领域的专家学者齐聚百瑞源枸杞股份有限公司，共同调研宁夏现代枸杞产业的最新动态和发展趋势。
同日	依托第五届"智汇三江源·助力新青海"人才项目洽谈会，青海省海西蒙古族藏族自治州成功签约智能视觉系统在枸杞产业中的应用项目。
同日	2024年青海省柴达木枸杞采摘劳务对接洽谈活动暨农畜文旅产品展示推介会开幕。本次活动共发放枸杞采摘劳务用工宣传资料超过3 000份，37家人力资源服务企业、劳务经纪人与海西蒙古族藏族自治州14家枸杞种植企业、种植户初步达成劳务用工意向协议，带动超过1.2万人就业。
11日	全国人大常委会副委员长肖捷调研宁夏现代枸杞产业高质量发展工作，宁夏回族自治区党委常委、政府常务副主席陈春平，宁夏回族自治区人大常委会党组副书记、副主任白尚成陪同调研。
同日	宁夏回族自治区政协副主席、现代枸杞产业高质量发展省级包抓领导刘可为调研枸杞产业发展工作，宁夏林业和草原局党组书记、局长戴培吉，宁夏回族自治区政协办公厅相关负责人陪同调研。
同日	全国人大农业与农村委员会副主任范骁骏、全国人大农业与农村委员会副主任王刚赴沃福百瑞枸杞股份有限公司调研宁夏现代枸杞产业。

14日	首届甘肃·酒泉枸杞博览会新闻发布会在甘肃省玉门市市民服务中心举行。发布会介绍了酒泉市枸杞产业发展情况、博览会招商引资和项目签约情况及玉门市枸杞产业发展的独特优势、利好政策和显著成效。
15日	湖北省人大常委会副主任刘雪荣一行在宁夏回族自治区人大常委会副主任、现代枸杞产业省级包抓领导董玲陪同下赴百瑞源殷红子熟枸杞庄园调研宁夏现代枸杞产业。
16日	国家林业和草原局森林资源管理司副司长韩爱惠一行在宁夏林业和草原局党组书记、局长戴培吉陪同下赴百瑞源殷红子熟枸杞庄园调研宁夏现代枸杞产业。
18日	四川省政协副主席、党组成员刘成鸣一行在宁夏回族自治区政协副主席、党组成员许宁陪同下赴百瑞源公司调研宁夏现代枸杞产业。
18—20日	宁夏林业和草原局组织杞滋堂、全通、厚生记、中宁枸杞股份有限公司4家枸杞企业参加北京同仁堂商业投资集团工商业务赋能会等系列活动,宁夏林业和草原局总工程师周涛受邀出席活动。
19日	以"杞心合力同舟共济"为主题的"宁夏之夜"枸杞宣传推介活动在北京同仁堂工商业务赋能会上开展。
同日	甘肃省酒泉市瓜州县第十届蜜瓜枸杞展销会开幕,相关领域专家、企业家、农民合作社代表和网红达人等齐聚瓜州。
同日	第七届甘肃·靖远乡村振兴枸杞采摘活动暨经贸洽谈会在靖远县五合镇枸杞文化广场开幕,来自全国各地近40家农产品购销公司齐聚一堂,现场签约枸杞采购量150吨,价值近800万元。
22日	宁夏启元国药有限公司与宁夏百瑞源枸杞股份有限公司举办百瑞源·启元塞上名企交流会,双方正式签订战略合作,形成技术、产品、市场、人力资源等方面的协议。
同日	柴达木绿色有机枸杞鲜果发车仪式在青海省海西蒙古族藏族自治州都兰县现代农业产业园举行,在浙江援青都兰工作组的对接协调下,来自都兰县的首批枸杞鲜果发往浙江金华。
23日	宁夏农林科学院2024科研项目现场观摩会在百瑞源殷红子熟枸杞庄园举办,宁夏农林科学院植物保护研究所副所长何嘉向专家组详细汇报了"以虫治虫"蚜茧蜂防治枸杞蚜虫技术的最新进展。
24日	由北方民族大学生物科学与工程学院主办,沃福百瑞枸杞产业股份有限公司承办的"枸杞产业产学研融合发展论坛"在北方民族大学举行,宁夏各大院校、枸杞生产及销售等企业代表近百人参会。

同日	第二届民营经济高质量发展暨企业服务环境提升推进大会在宁夏银川召开，会上对100家优秀民营企业和100名优秀民营企业家进行授牌表彰。宁夏枸杞协会会员单位百瑞源、沃福百瑞、厚生记、启元药业被评为优秀民营企业。百瑞源董事长郝向峰，厚生记董事长阮世忠，沃福百瑞董事长潘泰安，麦尔乐董事长黄添进，杞里香执行董事欧阳国乾，启元药业总经理吴永明被评为优秀民营企业家。
27日	宁夏正山堂"茶杞创新融合·深化产业协作"枸杞红茶文化体验馆、枸杞叶茶研究院开馆暨枸杞红茶新品发布仪式在宁夏银川经济技术开发区智能终端产业园举办。
31日	国家统计局格尔木调查队主办"青海省枸杞产业发展"调研座谈会，国家统计局青海调查总队、青海省农业农村厅、海西蒙古族藏族自治州农牧局、格尔木市农牧局、市工信局、市气象局等相关单位负责人和技术人员参会。

八月

1日	国家林业和草原局党组书记、局长关志鸥，副局长谭光明等到百瑞源枸杞庄园现场调研宁夏现代枸杞产业种植基地地类划定情况，并参观枸杞产品展区。
4日	全国政协委员、全国台联党组成员、副会长郑平及海南省、贵州省、重庆市、上海市、北京市、浙江省台联负责同志考察早康枸杞股份有限公司。
5—6日	广西壮族自治区林业局二级巡视员蒋桂雄一行来到宁夏，深入宁夏枸杞文化馆、百瑞源殷红子熟枸杞庄园、沃福百瑞、宁夏正山堂等企业，调研了解宁夏现代枸杞产业情况。
6日	宁夏中宁县委副书记、县长周永根，副县长孟跃军调研全通枸杞供应链管理股份有限公司，与公司管理人员进行深入交流，共同探讨解决公司发展过程中遇到的问题方案。
7日	宁夏回族自治区党委书记李邑飞在贺兰县调研经济社会发展情况期间，深入百瑞源殷红子熟枸杞庄园、厚生记枸杞饮品有限公司，调研现代枸杞产业农文旅融合发展和生产加工情况。
8日	甘肃省白银市委副书记、市长张延保在靖远县实地察看靖远·中铝锁鲜枸杞生产车间加工生产等情况。
同日	青海省卫生健康委颁布《食品安全地方标准 黑果枸杞》（DBS 63/0010—2024），2024年11月8日起实施。
9日	全国政协副主席梁振英一行调研宁夏现代枸杞产业高质量发展情况，宁夏回族自治区政协副主席郑震陪同调研，宁夏林业和草原局、宁夏枸杞协会相关负责人参加调研。

同日	宁夏科学技术厅特色产业重点研发计划"枸杞原浆标准体系构建及功能性产品开发与示范"项目启动会在宁夏药品检验研究院召开。会议邀请宁夏科学技术厅、宁夏林业和草原局、北方民族大学、宁夏大学等单位相关专家，对项目实施方案进行论证。
13日	青海省海西蒙古族藏族自治州都兰县召开枸杞产业前沿成果转化论坛，邀请来自枸杞研究领域的8位专家、学者为当地枸杞产业献计献策。
同日	国家统计局青海调查总队联合青海省农业农村厅赴海西藏族蒙古族自治州开展枸杞产业发展情况专题调研，深入了解青海枸杞产业发展现状及存在的难点堵点问题。
同日	青海省海西蒙古族藏族自治州都兰县首届柴达木枸杞采摘季暨产销对接洽谈会在都兰现代农业产业园开幕。洽谈会上，发布了"新华·柴达木枸杞价格指数"，来自全国5个省（自治区、直辖市）的客商与都兰种植企业、合作社及大户签订采购协议，共采购10 055吨、采购金额33 504万元。
14日	宁夏回族自治区人大常委会副主任、现代枸杞产业高质量发展省级包抓领导董玲召开现代枸杞产业高质量发展包抓机制专题筹备会，研究解决枸杞原浆市场乱象、要素保障不匹配等产业短板弱项。
15—16日	宁夏回族自治区政府副主席刘军带领自治区政府办公厅、宁夏林业和草原局负责同志，赴福建省武夷山市调研学习武夷山国家公园创建工作经验、对接枸杞产品开发合作事宜。
15—17日	宁夏枸杞协会组织百瑞源、早康、得养生、厚生记、天仁、杞滋堂等多家枸杞企业提供产品，协会秘书处工作人员代企业参加中国香港·美食商贸博览会，进行现场推介及展览展示。
16日	宁夏市场监督管理厅一级巡视员陈旭东带领厅知识产权保护处、执法稽查局、质量发展处、标准化处等相关处室负责同志，赴百瑞源枸杞股份有限公司调研了解枸杞原浆市场情况并召开座谈会，宁夏枸杞产业发展中心、宁夏枸杞协会、全通、早康、玺赞等枸杞原浆生产企业参会。
19日	宁夏同心县林业和草原局联合气象局举办"枸杞产业气象服务专项能力提升培训班"，枸杞种植生产乡镇林业站，企业、合作社负责人、种植大户等40余人参加培训。
21日	青海省都兰县枸杞散货交易市场"柴杞大集"开市。都兰县枸杞散货交易市场是以枸杞及其产品交易、数据整合、物流配送、仓储等为核心的"区域性农产品物流集散中心"，主要包括枸杞鲜果、锁鲜枸杞、枸杞冻果干、枸杞汁、枸杞酒等相关精深加工产品。
22日	宁夏回族自治区人民政府发布《宁夏回族自治区人民政府关于2023年度自治区科学技术奖励的决定》，宁夏枸杞产业领域共2项科技成果获得奖励。由宁夏农林科学院枸杞科学研究所、宁夏枸杞产业发展中心等单位共同完成的"枸杞生产机械研制及农机农艺融合技术研究与示范""枸杞重大害虫监测预报及绿色防控关键技术研究与应用"两项成果均获得2023年度宁夏回族自治区科学技术进步奖一等奖。

28 日　宁夏卫生健康委颁布《食品安全地方标准 超临界 CO_2 萃取枸杞籽油》（DBS 64/412—2024），2025 年 1 月 1 日起实施。

九月

1 日　央视财经曝光甘肃靖远与青海格尔木两地"毒枸杞"加工黑幕。

2 日　青海省省长吴晓军主持召开省政府党组会议和常务会议，会议审议并原则通过《青海省关于加快内外贸一体化发展的若干措施》，讨论并原则通过《青海省枸杞产业促进条例（草案）》。

同日　青海省格尔木市人民政府办公室通报，9 月 1 日晚，媒体报道格尔木市个别枸杞商户违规添加焦亚硫酸钠的情况。节目播出后，格尔木市委、市政府高度重视，迅速成立工作专班，连夜对涉及生产、加工、销售等环节进行核查，对于违法责任人将依法严惩。后续调查处理结果及时向社会公布。

同日　甘肃省靖远县食品安全委员会办公室发布关于媒体反映该县枸杞生产加工存在违规违法问题的情况通报。县委、县政府高度重视，成立联合调查组，彻查枸杞种植加工环节的相关问题，对于违规违法责任人将依法严惩。同时，在全县范围内组织开展枸杞生产加工销售问题专项排查，调查处置结果及时向全社会公布。

4 日　宁夏林业和草原局联合市场监督管理厅、农业农村厅印发《全区枸杞产业全产业链质量安全综合排查整治行动方案》，围绕枸杞种植、制干、加工、销售全产业链，集中开展质量安全排查整治专项行动。

5 日　甘肃省白银市食品安全委员会 2024 年第二次全体（扩大）会议召开，白银市委副书记、市长张延保出席会议并强调，全市上下要深刻认识本次央视曝光靖远县非法熏蒸枸杞事件的政治性、严肃性，以迅速果断的行动、有力有效的举措推动从严整改、坚决整改、彻底整改，切实保障好群众利益。

6 日　宁夏回族自治区人大常委会副主任、现代枸杞产业高质量发展省级包抓领导董玲主持召开全区枸杞质量安全和原浆专项整治专题会。宁夏回族自治区党委宣传部，市场监督管理厅、林业和草原局，宁夏枸杞协会、中宁枸杞产业协会，有关枸杞企业参会。

7 日　云南省人大常委会组织相关人员来宁调研宁夏现代枸杞产业高质量发展情况。宁夏回族自治区人大常委会副主任、现代枸杞产业高质量发展省级包抓领导董玲陪同赴百瑞源殷红子熟枸杞庄园考察。

11 日　宁夏回族自治区副主席刘军在中宁县主持召开全区枸杞产业全产业链质量安全综合排查整治行动座谈会，宁夏回族自治区党委宣传部、网信办、宁夏公安厅、农业农村厅、商务厅、市场监督管理厅、林业和草原局等单位负责同志，中卫市及中宁县政府负责同志，有关专家、枸杞协会及企业相关负责人参加会议。

12日	"第二届中欧地理标志论坛"在河南省郑州市开幕。宁夏枸杞协会会长、百瑞源枸杞股份有限公司董事长郝向峰代表宁夏枸杞协会出席论坛,部分枸杞企业产品进行展示和推介。
15—16日	全国政协副主席梁振英带领香港促进现代化专业人士协会一行赴宁夏考察枸杞、葡萄酒和文旅产业。16日,考察团走进百瑞源殷红子熟枸杞庄园,了解宁夏现代枸杞产业发展历史和文化。宁夏回族自治区政协党组书记、主席、现代枸杞产业高质量发展省级包抓领导陈雍陪同考察。
19日	由宁夏回族自治区科学技术协会、宁夏大学主办,宁夏大学食品科学与工程学院、中卫市科学技术协会、中宁枸杞产业创新研究院、宁夏食品安全协会共同承办的"2024宁夏食品科学暨枸杞产业协同创新大会"在银川召开。
20日	在第二届宁夏东西部科技合作暨科技成果转化与人才交流大会上,宁夏农林科学院和云南峰芒生物科技有限责任公司签订科技合作协议。依托云南峰芒生物科技有限责任公司在天敌生物防治领域的先进技术和成果转化平台优势,在蚜茧蜂防治蚜虫技术等方面开展深度合作。
同日	宁夏惠农区庙台乡东永固村举办第五届枸杞文化旅游节启动仪式。此次活动由中共惠农区委、惠农区人民政府主办,融直播、美食、休闲、娱乐、研学为一体,进一步挖掘和宣传枸杞文化。
25日	中欧地理标志文化贸易洽谈会暨精河枸杞出口仪式在北京举办。此次活动由中欧地理标志文化贸易馆、精河枸杞产业发展中心共同主办,买地标全球集采服务平台承办。
27日	甘肃省靖远县农业农村局举办2024年农产品质量安全监管培训班,各乡镇农业服务中心主任、业务专干及农产品生产企业合作社负责人等100多人参加培训。

十月

9日	新疆精河县市场监督管理局、农业农村局、公安局在全县范围内开展枸杞市场专项检查工作。
10日	国家知识产权局副局长胡文辉,知识产权保护司司长郭雯一行赴百瑞源殷红子熟枸杞庄园调研宁夏现代枸杞产业高质量发展情况。
12日	国家知识产权局发布"一带一路"地理标志品牌推广清单,清单涵盖共建"一带一路"国家和地区的151件地理标志产品,其中国内地理标志产品99件。新疆地理标志产品"精河枸杞"成功入选,将在"一带一路"知识产权合作网站向全球进行推广。
14日	甘肃省白银市市长张延保主持召开十届市政府第80次常务会议,审定《白银市枸杞产业高质量发展实施意见》。

15 日	甘肃省白银市人民政府印发《白银市枸杞产业高质量发展实施方案》(市政发〔2024〕46号)。到2030年，全市枸杞种植面积将稳定在30万亩左右，基地标准化率达到98%，良种使用率达到98%，鲜果产量达到30万吨，鲜果加工转化率达到95%，全产业链产值力争突破50亿元。
同日	宁夏食品安全协会和中宁枸杞产业协会联合颁布《枸杞红茶（代用茶）》(T/NXFSA 075—2024)、《枸杞叶调味茶》(T/NXFSA 076—2024)、《枸杞红茶（代用茶）》(T/ZNGQXH 006—2024)、《枸杞叶调味茶》(T/ZNGQXH 007—2024)，2024年10月15日起实施。
16 日	由宁夏林业和草原局、宁夏科学技术协会指导，宁夏林学会主办，宁夏枸杞现代产业学院协办的"宁夏现代枸杞产业高质量发展学术交流活动"在宁夏葡萄酒与防沙治沙职业技术学院举办。
同日	宁夏科学技术厅、宁夏林业和草原局在北京林业大学组织召开"枸杞功能基因组学研究与应用"项目中期考核暨交流推进会。北京林业大学相关领导、项目负责同志，揭榜单位及课题组有关技术人员参加会议。经检查评估，项目达到中期考核标准。
17 日	福建省泉州市晋江市人大常委会主任林仁达、晋江市委统战部副部长兼市工商联党组书记陈贻得等领导赴沃福百瑞枸杞股份有限公司考察宁夏现代枸杞产业。
19 日	宁夏中宁县中医院在永寿堂公司举办宁夏枸杞健康养生大讲堂，向广大群众普及枸杞的作用、功效及药理等相关知识。
22 日	宁夏林业和草原局与宁夏大学国际教育学院举行座谈，国际教育学院就AI赋能现代枸杞产业国际贸易事宜提出初步方案。
23 日	由甘肃省科学院组织的"甘肃博士后科技服务团"前往张掖、酒泉、金昌等地，开展科技帮扶活动，为基层企业传经送宝。服务团深入枸杞企业15家，进行现场技术指导12次，与6家企业初步达成合作意向。
26 日	国家市场监督管理总局和国家标准化管理委员会发布《枸杞及其制品中枸杞多糖的测定 离子色谱法》(GB/T 44739—2024)。本文件由中国科学院兰州化学物理研究所、宁夏药品检验研究院、青岛市资源化学与新材料研究中心、中国标准化研究院、宁夏农林科学院枸杞科学研究所等单位起草，2025年5月1日起实施。
同日	为期5天的第十四届新疆农产品北京交易会在全国农业展览馆开幕。来自新疆的14个地、州、市和兵团的200多家企业带来千余种特色农产品参展，"精河枸杞"作为新疆唯一入选农业农村部推荐的首批35个中欧互认农产品亮相交易会。
28—29 日	中央纪委国家监委驻自然资源部纪检监察组、国家林业和草原局有关负责同志一行赴宁夏调研黄河"几字弯"联防联治和沙产业发展等工作。其间，赴百瑞源殷红子熟枸杞庄园，听取宁夏现代枸杞产业高质量发展和"枸杞+文旅"融合发展情况汇报。

29日	宁夏枸杞协会三届五次理事会议暨轮值会长交接仪式在中宁县举行。宁夏林业和草原局党组成员、副局长徐忠出席会议，宁夏枸杞协会会长、副会长、监事长和理事单位代表出席会议。
29—30日	宁夏林业和草原局、宁夏农林科学院、宁夏气象科学研究所联合举办"2024年度宁夏现代枸杞产业病虫害绿色防控体系建设培训班"。有关市、县（区）枸杞产业主管部门（林草、枸杞）中心负责人、病虫害绿色防控区域负责人及测报员180余人参加培训。

十一月

1日	吉林省副省长郭灵计一行赴宁夏考察现代枸杞产业全产业链发展的先进经验和做法。宁夏回族自治区党委副书记庄严带领宁夏农业农村厅、林业和草原局负责同志陪同考察。
同日	元气森林（北京）食品科技集团有限公司政府事务负责人段璠璠一行赴宁夏考察现代枸杞产业，并与宁夏林业和草原局、银川市人民政府举行座谈。宁夏林业和草原局党组成员、副局长徐忠，银川市委常委、副市长王向豫参加座谈交流。
5日	宁夏食品安全协会颁布《道地宁夏枸杞子 小纺锤枸杞》（T/NXFSA 005S—2024）、《道地宁夏枸杞子 枸杞秋果》（T/NXFSA 006S—2024）、《道地宁夏枸杞子 白尖枸杞》（T/NXFSA 007S—2024），2024年12月5日起实施。
同日	以"新时代 共享未来"为主题的第七届中国国际进口博览会在上海国家会展中心开幕。甘肃省白银市委常委、副市长李薇薇带队，组织靖远枸杞等企业赴上海参会。
5—10日	由商务部和上海市人民政府共同主办的第七届进口博览会在上海国家会展中心举办。宁夏林业和草原局党组成员、副局长徐忠带领区内知名枸杞企业代表到会观展，积极与有意向的国际企业沟通洽谈，力求促成采购和合作协议。
6日	农业农村部公示2024年农业品牌精品培育计划名单，全国共有82个农业品牌纳入2024年农业品牌精品培育计划，新疆"精河枸杞"入选农业农村部2024年品牌精品培育计划。
7日	第二届宁夏枸杞养生节在百瑞源殷红子熟庄园开幕，参与嘉宾现场品尝枸杞姜汤、枸杞酥饼等枸杞食品。活动邀请中医界专家共同探讨枸杞新养生的未来趋势。
8日	第四届中国新疆特色林果产品博览会在广东省广州市开幕，展出特色干鲜果品及精深加工产品800余种。枸杞原浆、枸杞挂面、枸杞蜂蜜、枸杞籽油等产品亮相博览会。

10日	宁夏食品药品安全委员会办公室印发《全区枸杞原浆专项整治行动方案》，在全区范围开展为期一年的枸杞原浆专项整治行动。
11日	第四届中国新疆特色林果产品博览会，在广东省广州市拉开帷幕。青海省甄选12家企业的特色林果产品参展，集中展示了来自青藏高原的枸杞、冬虫夏草、沙棘等优质产品。
12日	2024年中国（上海）国际果蔬展览会在上海新国际博览中心开幕，在精河县特色产品的展位上，枸杞鲜果、枸杞原浆、枸杞啤酒、枸杞干果等枸杞系列产品琳琅满目。
同日	宁夏化学分析测试协会颁布《枸杞、酿酒葡萄及葡萄酒中氯酸盐和高氯酸盐污染风险评估管控指南》（T/NAIA 0334—2024），2024年11月30日起实施。
14日	宁夏市场监督管理厅联合中宁县人民政府召开"中宁县枸杞产业"小微企业质量管理体系认证提升行动区域试点推进会。宁夏农业农村厅、林业和草原局、药监局及宁夏药品检验检测研究院相关负责人参加会议。
19日	宁夏中宁枸杞产业协会颁布《枸杞子原浆》（T/ZNGQXH 008—2024），2024年12月19日起实施。
同日	宁夏市场监督管理厅颁布《枸杞实蝇监测及综合防控技术规程》（DB64/T 1211—2024），2025年2月18日起实施。
25日	青海省十四届人大常委会第十一次会议在西宁举行。青海省委书记、青海省人大常委会主任陈刚出席会议。会议听取了关于《青海省枸杞产业发展促进条例（草案）》审议结果的报告。
25—27日	青海省第十四届人民代表大会常务委员会第十一次会议召开，会议审议通过了《青海省枸杞产业促进条例》，2025年2月1日起实施。
26—30日	宁夏林业和草原局组织11家获得"宁夏枸杞""中宁枸杞"地理标志证明商标企业参加链博会，展示了枸杞酒、枸杞干果、枸杞原浆、枸杞保健品、枸杞茶饮等八大类60余种枸杞产品。
26日	农业农村部办公厅公布2024年农业品牌精品培育名单，将全国82个区域公用品牌纳入2024年农业品牌精品培育计划，宁夏"中宁枸杞"和新疆"精河枸杞"入选培育名单。
27日	宁夏优势特色产业推介会暨重点产业链供应链合作洽谈会在北京举办，来自国内外商协会、企业及各省（自治区、直辖市）贸促会代表200余人参会。
29日	宁夏首个营商环境监测站在银川市营商环境服务保障中心（企业服务中心）挂牌成立，宁夏杞里香枸杞有限责任公司等9家代表性企业作为首批监测点被纳入网格化管理。
同日	宁夏农林科学院举行2024年技术入股合作座谈会暨签约。宁夏农林科学院科研团队分别与宁夏枸杞生防科技有限公司、宁夏欧牧泰畜牧有限公司、枸杞科服（宁夏）科技股份有限公司进行技术入股签约，与中宁县人民政府进行院地科技合作签约。

30日　宁夏农学会发布《杀虫剂防治枸杞蓟马田间药效试验技术规程》（T/NAASS 100—2024）、《杀虫剂防治枸杞木虱田间药效试验技术规程》（T/NAASS 101—2024）、《杀菌剂防治枸杞白粉病田间药效试验技术规程》（T/NAASS 102—2024）、《杀菌剂防治枸杞炭疽病田间药效试验技术规程》（T/NAASS 103—2024）、《枸杞园地布覆盖技术规程》（T/NAASS 104—2024）、《枸杞蛀果蛾防控技术规程》（T/NAASS 105—2024），2024年12月20日起实施。

十二月

2日　新华·柴达木枸杞价格指数亮相2024企业家博鳌论坛系列活动之一的"新华指数赋能高质量发展2024主题年会"，这也是柴达木枸杞第三年在博鳌亮相。

2—13日　《联合国防治荒漠化公约》第十六次缔约方大会（COP16）在沙特阿拉伯首都利雅得召开。其间，宁夏枸杞干果、枸杞原浆、枸杞果膏、枸杞茶等枸杞产品亮相大会"中国馆"。

3日　宁夏市场监督管理厅党组书记、厅长马如林赴百瑞源枸杞公司调研宁夏枸杞企业质量管理、品牌培育等情况。

4日　宁夏回族自治区人大常委会副主任、现代枸杞产业高质量发展省级包抓领导董玲召集宁夏供销合作社、宁夏林业和草原局、宁夏发改委民营经济发展促进局、中宁县人民政府，协调解决玺赞庄园枸杞有限公司发展困难瓶颈事宜。

同日　由宁夏科学技术厅立项支持，百瑞源枸杞股份有限公司联合南京中医药大学、中国枸杞研究院宁夏枸杞创新中心承担的自治区重点研发计划项目"枸杞子防治年龄相关性黄斑变性保健产品创制"通过验收，标志着宁夏在枸杞保健领域研究取得新突破。

同日　宁夏枸杞协会、百瑞源枸杞股份有限公司参加香港工展会新闻发布会，并为本届工展会赞助了新闻发布会及开幕式伴手礼。展会期间，枸杞干果、锁鲜、原浆等多款宁夏枸杞产品将与广大客商、参展观众见面，供购买品鉴、咨询交流、洽谈合作。

9日　全国总工会副主席巨晓林在宁夏总工会党组书记、副主席马军生的陪同下，赴百瑞源枸杞公司调研宁夏现代枸杞产业。

10—31日　宁夏枸杞登上央视CCTV-2、CCTV-13等4个频道，在中央广播电视总台"品牌强国工程—农业现代化（乡村振兴）"栏目播出，向全国观众展示宁夏枸杞的道地优势。

16日　宁夏回族自治区政协主席、现代枸杞产业高质量发展省级包抓领导陈雍，宁夏回族自治区政府副主席刘军，带领宁夏回族自治区政协办公厅和农业农村厅、宁夏林业和草原局及固原市、隆德县、同心县相关负责同志，以及宁夏重点枸杞企业代表，赴北京同仁堂（集团）开展调研，并就与宁夏枸杞产业、六盘山道地中药材产业深化合作进行座谈。

同日	青海省绿色食品协会发布《配制型沙棘枸杞酒加工技术规范》(T/QGFA 0009—2024)，2024年12月25日实施。
17日	《中国枸杞产业蓝皮书——中国现代枸杞产业高质量发展报告2025》(市场版)编委会顺利召开。宁夏林业和草原局党组成员、副局长王自新主持会议。中共宁夏区委党校（宁夏行政学院）、中共甘肃省委党校（甘肃行政学院）、中共青海省委党校(青海省行政学院)、中共新疆生产建设兵团委员会党校（新疆生产建设兵团行政学院）、中共河北省委党校（河北行政学院）、中共银川市委党校、银川海关、宁夏枸杞产业发展中心等有关单位和百瑞源、正山堂等枸杞企业的负责同志及业内专家参加了会议。
20日	香港贸发局西部地区首席代表周宏一行调研宁夏现代枸杞产业，并就建立长期合作开展座谈。宁夏林业和草原局党组成员、副局长徐忠主持会议，香港贸发局西安办事处、宁夏枸杞产业发展中心相关负责人参加会议。
同日	由《中国品牌》杂志、中国品牌网主办的2024区域农业品牌年度盛典在浙江金华举行。"中宁枸杞"品牌以930.87的品牌影响力指数入选"2024中国区域农业产业品牌影响力指数TOP100"，居第15位。
27日	青海省人大常委会办公厅召开新闻发布会，介绍青海省十四届人大常委会第十一次会议审议通过的《青海省枸杞产业发展促进条例》。

备注：此大事记所涉领导人员职务均为时任职务。

国家级中宁枸杞市场简介

贾登奇[*]

国家级中宁枸杞市场（原中宁国际枸杞交易中心）由宁夏中杞枸杞贸易集团有限公司于2010年投资建设，市场占地面积936.57亩、规划建筑面积36万米^2、现已建成18.6万米^2；计划总投资约15亿元，目前已完成建设投资6.8亿元。是集枸杞及其制品交易、技术研发、检验检测、信息发布、技术培训、物流配送等于一体的现代化、综合性的枸杞交易专业市场。承担了宁夏及青海、甘肃、内蒙古等枸杞主产省区60%以上的枸杞干果交易量，是我国最大的枸杞交易集散地。

该市场2010年被农业部认定为"农业部定点市场"。2017年11月被宁夏中卫市人民政府认定为"中卫市创业孵化示范园区"；2020年3月被宁夏回族自治区就业工作领导小组认定为"自治区创业孵化示范基地"；2022年8月被宁夏回族自治区发展和改革委员会认定为"自治区现代服务业集聚区"；2022年9月被宁夏回族自治区知识产权局认定为"自治区商标品牌指导站"。

2020年11月16日，宁夏回族自治区人民政府与农业农村部签署合作备忘录，在原中宁国际枸杞交易中心的基础上，紧紧围绕科技交流中心、综合服务中心、品牌培育中心、价格形成中心、产业信息服务中心、物流集散中心、会展贸易中心、产业融合中心等"八个中心"，高起点规划设计、高标准运营，共同建设国家级中宁枸杞市场。使该市场从全国枸杞的批发集散地、价格形成中心、信息发布中心，发展壮大为集枸杞及其制品交易、会展服务、科技研发、产品综合服务、检验检测、信息发布、物流汇集配送、观光旅游、枸杞文化及黄河文化、农耕文化等展示于一体的大型现代化综合体，已成为中国乃至国际枸杞市场的"晴雨表"，价格的"风向标"。

截至2024年底，国家级中宁枸杞市场已实现累计交易量126.4万吨、累计交易额558.9亿元，其中枸杞毛货交易量99.5万吨、交易额377.7亿元，成品交易量26.9万吨、交易额181.2亿元，市场交易高峰期日交易量达170余吨、日交易额超过670万元。目前，市场已入驻企业和商户3 000余家，经营业务辐射31个省（自治区、直辖市）。

目前，国家级中宁枸杞市场已建成中国枸杞产业大数据信息服务中心，充分利用枸杞交易市场10多年的大数据优势，为国家、自治区和市县提供价格信息采集、行业发展报告、信息发布等基础资料，为各级统计部门提供一手资料信息。

[*] 贾登奇，宁夏中杞枸杞集团贸易有限公司董事长。

国家级中宁枸杞市场 2020—2024年枸杞交易统计

国家级中宁枸杞市场

表1 2020年枸杞交易统计

枸杞产地	毛货交易量/万吨	毛货交易额/亿元	成品交易量/万吨	成品交易额/亿元
宁夏	1.73	8.07	0.62	5.10
青海	3.27	13.88	1.48	7.70
甘肃	3.19	14.84	1.24	7.60
新疆	0.02	0.08	—	—
合计	8.21	36.87	3.34	20.40

表2 2021年枸杞交易统计

枸杞产地	毛货交易量/万吨	毛货交易额/亿元	成品交易量/万吨	成品交易额/亿元
宁夏	2.25	8.92	1.14	7.90
青海	2.22	7.53	1.72	12.40
甘肃	1.73	6.14	1.81	11.20
新疆	0.01	0.02	—	—
合计	6.21	22.61	4.67	31.50

表3 2022年枸杞交易统计

枸杞产地	毛货交易量/万吨	毛货交易额/亿元	成品交易量/万吨	成品交易额/亿元
宁夏	1.52	4.76	1.41	9.70
青海	0.72	2.03	2.32	16.80
甘肃	1.84	5.53	1.87	12.50
新疆	—	—	—	—
合计	4.08	12.32	5.60	39.00

表4 2023年枸杞交易统计

枸杞产地	毛货交易量/万吨	毛货交易额/亿元	成品交易量/万吨	成品交易额/亿元
宁夏	2.14	8.00	1.05	8.20
青海	1.18	3.55	2.56	18.18
甘肃	1.77	6.54	2.33	15.40
新疆	—	—	—	—
合计	5.09	18.09	5.94	41.78

表5 2024年枸杞交易统计

枸杞产地	毛货交易量/万吨	毛货交易额/亿元	成品交易量/万吨	成品交易额/亿元
宁夏	2.2	6.6	0.73	5.01
青海	0.8	2.3	2.31	12.74
甘肃	1.8	5.8	3.01	18.87
新疆	—	—	—	—
合计	4.8	14.7	6.05	36.62

后　记

2025年是"十四五"规划的收官之年。伴随着推动高质量发展的时代最强音，培育新质生产力已成为推动现代枸杞产业的主旋律。

随着全社会对大健康理念的深入认知，"国潮养生"与"药食同源"成为备受推崇的健康新风尚，正引领新时代养生潮流新的消费取向。枸杞子作为"药食同源"理念中的佼佼者，开发出的新品名录蔚为壮观，总数逾百种。守正创新，是中国枸杞行业持续健康发展的永恒基石；推陈出新，是现代枸杞产业转型升级、高质量发展的不懈追求。传统场景下的枸杞干果以其原始形态，依旧保持不衰的热度；新时代场景下的枸杞原浆、枸杞粉、枸杞酒、枸杞胶囊、枸杞提取物片剂、枸杞饮品、枸杞化妆品（如面膜、护肤品、口红等）以及枸杞茶类（包括代用茶、绿茶、红茶、调配茶）等新品类、新业态如雨后春笋般涌现，现代枸杞产业市场活力迸发，展现出勃勃生机。

《中国枸杞产业蓝皮书——中国现代枸杞产业高质量发展报告2025》（市场版）聚焦枸杞国际、国内两大市场，阶段性总结和梳理了现代枸杞产业市场发展和建设成就，全书分为综述篇、市场篇、案例篇及记事篇四大板块。客观详尽地概述了国际国内枸杞市场发展建设盛况。综述篇高度凝练、重点总结、深入分析了2024年现代枸杞产业在习近平新时代中国特色社会主义思想指引下，推动现代枸杞产业高质量发展的主要举措、面临的挑战、取得的辉煌成就。市场篇亮点纷呈，全面描绘了宁夏、甘肃、新疆、内蒙古等枸杞主产省区现代枸杞产业市场发展建设的现状、问题、未来发展的策略与展望，客观剖析了枸杞市场的供给与需求、竞争力格局、市场价格动态，特别是枸杞原浆、枸杞子中药饮片市场价格走势，以及中国枸杞市场价格指数和枸杞产业博览会的影响力等，全面揭示了枸杞产品在线上、线下以及出口贸易中的销售现状与趋势。案例篇通过宁夏百瑞源、早康、沃福百瑞、全通、杞鑫种业、厚生记、正山堂、绿色世纪、东永固村以及青海亿林等典型案例分析，展现了枸杞产业链不同领域的创新实践与卓越成就，为读者提供了宝贵的行业洞察资料。记事篇广纳博采，收录了2024年枸杞行业的大事记、国家级中宁枸杞市场情况等，为读者提供了全面而权威的信息资源。

宁夏回族自治区政协主席、党组书记、现代枸杞产业高质量发展省级包抓领导陈雍同志，宁夏回族自治区人大常委会副主任、现代枸杞产业高质量发展省级包抓领导董玲同志，宁夏回族自治区人民政府副主席刘军同志，宁夏回族自治区政协副主席、现代枸杞产业高质量发展省级包抓领导刘可为同志高度重视，在百忙之中为《中国枸杞产业蓝皮书——中国现代枸杞产业高质量发展报告2025》（市场版）的编纂把脉定向、精心指导。宁夏回族自治区林业和草原局与国家林业和草原局发展研究中心继续携手，共同负责，集结了一支专业精湛、富有激情的编纂团队，大家聚焦枸杞国内国际两个市场，满怀对现代枸杞产业的情感和热爱，以严谨的态度、专业的视角、科学的方法，紧紧围绕枸杞产业市场发展建设的热点、难点问题深入研究，集结成稿，辛勤付出确保了《中国枸杞产业蓝皮书——中国现代枸杞产业高质量发展报告2025》（市场版）的质量和水平，为中国现代枸杞产业高质量发展提供了有力的理论支撑和实践指导。宁夏回族自治区林业和草原局原党组书记、局长徐庆林和戴培吉，国家林业和草原局发展研究中心主任李淑新，宁夏回族自治区林业和草原局党组书记、局长李永春同志对编纂工作精心研究、审定方案，宁夏回族自治区林业和草原局党组成员、副局长王自新，国家林业和草原局发展研究中心分管负责人协调各方、加快推进。甘肃省林业和草原局副局长刘天波，青海省农业农村厅副厅长徐宏伟，内蒙古自治区林业和草原局副局长楼伯君，河北省农业农村厅副厅长孙晨光，新疆维吾尔自治区林业和草原局主任林星辉等领导和相关专家给予了大力支持，国家林业和草原局发展研究中心处长毛炎新统筹协调、悉心指导。国家林业和草原局林业和草原改革发展司司长王俊中、高俊凯、岳兴亮等对本书提出了宝贵意见和建议。宁夏回族自治区市场监督管理厅、卫生健康委员会、科学技术厅、财政厅、农林科学院、北方民族大学、银川海关、中国经济林协会枸杞分会等单位领导鼎力支持、合力推进。中共宁夏区委党校（宁夏行政学院）牵头组织协调中共甘肃省委党校（甘肃行政学院）、中共银川市委党校、中共吴忠市委党校师资力量，全力以赴确保编纂质量。宁夏枸杞产业发展中心积极协调对接甘肃省林业和草原局、新疆维吾尔自治区林业和草原局、内蒙古自治区林业和草原局，青海省农业农村厅、河北省农业农村厅，以及宁夏农林科学院、银川海关、宁夏枸杞协会、宁夏林学会等落实编写任务。宁夏回族自治区现代枸杞产业技术体系岗位首席专家祁伟同志以及中共宁夏区委党校（宁夏行政学院）马红梅教授、徐如明副教授既承担了撰稿任务又同时承担了统稿和审校工作，中共宁夏区委党校（宁夏行政学院）尉迟安琪副编审承担了编务工作，他们的工作为本书的顺利出版奠定了坚实基础。在此，《中国枸杞产业蓝皮书》编委会向所有为本书付出辛勤努力的领导、专家、教授和业界同仁表示衷心的感谢与崇高的敬意！

　　传统与现代并重，功能性食品与名贵中药材并举，必将开创枸杞市场健康、持续、高质量发展的新局面。《中国枸杞产业蓝皮书——中国现代枸杞产业高质量发展报告2025》（市场版）的成功出版，是贯彻落实习近平总书记视察宁夏时对枸杞等特色产业"特色化、差异化发展，精耕细作，构建较强竞争力优势"重要讲话精神的具体实践。

　　由于专业水平有限，书中难免存有瑕疵，恳请读者朋友批评指正并提出宝贵意见，以便在今后的工作中改进。

《中国枸杞产业蓝皮书》编委会
2025年5月16日